ISHII CHIKO

MEICHO NO TSUBO

石井千湖

名著のツボ

賢人たちが推す！
最強ブックガイド

文藝春秋

はじめに

『名著のツボ　賢人たちが推す！最強ブックガイド』は、『週刊文春』の連載がもとになっています。そのジャンルに詳しい識者の方々に、誰もがタイトルだけは知っているような古典的名著の読みどころを教えていただく、という内容です。古今東西の優れた文学から社会に大きな影響を与えた人文書まで、ただ有名だからではなく「今読む意味がある」という基準で本は選びました。

100名山ならぬ100名著。どれも読むと人生観や世界観が変わるような知的興奮の頂に導かれること間違いなし。本書はそんな極上の読者体験にいざなうガイド役です。

わたしは元書店員で、2004年からライターとして活動してきました。17年間でインタビューした作家・識者は約400人。雑誌で新刊書評の連載も持ち、それなりに「読む」経験は積んできたつもりです。

本書の取材を通して、一つ発見したことがあります。それは「名著は語られることで新たな価値を持つ」ということです。学校の授業はいつも寝てばかりいたわたしですが、賢人たちの話はいつまでも聞いていたいと思いました。現代的で新鮮な読み解きに知的好奇心が強く刺激されるのはもちろん、生々しい「人間」が語られていたからでしょう。仕事

や学業で挫折を味わった人、失恋した人、人間関係に悩んだ人……教科書に載っている文豪や思想家をまるで同時代の伴走者のように身近に感じられたのです。
名著に新たな命を吹き込む〝賢人たちの語り〟こそ本書の醍醐味です。

歴史の風雪を耐え抜いた名著は、面白いだけではなく、人生を変えることもあります。幼いころ、わたしは「誰か」が目を覚ましたら消えてしまう、夢の中の登場人物だと思っていました。常にぼんやりして、現実感が希薄でした。我が身に起こることも、ちょっと俯瞰して眺めているみたいな感覚です。自分は頭がおかしいのかもしれないと恐れていました。だから10代になって『荘子』の「胡蝶の夢」を知ったときは救われました。２０００年以上前の中国に似たようなことを考えていた人がいたんだな、と。荘子の言葉が自分と世界を繋いでくれたのです。

２０２０年に新型コロナウイルスによるパンデミックが始まってからは、特に哲学の名著を読むことが、わたしにとって支えになりました。先行き不透明な「今」に膠着しがちな自分を切り離して、広々とした視点から物事を考えられるからでしょうか。

コロナ禍のさなかでカミュ『ペスト』が各国でベストセラーになるなど、名作は時代ごとに新たな価値を持って、読み手の心の中に光を灯してくれるのです。

本書は四つのパートに分かれています。「I　生きるということ」は、ドストエフスキ

ーの『罪と罰』やプラトンの『ソクラテスの弁明』など、人間はいかに生きるべきかを問う文学・哲学・思想書を取り上げています。

「Ⅱ　他者との遭遇」は夏目漱石の『坊っちゃん』、ディケンズの『大いなる遺産』、スタンダールの『赤と黒』など、各国の近代文学の名作が勢揃い。産業革命と身分制の崩壊によって都市へ移動した人々が、どのようにして他者に出会い、孤独を知ったのかを見渡すことができます。

「Ⅲ　神話的世界へ」は、ホメロスの『イリアス』『オデュッセイア』、『旧約聖書』、『ガラン版 千一夜物語』、『古事記』など、他の名著を読む前におさえておきたい神話・物語の内容を解説しています。人間の想像力の豊かさを実感できるでしょう。

「Ⅳ　社会を考える」は、ルソーの『社会契約論』、ヴェーバーの『プロテスタンティズムの倫理と資本主義の精神』、マルクスの『資本論』など、自分たちが生きている社会がどんな仕組みなのかを解き明かします。ダーウィンの『種の起源』、司馬遷の『史記』もこちらのパートです。

名著は急いで読まなくてもいいもの。一回で理解できなくてもいいし、書かれていることを全部肯定する必要もありません。自分なりのペースで、じっくり付き合える本を見つけてくだされば幸いです。

名著のツボ　目次

II 他者との遭遇

Ⅲ 神話的世界へ 169

名著のツボ

I
生きるということ

ドストエフスキー『罪と罰』

新潮文庫（上下巻）

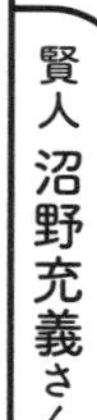

賢人 沼野充義さん

深遠と通俗など同居が不可能なものを組み合わせているところが魅力です

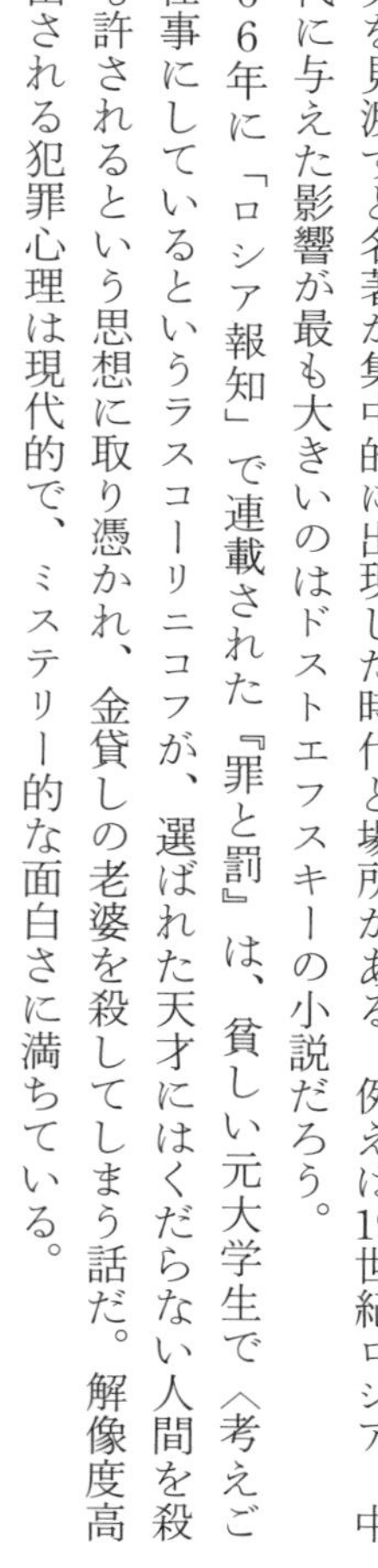

世界史を見渡すと名著が集中的に出現した時代と場所がある。例えば19世紀ロシア。中でも現代に与えた影響が最も大きいのはドストエフスキーの小説だろう。

1866年に「ロシア報知」で連載された『罪と罰』は、貧しい元大学生で〈考えごと〉を仕事にしているというラスコーリニコフが、選ばれた天才にはくだらない人間を殺すことも許されるという思想に取り憑かれ、金貸しの老婆を殺してしまう話だ。解像度高く描き出される犯罪心理は現代的で、ミステリー的な面白さに満ちている。

ロシア・ポーランド文学を専門とする東京大学名誉教授の沼野充義さんは、『罪と罰』

の魅力は、深遠と通俗、高邁さと安っぽさ、幻想とリアルなど、普通なら同居が不可能なものをやすやすと組み合わせているところです」と言う。

わかりやすいのは第4部第4章だろう。罪の意識を抱え不安と恐怖に苛まれるラスコーリニコフが、心清らかな娼婦ソーニャのアパートを訪ねる。

「ラスコーリニコフが突然床にひれふして、ソーニャの足に口づけするんです。ソーニャが驚くと〈ぼくはきみに頭を下げたんじゃない、人類のすべての苦悩に頭を下げたんだ〉と言います。ラスコーリニコフの思考が個人の苦悩からいきなり全人類に飛ぶのです」

そのあとラスコーリニコフがソーニャに聖書のラザロの復活の部分を朗読してもらうくだりは『罪と罰』のハイライトだ。

「二人の罪と破滅、復活への希望があらわれていて、この小説の転回点となっている重要な部分です。ただ殺人者と娼婦が聖なる書物を読むという場面はメロドラマ的とも言えますよね。現にロシア出身の亡命作家ナボコフは痛烈に批判しています。そのような小説を安っぽくしかねない要素も平気で取り入れて、破綻すれすれのユニークな世界を成立させるところがドストエフスキーのすごさです。永遠とは田舎の風呂場みたいなちっぽけな部屋の隅々に蜘蛛が巣を張っている程度のことだとか、形而上学的な概念をいきなり地上に引きずり下ろす表現も魅力的ですね」

ラスコーリニコフが殺人の罪を告白し、シベリアで懲役刑に服して、ソーニャに支えられながら再生の道を歩みだすところで物語は幕を閉じる。ドストエフスキーの小説には政

治、宗教、哲学などについての議論がふんだんに盛り込まれ、当時のロシア社会をまるごと描こうとする気迫がみなぎっている。それはなぜなのか。

「当時の帝政ロシアでは、言論が厳しく統制されていたからです。その中で小説は何でも自由に書けたわけではないものの、社会が抱えるあらゆる問題を語れる器として期待されていました。そのためロシア作家は『社会の教師』と呼ばれてきたのです。その上、ドストエフスキーはユートピア思想を持っていて、神の存在や理想の社会体制についてずっと考えていました。その資質も活かして、全身全霊でロシア社会が直面する問題を解こうとしたんです」

内容は重厚なのにぐいぐい読めてしまうのは、文章にドライブ感があるから。登場人物がとにかくよくしゃべるところも際立った特徴だ。予審判事のポルフィーリイがラスコーリニコフを追い詰める場面などは、最高にスリリングな犯罪小説のよう。

「実際の会話ではありえないほどしゃべりますね。必ず対立する人物が顔をつきあわせて議論する。ドストエフスキーの小説は非常に激しい言葉のドラマとも言えるでしょう。さまざまな社会問題を描きつつ、言葉と言葉がぶつかり合って生まれる感情の渦に読者を巻き込み、ものの見方もひっくり返します。そういうところに衝撃を受けた人々が世界中に広め、今も読みつがれているんです」

ぬまの・みつよし／1954年生まれ。スラヴ文学者。名古屋外国語大学世界教養学部教授・東京大学名誉教授。著書に『ユートピア文学論』（読売文学賞受賞）など。

ドストエフスキー『カラマーゾフの兄弟』

光文社古典新訳文庫（全5巻）

賢人 沼野充義さん

子供が苦しむ世界を容認できるのかという最先端のテーマに挑んでいる

ドストエフスキーの『カラマーゾフの兄弟』といえば、大江健三郎や村上春樹など現代の作家たちも絶賛する世界文学の金字塔だ。ロシア文学の中でもとりわけ長大で挑みがいのあるこの名著の現代的な魅力を、東京大学名誉教授の沼野充義さんはこう語る。

「『カラマーゾフの兄弟』は愛と憎しみ、淫蕩と純潔、金銭欲と殺人、悪と恥辱、無神論と信仰、国家と教会、人間の低劣さと高潔さが詰まった『全体小説』であり、現代の世界にも通じる予言の書です」

タイトル通り、強欲で好色な地主フョードル・カラマーゾフのもとに生まれたドミート

リー、イワン、アリョーシャの三兄弟をめぐる物語だが、なぜ予言の書といわれるのか。その所以は有名な「大審問官」の章――無神論者のイワンが敬虔な宗教者であるアリョーシャに自分の書いた詩劇を語って聞かせるくだりにある。

「その詩劇の舞台は異端審問の嵐が吹き荒れる16世紀スペインです。そこにキリストが降臨するのですが、大審問官に捕縛され、火刑を宣告されます。大審問官はキリストに大演説をぶち、愚かな大衆は自由に生きろと言われるよりも奇蹟や神秘や権威に従ったほうが楽なのだと語ります。キリストは何の反論もせず、大審問官に口づけして去るのみです。大審問官の思想の延長線上にあるのが全体主義です。『大審問官』はスターリンやヒトラーの出現を予言しているんです」

『カラマーゾフの兄弟』が予見しているのは独裁者と全体主義社会の到来だけではない。「大審問官」の直前に置かれた「反逆」は、ドストエフスキーの死後に勃発するロシア革命の予言として読めるという。イワンはこの章で新聞や本から集めた児童虐待の話をアリョーシャに語って聞かせる。

「イワンは無神論者ですが、神の存在自体は否定しません。ただ、神が作った世界で罪のない子供たちが虐げられていることは認められないから反逆するのです。心優しく清らかな宗教者であるアリョーシャも、地主が農奴の子供を母親の目の前で獰猛な猟犬に食い殺させた話を聞くと、そんな残虐な者は『銃殺にすべきです！』と言ってしまいます。殺人はいけないとわかっていても悲惨な状況に直面して憤懣が抑えられなければ、それを暴力

で断ち切らなければならないという考えに抗するのは難しい。それはロシア革命の本質ですし、現代のテロリズムにもつながります。子供が苦しむ世界を容認できるのかという問いは、児童虐待や難民の問題を今もなお抱える私たちにも突きつけられています。この小説は最先端のテーマに挑んでいるんです」

父殺しの嫌疑をかけられる長男のドミートリーや、フョードルの私生児と思われる使用人のスメルジャコフなどが語ることも、人間の心のあり方の多様性を感じさせる。一読してすべて理解できるような作品ではないが、だからこそ挑戦する甲斐がある。

「読書の意味は知識を得ることではなく、経験することにあるんですよ。あらすじや登場人物の名前は忘れてもいい。読後に何かが自分の中に残って、影響を受け続けることが大事だと思います。『カラマーゾフの兄弟』をちゃんと読んだら、読む前とは世界が少し違って見えるはずです」

沼野さんの「読書の意味は経験することにある」という言葉は「本を読むことにどんな意味があるの？」という問いに対する一つの回答にもなっている。異なる国の、時代の多様な人々の思考や生を追体験することによって、自分の中に何かが残る。その何かの正体はすぐにはわからなくとも、ふとした瞬間に明らかになり、世界を見るフレームワークを拡張してくれるのだ。

ぬまの・みつよし／1954年生まれ。スラヴ文学者。名古屋外国語大学世界教養学部教授・東京大学名誉教授。著書に『ユートピア文学論』（読売文学賞受賞）など。

海外文学

トルストイ『戦争と平和』

ツボ

世界を把握する神の視点で書かれたリアリズム小説の究極形

賢人 沼野充義さん

　トルストイはドストエフスキーと双璧をなす、19世紀ロシアの大作家だ。広大な領地を持つ貴族でありながら私有財産の放棄を唱え、農民の教育と生活改善にも熱心に取り組んだ。晩年は宗教的探究を深め、世俗的な芸術を否定。スラヴ文学者の沼野充義さんによれば「第二の政府」とも呼ばれたという。

「現実の政治を動かしていたのは皇帝を中心とするロマノフ王朝ですが、人の心を動かす精神的権威という意味で第二の政府と言われていました。ドストエフスキーと比べると真面目で堅苦しいイメージを持たれていますが、実はラディカルな人です」

新潮文庫（全4巻）

トルストイの過激さが顕著にあらわれているのが、貧しい農民たちのプロレタリアート（都市労働者）化が起こっていた激動の時代、１８６９年に完成した『戦争と平和』だ。本書は、ナポレオンがロシアに侵攻した祖国戦争の時代を舞台に、大貴族の私生児ピエールとその親友のアンドレイ公爵、二人が惹かれる天真爛漫な少女ナターシャの運命を描く。登場人物はなんと５００人以上！

「まずは書き方が桁はずれです。19世紀の西洋では、全体の構成がきちんとしていて、文体も統一感のあるリアリズム小説の美学が確立されていました。ところが『戦争と平和』は、戦場と社交界を並行して写実的に描きつつ、筋とは関係ない歴史哲学に関する論考が長々と挿入されている。アメリカの作家ヘンリー・ジェイムズが〈ぶよぶよでぶくぶくのモンスター〉と評したくらい、巨大すぎて構成がわかりにくい。これが人間の生の根源だという手応えをそのまま差し出してくるような小説です」

トルストイは物の見方もラディカルで、20世紀ロシアフォルマリズムの文芸評論家シクロフスキーが概念化した「異化」という方法が、いち早く採用されているのだ。

「異化とは、見慣れているはずのものを初めて見るものであるかのように新鮮に感じさせることです。例えば、ナターシャが劇場でオペラを鑑賞する場面があります。深く思いつめた気持ちを抱えていたナターシャには、オペラの世界を成り立たせている約束事が受け入れられない。すると、舞台背景はボール紙に色を塗っただけのもの、歌手たちは変な服装で不自然な行いをしている男女に見えてしまう。約束事を取り払って現実をありのまま

に描くことによって、今まで当然だと思っていた世界がいかに奇異かを暴露しているわけです。ただ、ありのままの現実を描くといっても全部は言語化できない。繰り返し言及されるボルコンスキー公爵令嬢の上唇の上の産毛など、部分で全体を表す換喩（メトニミー）的修辞法を用いているところも特色でしょう」

タイトルの〈戦争〉は祖国戦争のこと。では〈平和〉とは何のことだろうか。

「ロシア語で平和は〈ミール〉。同音異義語で〈世界〉を意味するミールという言葉があります。ロシアの農村に特有の共同体〈ミール〉を指すこともできます。この小説におけるミールは、世界であると同時に、平和であり、俗世間でも、農村共同体でもある。『戦争と平和』は一元的な見方によって世界を把握できるという神の視点で書かれたリアリズム小説の究極形です。これ以上ないところまで突き詰めたから、20世紀以降の文学はトルストイが書かなかった多元的な世界や個人の意識の流れに焦点を合わせるようになっていったのです」

トルストイは日本の文豪にも多大な影響を与えている。武者小路実篤はトルストイの「ト」いう字を見ただけで顔を赤らめるほど好きだったという。芥川龍之介は、アウステルリッツの戦場で倒れたアンドレイが青空を見る有名な場面を借用して「首が落ちた話」という短編小説を書いた。

ぬまの・みつよし／1954年生まれ。スラヴ文学者。名古屋外国語大学世界教養学部教授・東京大学名誉教授。著書に『ユートピア文学論』（読売文学賞受賞）など。

トルストイ『アンナ・カレーニナ』

光文社古典新訳文庫（全４巻）

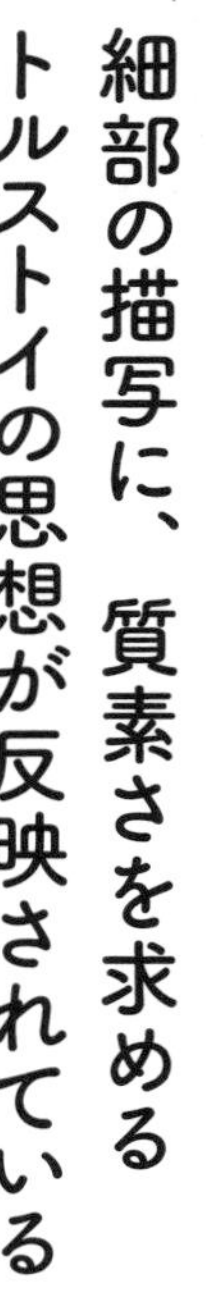

賢人 沼野充義さん

細部の描写に、質素さを求めるトルストイの思想が反映されている

1877年に刊行されたトルストイの『アンナ・カレーニナ』は、世界文学のオールタイム・ベストとして必ず上位にランクインする名作だ。

とても人間臭いストーリー性で、ロシアの貴族社会を舞台に、不倫の恋に落ちて破滅していくアンナという女性を描いている。スラヴ文学者の沼野充義さんは、この作品の読みどころはまずヒロインのアンナにあると言う。

「アンナは世界文学でも有数の魅力的なヒロインでしょう。トルストイは倫理的な人で、当初は善良な夫を裏切る嫌な女の話を構想していたようです。エピグラフに引用された

〈復讐するは我にあり、我これを報いん〉という聖書の言葉も、不倫する女性は神に復讐されて当然だという意味に解釈できそうです。ところが小説を書いているうちにアンナに命が宿り、作者の意に反して生き生きと動きだしてしまいました。性欲は悪と主張しながら子だくさんだったトルストイらしい自己矛盾があらわれています」

物語はアンナの兄オブロンスキーの浮気騒動で始まる。冒頭の〈幸せな家族はどれもみな似ているが、不幸な家族はそれぞれに不幸である〉という一文はあまりにも有名だ。

「原文では〈幸せな家族はどれもみな似ている〉と〈不幸な家族はそれぞれに不幸である〉という対照的な文章を、逆接の接続詞を使わず、そのままコンマでつないでいます。二つのむきだしの文章をぶつけて対比させているんですね。〈幸せな家族はどれもみな似ている〉は一般論です。〈不幸な家族はそれぞれに不幸である〉が、トルストイならではのリアリズムを象徴していると思います。巨大な作品でありつつ個別のケースに注意を向けていて、ディテールの一つひとつが世界を異化して見せる。審美的な意図でディテールを書き込むのではなく、細部の描写がどこかでトルストイの思想につながっているところが重要です」

細部の描写と思想がつながっている具体例として、沼野さんは、オブロンスキーと友人で地主貴族のリョーヴィンがモスクワの高級レストランに出かけるシーンを挙げる。

「リョーヴィンは田舎に領地を持っていて、自分も農民と一緒に働きたいと思っている。トルストイの分身とも言える人物です。食事を注文するとき、オブロンスキーはウェイターに新鮮な牡蠣をすすめられて喜びますが、リョーヴィンは〈ぼくが一番好きなのはキャベツ汁（シチュー）と粥（カーシャ）だが、ここにはそんなものないだろう?〉と聞く。日本でいうと高級なフランス料理店でおにぎりと味噌汁があるかと聞いているようなものです。貴族らしい贅沢も知っていながら、質素な生活を求めるトルストイの思想が反映されています」

トルストイは本当はもっとリョーヴィンの話を前面に出したかったのではないか、と沼野さんは考察する。

「理想を投影した人物より自分の思うままに生きている人物のほうがどうしても文学的には強い力を持つんです。後半、アンナが線路に跳び込む前に、小さな赤いバッグを持って人ごみの中を歩くシーンは、彼女の孤立感が表れていて印象に残ります。トルストイ作品の中でも小説として緊密で完成度が高く、ウラジーミル・ナボコフや村上春樹など読み巧者に好まれるのがわかる作品です」

村上春樹の短編「かえるくん、東京を救う」のかえるくんは、主人公が『アンナ・カレーニナ』を読んでいないと言うと残念そうな顔をする。そんな場面を書きたくなるくらい、特別な読書体験を与えてくれる作品なのだ。

ぬまの・みつよし／1954年生まれ。スラヴ文学者。名古屋外国語大学世界教養学部教授・東京大学名誉教授。著書に『ユートピア文学論』（読売文学賞受賞）など。

紫式部『源氏物語』

賢人 角田光代さん

ツボ 嫉妬、セックスレス、自由意志……ジェンダー問題を先取りした現代的物語

紫式部の『源氏物語』は世界最古の長編小説の一つとも言われる、日本の古典文学の金字塔だ。平安時代を舞台に、輝くように美しいため「光君（ひかるきみ）」と呼ばれる皇子・源氏が、さまざまな女性と恋愛模様を繰り広げる。実家の太いモテ男の苦悩とまわりの女性たちの悲喜こもごも——作家の角田光代さんが手がけた現代語訳からは、登場人物たちの生っぽい感情が生き生きと立ち上がる。

角田さんは「実は読む前は『好色一代男』とごっちゃになっていて、源氏が女の人を好き放題する話というイメージを持っていましたが、全然違っていました。私は、男女の恋

河出書房新社（上中下巻）

愛よりも、何代にもわたる人間の宿命がテーマになっていると思います」と語る。

千年も前に書かれた『源氏物語』を、現代の読者も「小説」として楽しめるのはなぜか。

「まず、伏線の張り方がすごく巧みです。例えば源氏が第13帖で出会う明石の君という女性がいます。実は第5帖の『若紫』で、源氏のお供の人が、役職を捨てて出家した変わり者が明石の浦で娘を大切に育てているという話をしている。源氏はそのとき既にどんな娘かと興味を持っていました。明石の君との恋愛は、実際に出会うよりずっと前に始まっていたのです。自分が認識するよりも前に起こった出来事によって人生が変わることは、時代を問わず誰にでもありえるんじゃないでしょうか」

『源氏物語』には現代小説を先取りしているところもあるという。

「文筆家の山本貴光さんと『源氏物語』について対談したときに、夏目漱石の『文学論』の話を伺いました。漱石は日本でヨーロッパ流の文学という概念がまだ新しかったころ、文学は人間の認識と感情でできていると考えた。その理論が現代小説まで受け継がれている、と。それって実は、漱石が発見するよりもはるか昔に、紫式部が認識と感情で書くことを実践していたんじゃないかと思いました」

物語を駆動する「認識と感情」の具体例として、角田さんが最も面白いシーンとしてとり挙げるのは、朱雀院の幼い皇女・女三の宮が源氏に降嫁する第34帖『若菜　上』。ある晴れた日、源氏の屋敷に貴公子たちが集まる。その中にかつて朱雀院に親しく仕えていた柏木がいた。

「柏木たちが庭で蹴鞠をしていると、室内で女三の宮の飼っている猫が追いかけっこを始めます。猫のせいで御簾がめくれ上がったから女三の宮の姿が見えてしまって、柏木は女三の宮を認識し、好きになってしまって、『若菜　下』では感情が抑えられない柏木が厄介なことを起こし、女三の宮は柏木の子供を妊娠してしまいます。女三の宮が隠しそびれた柏木からの手紙を偶然見つけた源氏は、二人の過ちを知って嫉妬と怒りをあらわにするけれど、自らの老いも自覚する。認識と感情がこれでもかというほど詰まっています」

認識と感情の連鎖の中で、神の子のようだった源氏はだんだん人間味を帯びて死に向かう。だが、源氏が死んでも物語は続いてゆく。

「源氏一代で終わらないからこそ『源氏物語』は魅力的だと思います。作中に繰り返し出てくる〈宿縁〉を次の世代にバトンタッチすることによって、人間の生きる意味を問いかける。生きることはこんなにつらいのに、人はなぜ生きなくちゃいけないの、ということを考える物語になっています」

『源氏物語』にはもうひとつ大きな読みどころがある。個性豊かな女性たちの描き方だ。

「それぞれの女性がどんな人なのか、源氏に対する感情や態度によって書き分けているところがすごいですね。例えば正妻の葵の上は、源氏と仲良くしたいのに自分のほうが年上という負い目から心を許さない。六条御息所（ろくじょうのみやすどころ）は源氏の愛する女性たちに嫉妬してはいけないと理性で抑えつけているけれども生霊になってしまう。空蟬（うつせみ）は自分より身分の低い男と結婚しなければいけなかったという鬱屈があって源氏を拒み続けます」

中でも、強烈な印象を残すのが不美人キャラクターの末摘花だろう。末摘花とは、紅花のこと。異様に高く長い鼻の先のほうが垂れて赤く色づいていたからそう呼ばれている。

「紫式部はいじわるなところがあったんでしょう。末摘花をこき下ろすとき、筆がとても冴えているんです（笑）。『玉鬘』に源氏が紫の上と話しながら、ゆかりのある女性たちに合う着物を選ぶ場面があります。そこでも末摘花の見苦しさをからかっている。また、私が面白いと思ったのは、花散里です。源氏とは今風に言うとセックスレスですが、仲睦まじく暮らしている。現代的な関係なんです」

平安時代の貴族の女性は、結婚はもちろん、外出すら自由にできなかった。

「当時の女性は属する男性によって運命が決まる。自由意志なんてないように見えるけれど、そんな女性もちゃんと心があって生きているんだよということを『源氏物語』は語っている気がしました。だから浮舟が出てきたとき、最初はちょっと不満でした。これだけ色んな女性を描いておいて、人形みたいに感情がなく、されるがままの人がなぜ最後に出てくるのかと」

浮舟は『源氏物語』終盤、いわゆる「宇治十帖」のヒロインだ。表向きは源氏の息子だが出生の秘密を抱える薫と、友人の匂宮が浮舟を奪い合う。浮舟はどちらの男の求愛も拒むことができない。

「でも実は、『源氏物語』に登場する女性の中で浮舟だけが、男性に何も期待していないんです。実の父親に認知されなかったという境遇による諦観もあったのでしょうが、薫や

匂宮がどんなに身分の高い人であろうと、自分を助けてくれるとは思わない。結局、二人に頼らず出家する道を選ぶ。俗世に連れ戻されそうになるところで物語は終わりますが。浮舟はすべてを奪われることによって、誰にも所有されない『個』としてあり続ける女性になっているのだと思いました」

新鮮な解釈だが、もし50年前だったら、そういう読み方はしなかっただろうと語る。

「『源氏物語』の現代語訳を読み比べてみると、時代によって読み方が全く違うことがわかります。例えば、谷崎潤一郎訳はきらびやかな平安朝の美しさを前面に出していて、瀬戸内寂聴訳は女性の性と生をクローズアップしている。今はジェンダーの問題が注目されている時代だから、私の読み方はフェミニズム寄りになったのだと思います。これから50年後、100年後にはまた新しい読み方をされているでしょう。時代に合わせて読み方を変えられる〈余白〉みたいなものが『源氏物語』にはあるんです」

かくた・みつよ／1967年生まれ。小説家。2005年『対岸の彼女』で直木賞、07年『八日目の蝉』で中央公論文芸賞を受賞。近著に『銀の夜』。

三島由紀夫『仮面の告白』

新潮文庫

ツボ

賢人 平野啓一郎さん

三島がどうしても書きたかった、戦争体験とセクシュアリティの苦悩が描かれている

三島由紀夫が1970年12月25日、陸上自衛隊市ヶ谷駐屯地において割腹自殺を遂げたことは、文学史だけではなく日本の戦後史に深い傷跡を残す大事件だった。

1925年生まれの三島は、初等科から高等科まで学習院に通った。東大法学部卒業後は大蔵省に勤務するが9か月で退職し、専業作家になった。1949年に刊行された『仮面の告白』は、最初の書き下ろし長編で自伝的小説と言われる。河出書房版の月報ノートに書かれた三島自身の言葉によれば〈私は無益で精巧な一個の逆説だ。この小説はその生理学的証明である〉。

三島文学に多大な影響を受けたという小説家の平野啓一郎さんは「同性愛的な傾向を持った主人公が第二次世界大戦の時代をどんなふうに過ごしたかということが『仮面の告白』の一番大きな筋です。三島自身がどうしても書きたかったことを書いた作品だと思います」と言う。

『仮面の告白』の主人公はいかにして自らの性的傾向を発見したか、人生の出来事を回想していく。三島が書きたかったこととは？

「まずは戦争体験です。当時大学生だった三島は、召集令状に応じたものの、入隊検査のときに風邪を肺浸潤と誤診されて即日帰郷しました。『仮面の告白』の記述によれば、軍医が一方的に勘違いしたわけではなく、どうやら自分で病状を誇張して報告したらしい。三島は不健康と嘘によって、同世代の若者の多くが傷つき死んだ戦争に参加しませんでした。そのためにある種のサバイバーズギルト、生き残ってしまった罪悪感を抱えていたのでしょう。戦後は肉体的に健康であること、正直であることに非常に強くこだわります。そして生かされた命を賭けるに値する人生とは何かを自問し続けたのです」

主人公にとって徴兵を免除されて手に入れた貴重な時間を費やす価値のあるものは、情熱的な恋愛だった。

「主人公は戦争に行った友人の妹に惹かれ、彼女を愛さなければならぬと感じますが、結局はうまくいきません。彼が性欲を抱く対象は、幼いころから男性だったからです。しかも糞尿汲み取り人の若者に憧れたり、苦悶する美青年を描いたグイド・レーニの『聖セバスチャン』という殉教図を見て興奮したり、欲望のあり方が倒錯している。自分は異常なんだという意識から、主人公は男性に性欲をおぼえるたびに自己処罰的に残酷なイメージを思い浮かべるようになります。セクシュアリティにまつわる苦悩も、三島が切実に書きたかったことでしょう」

森鷗外の『キタ・セクスアリス』や里見弴の『君と私と』など、明治大正時代にも同性愛を扱った小説はたくさんあった。学生たちのあいだで男色が流行していたからだ。しかし『仮面の告白』は、それらの先行作品と根本的に違うという。

「学習院の先輩作家たちは、少年がある年齢になると同性愛を〝卒業〟し、異性愛に目覚めていきます。でも『仮面の告白』の主人公は、女性を愛したいのに肉体が反応しない。というのも、主人公にとってセクシュアリティは自分の本質であり、生まれたときからずっと変わらないものだったからです。その本質を誰とも共有できなかったゆえに、孤独を感じる。三島のその後の作品でもさまざまな形で他人とは違う孤独感と疎外感が書かれています。これはセクシュアリティに関係なく、誰しもが持つ普遍的な感覚でしょうから、今でも読者の心に響きます。ただ、主人公は三島にそっくりですが、文才がない、ということが大きく異なります。三島は恋愛に挫折しても、小説執筆に生きがいを見出すことができました。書くことで戦後社会に適応し、自らの生の価値を証明しようとしたのです」

ひらの・けいいちろう／1975年生まれ。作家。『日蝕』で芥川賞を受賞。著書に『葬送』『決壊』『マチネの終わりに』『ある男』『本心』などがある。

三島由紀夫『金閣寺』

新潮文庫

ツボ

観念的かつ論理的できらびやかな文章――金閣は天皇のメタファーとして読める

賢人 平野啓一郎さん

1956年に刊行された『金閣寺』は、世界各国で翻訳されている三島由紀夫の代表作だ。執筆当時、三島は31歳。実際にあった事件を題材に、ひとりの学僧が金閣寺に放火するまでの経緯を描く。

小説家の平野啓一郎さんは、14歳のとき『金閣寺』を読んで文学に目覚めたといい、『金閣寺』が広く読まれているのは、まず文章に魅力があるからでしょう。非常に観念的かつ論理的で、きらびやかでもある。三島自身はトーマス・マンと森鷗外を足して二で割った文体と表現しています。外国人からすると、日本的なエキゾチズムがあり、また、ミステリではありませんが、犯罪心理を描いた面もあります。自分が本当に書きたいことを書いていて完成度も高い作品です」と評価する。

主人公は田舎の僧侶だった父に〈金閣ほど美しいものは此世にない〉と教えられて育った。彼は金閣寺の徒弟になる。戦争中、派手な振り袖姿の美しい人形のような女が若い士官に茶を出すところを覗き見するくだりが鮮烈だ。女は白い乳房をあらわにして、茶碗のほうに向ける。おそらく母乳が入った茶を士官は飲み干す。性的だが神々しくもある光景として描かれている。敗戦後、住職候補の期待をかけられていた主人公は転落していく。

「この小説における金閣は、天皇のメタファーとして読めます。三島は第二次世界大戦前の国家主義教育を受けた世代です。天皇のために死ぬんだと思いながら少年時代を過ごした。天皇を内面で神格化していたわけです。しかし戦後、天皇は『人間宣言』をしてしまった。『金閣寺』の主人公もまた父の話を信じて、金閣の美を理想化していました。しかし、初めて実物を見たとき、さほど美しく思えず、落胆します。〝心象の金閣〟と〝現実の金閣〟の落差は、〝心象の天皇〟と〝現実の天皇〟の乖離に重ねられます」

この落差と乖離を解消し、「心象」の金閣と天皇に美を取り戻させるものこそ、戦争の業火だった。

「三島は戦争で天皇と共に滅びることを思い描くことで、天皇との一体感を覚えていました。これは後付けかもしれませんが。『金閣寺』の主人公も、金閣も自分も空襲で燃やされるだろうと思うことで、〈現実の金閣〉を〈心象の金閣〉に昇華させ、その美を享受し

ます。しかし金閣は戦争では焼けずに戦後も残り、天皇は象徴になり、戦後社会で生きようとする自分と切断されていながら、人生の前に立ちはだかる。主人公は、ついには金閣を燃やすことを考えるようになります」

〈金閣を焼かなければならぬ〉という想念には、もう一つの目的がある。

「金閣に火をつけたあと〈生きようと私は思った〉という一言で小説は終わります。絶対的な存在である金閣を燃やすことは、戦中的な価値観と決別して自分の人生を生きることも意味していると解釈できます。当時、そこに自分を重ね合わせた青年も多かったと思います」

生きるため、戦後社会に適応しようと努力したのだ。

「三島はさまざまな価値が相対化された戦後社会のニヒリズムの中でいかに生きるかを模索します。後に執筆した『鏡子の家』では、登場人物を通じて芸術家としての希望を見出しますが、商業的に失敗した上に文壇の評価も低かった。大江健三郎さんのような新しい才能も出現し、自信を失っていったのかもしれません。40代になると日本人であるということをアイデンティティーの核に据えて、生の〈大義〉を天皇制に求めていく。そして45歳のとき、市ヶ谷駐屯地に乱入し、自衛隊員に憲法九条改正のための決起を促す演説をして、自決するのです」

ひらの・けいいちろう／1975年生まれ。99年、『日蝕』で芥川賞を受賞。著書に、『葬送』『決壊』『マチネの終わりに』『ある男』『本心』などがある。

江戸川乱歩『人間椅子』

賢人 有栖川有栖さん

オタクが同好の士に話しかけるような、距離の近さを感じさせる語り口

日本の探偵小説の父と呼ばれる江戸川乱歩。「人間椅子」や「二銭銅貨」、「D坂の殺人事件」、「屋根裏の散歩者」など乱歩作品の中でもとりわけ評価の高い短編は、1920年代に集中して書かれた。それらは大都市化する東京を舞台としている。

地縁血縁から放たれた人が大量に流入し、隣に住む人が何をしている人かわからなくなり、袖すり合う人は大勢いるのに孤独を感じる都市が成立すると、探偵小説が誕生する。乱歩の世界に現代の私たちが親しみやすいのは、探偵小説が生まれた〈都市〉に今もなお私たちが住んでいるからだ。

文春文庫　湊かなえ編
『江戸川乱歩傑作選　鏡』所収

「東京のような大都市ができて初めて、個人が秘密を持てるようになりました。個人の秘密を暴いていくことで物語が展開する探偵小説は、近代ならではの産物なのです」とミステリー作家の有栖川有栖さんは言う。

ただし、乱歩の探偵小説において暴露される秘密は、近代文学にありがちな重苦しいものではない。

「例えば『屋根裏の散歩者』は、何をしても面白くなかった若者が、屋根裏を散歩して他人の秘密を覗いたらドキドキしたんだよ、という話。『人間椅子』は、貧しく孤独な職人がホテルの椅子の中に隠れ住むという夢を叶える物語です。オタクが同好の士に話しかけるような、距離の近さを感じさせる語り口に引き込まれます。登場人物は現代的な感性を持ち、作中で明かされる秘密はどこか甘美だから、いまだに人気が衰えないのでしょう」

１９２５年に発表された「人間椅子」は、乱歩らしさが最も顕著にあらわれている作品の一つだと有栖川さんは言う。

初出は「苦楽」１９２５年10月号。乱歩の自作解説によれば、自宅で籐椅子を見ているときに椅子の形と人間のしゃがんだ形が似ていることに気づいたことが着想のきっかけ。後日、横溝正史と神戸の街を散歩しているときに入った家具屋で、実際に肘掛け椅子の中に人間が隠れられるかどうか聞いてみたのだそうだ。

ある程度リアリティを確保した上で、乱歩は椅子に人間が入り込んで家の住人の生活を覗いたり、座られてその感触を楽しんだりと、ほの暗い欲望による素朴な思いつきを自由

に展開し、五官の愉しみを素直に味わおうとする。

「乱歩には隠れ蓑願望がありました。なんらかの手段で他人の目から自分の身を隠して、みんなを観察したいという欲望があった。『人間椅子』の職人も、椅子の中に潜むことで〈丁度、隠れ簑でも着た様に、この人間世界から、消滅して了う〉。そして何も知らずに自分の膝の上に座った人々の感触を楽しみます。職人が深夜になると椅子をぬけだす場面は、ただ読んでいて楽しい。職人は盗みを働くために建物の中を動き回り、金品を手に入れることよりも、泥棒という行為自体にスリルと快楽をおぼえる。子供にかえっていたずらしている感じがするからでしょう。ずっと窮屈な椅子の中に身体を押し込めていた職人はやがて完全に直立することができなくなります。でも以前は〈こんな、うじ虫の様な生活を、続けて行く位なら、いっそのこと、死んで了った方が増しだ〉と思っていたのに、椅子という隠れ蓑を得て自分の存在を世の中から消すことで解放される。悲しい方法ではあるけれど、彼が自由になれたことを祝福してあげたくなるのです。最後にオチがつきますが」

都市では、自分に似た人々と毎日出会わされ、自分が平凡な人間であることを思い知らされる。しかし、都市は人々に〈特別であれ〉と命じ続ける。〈平凡〉と〈特別〉の間で〈冴えない〉存在と自分を感じる多くの都市生活者に乱歩作品は、生きる活路を示してくれる。

ありすがわ・ありす／1959年生まれ。小説家。著書に『双頭の悪魔』『マレー鉄道の謎』（日本推理作家協会賞）『女王国の城』（本格ミステリ大賞）など。

谷崎潤一郎『春琴抄』

ツボ

共に盲者となってまさぐり合う生々しさと、凝縮された愛とが同時に描かれている

賢人 有栖川有栖さん

濃密かつ耽美な筆致で人間の性愛を描き出した文豪・谷崎潤一郎を、江戸川乱歩はこよなく敬愛していた。ミステリー作家の有栖川有栖さんは、乱歩と谷崎の共通点をこう解き明かす。

「大正時代にはエドガー・アラン・ポーなどの影響を受けて、探偵趣味の濃厚な文芸作品を書く作家たちが出現しました。その一人が谷崎です。乱歩は谷崎に深く傾倒し、谷崎は乱歩を大衆文学と見下していたようですが、二人には１９２０年代に探偵小説を競うように書いていた、という同時代性があります。例えば谷崎は20年代にアガサ・クリスティー

新潮文庫

よりも早くある有名なトリックを用いた『私』、同一人物に見える二人の男の正体を探る『友田と松永の話』等を発表しています。乱歩も谷崎も、読者を謎解きに誘い、最後には、にわかには理解しがたいけれども、魅惑的な五感の快楽を味わう場所に到達するところが似ています。今回取り上げる『春琴抄』はいわゆる探偵小説ではありませんが、やはり謎を一つ一つ解き明かしていきます」

1933年発表の『春琴抄』は、盲目の三味線師匠・春琴と、奉公人で弟子でもある佐助の愛の物語だ。谷崎が盲目の地歌箏曲家・菊原琴治に三味線を習っていたときに見聞きしたことが作品に活かされている。また、ちょうどそのころ谷崎は二番目の妻・丁未子(とみこ)と別居し、根津松子と交際を始めた。大阪の豪商の娘である春琴のモデルは、三番目の妻となる松子とも言われる。

「まず、なぜ春琴と佐助の話を直接語らずに、『鵙(もず)屋春琴伝』という小冊子に書かれていたという設定にしたのかがそもそもミステリアスです。具体的な地名を出し、春琴と佐助のお墓を描写して、いかにもその小冊子が実在するように見せかけているけれども、どこまでが作中で本当に起きた出来事かわからない。語られていることはごく一部で、他に隠された真実があるのではないかと想像がかきたてられます」

美しいが驕慢(きょうまん)な春琴にどんなに虐げられても、佐助は彼女に服従し献身的に仕え、いつしか肉体関係を持つようになる。だがあるとき、春琴は熱湯をかけられ、顔に酷い火傷を負ってしまう。

「春琴に危害を加えた犯人について、作中でいくつか仮説は立てられていますが、真相はわからないまま。探偵小説的に推理すると、作中では容疑者として名前が挙がっていない春琴と佐助の可能性もあります」

佐助は美しかった春琴の姿を永遠に留めるために、自らも失明することを選ぶ。

「佐助が自分の眼に針を突き刺す場面は不思議と痛そうではありません。全体的に恋する男の子の妄想みたいな感じがあります。謎を追いかけていく先にあるのは、春琴と佐助の関係の〈秘密〉ですが、これが甘やかで官能的です。視覚を失った春琴と佐助は、二人だけの世界に入っていき、そこで触覚的な愉楽を味わい尽くすのですから」

五感の中でも視覚以外の感覚の喜びを描くことに谷崎らしさがあるという。

「例えば『盲目物語』の主人公である盲者は、織田信長の妹・お市の揉み療治をしたときの感触や、お市の娘・茶々をおぶったときの感触がお市とそっくりなことをうっとりと語ります。物語の終盤で城が炎上する場面では、男が視覚以外で感じたことが描写されていて、実際にその光景を見ることができない読者にはかえって状況が生々しく伝わってくる。でも、やはり『春琴抄』が最高傑作でしょう。共に盲者となってまさぐり合う関係性の生々しさと、それ以上尽くしようがないところまで凝縮される愛とが同時に描かれているのですから」

ありすがわ・ありす／1959年生まれ。小説家。著書に『双頭の悪魔』『マレー鉄道の謎』（日本推理作家協会賞）『女王国の城』（本格ミステリ大賞）など。

シェイクスピア

『ロミオとジュリエット』

ちくま文庫

賢人 北村紗衣さん

ダメな大人のせいで好感の持てる若者が死んでしまう話です

シェイクスピアの代表的戯曲『ロミオとジュリエット』は、1595年ごろ、ロンドンのカーテン座で初めて上演されたと言われる。舞台はイタリアのヴェローナ。モンタギュー家の一人息子・ロミオと、キャピュレット家の令嬢・ジュリエットが恋に落ちる。ところがジュリエットは他の男と結婚させられそうになって……。さまざまな悲恋物語の雛形となった古典だ。シェイクスピア研究者で武蔵大学准教授の北村紗衣さんは、戯曲を読む前に、映画や演劇を観ることを薦める。

「よく言われることですが、お芝居が完成した建造物だとすれば、戯曲はその設計図です。

完成した建物を観てから設計図を読んだほうが、どういう状況か頭に入りやすいし、発見も多いと思います。私はレオナルド・ディカプリオ主演の映画から入りました。舞台は現代に変えてありますが、原作のセリフをそのまま使っているところがけっこうあって面白いですね」

ジュリエットがバルコニーで〈ああ、ロミオ、ロミオ、どうしてあなたはロミオなの？〉と嘆く場面はとりわけ有名だ。執筆されてから400年以上経っても、その人気が衰えない理由とは？

「家にボーイフレンドを連れて行ったら親が気に入らないみたいなことは、どこの世界でも起こっているので共感できるのでしょう。しかも勉強嫌いだけど純粋なロミオと情熱的で意志が強いジュリエットは年齢問わずみんなが応援したくなるカップルなんです」

同時代の恋愛劇は若いカップルが困難を乗り越えて結ばれる喜劇が定番だった。しかし、『ロミオとジュリエット』は悲劇的結末を迎える。

「途中までは面白おかしいシモネタが出てきて喜劇っぽいのにハッピーエンドにはなりません。初演の舞台を見た人は物語の暗転に驚いたんじゃないかなと思います。シェイクスピアが『ロミオとジュリエット』の原作にした恋愛物語も同じ結末ですが、もっと教訓的な話です。親の言うことを聞かないとひどい目にあいますよ、みたいな。それを翻案するときに、ダメな大人のせいで好感の持てる若者が死んでしまう全然説教くさくない話に変えたところもよかったのでしょう」

シェイクスピアは家や国といった帰属する共同体によって理不尽な別離を強いられる恋人たちの悲劇を創造した。現代でもそのような悲劇は繰り返されていることが、この戯曲に普遍性と長い生命を与えたと北村さんは指摘する。

「なんらかの事情で一緒になれないカップルはどこにでもいます。わかりやすい設定だからアレンジもしやすいのでしょう。例えば『ロミオとジュリエット』の設定をイスラエルとパレスチナに置き換えて翻案するというようなことも普通に行われています」

物語の骨格がしっかりしているから、いくらでも時事的な要素を盛り込むことができるのだ。文体は古めかしい感じもあるが……。

「シェイクスピアの時代のお芝居はほとんどセットが使えませんでした。だから舞台上の時間の推移から登場人物の行動まで何でも言葉で説明します。セリフが重要な役割を担っているから、言葉に魅力があります。例えば、ジュリエットが〈バラと呼ばれる花を別の名で呼んでも、甘い香りに変りはない〉と言うくだりは視覚と嗅覚を同時に喚起して美しいですね」

他人の評価に左右されず、自分が主体となって楽しみを作り出せること。多様な解釈を受け入れる懐の大きさが、シェイクスピアの戯曲の強みなのだ。

きたむら・さえ／1983年生まれ。イギリス文学者。武蔵大学人文学部英語英米文化学科准教授。著書に『シェイクスピア劇を楽しんだ女性たち』など。

シェイクスピア『ハムレット』

ツボ

賢人 北村紗衣さん

苦悩するハムレットは近代的な個人を先取りしたようなキャラクター

1600年ごろに書かれた『ハムレット』は『マクベス』『リア王』『オセロー』とともに「シェイクスピアの四大悲劇」と呼ばれる。

主人公はデンマークの王子ハムレット。亡霊の言葉によって、叔父のクローディアスがハムレットの父を殺して王位を継ぎ、母を后にしたことを知る。ハムレットがクローディアスに復讐を遂げるまでの物語だ。

シェイクスピア研究者の北村紗衣さんは「やはり読む前に観ることをおすすめしたいですね。私は演出が仰々しくなくて音楽や美術が豪華なグリゴーリ・コージンツェフ監督の

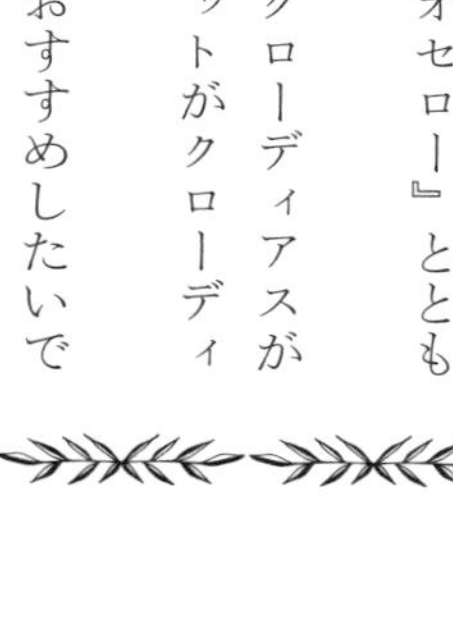

ちくま文庫

映画が好きです。一番原作に忠実なのはケネス・ブラナーが主演と監督を務めた『ハムレット』。すべて忠実に上演すると4時間くらいかかります。ハムレットは身近にいたらおそらく困った人ですが、長時間付き合っているうちに感情移入できるようになっていきますし、悲劇的な結末を迎えることも納得がいくんです」と言う。

何でもいいので興味が湧いた芝居を観たら、次は戯曲を読んで脳内で好きな『ハムレット』を作り上げてみる。

「ハムレットはとにかくずーっとしゃべっていて、笑わせなきゃいけない場面も、剣戟のシーンもあって、役者にとってはすごく負担が大きい。そのぶんやりがいがあって、年齢や体型を問わずできる役です。ト書きが少なく解釈の幅が広いので、演じる人によって違うハムレットを見せられます。だから戯曲を読むときもハムレット役を好きなアイドルにしたり、好きな衣装を着せたり、自由に想像したらいいんですよ。シェイクスピアは読む人に合わせてくれます」

クローディアスの殺人の証拠は、序盤では亡霊の証言しかない。果たして信じていいものか。ハムレットはうじうじ悩んだり、気がふれたふりをしたり、多面的な表情を舞台で見せる。なぜこれが「名著」と呼ばれるのか？

「ハムレットは近代的な個人を先取りしたようなキャラクターだからです。神を強く信じていて中世の伝統を受け継いでいるところもあるけれども、一人の人間として自由意志で何かを選び、責任をとらなくちゃいけないみたいな意識がすごく強いんです。近代以降は

神や国家が絶対的なものではなくなって、誰もが自分で何かを選択しながら生きていかなくてはなりません。みんな不安なので、ハムレットの苦悩に共感できるのでしょう」

有名な《To be, or not to be》のくだりも存在とは何かという近代哲学の問いを先取りしたセリフだという。〈生きるべきか死ぬべきか、それが問題だ〉という訳が一番浸透している。翻訳によってさまざまな解釈があるが、北村さんの見解は?

「ハムレットは王子なのでデンマークという国や神に対して重い責任を負っています。クローディアスが本当にハムレットの父を暗殺したのだとしたら、不正行為をした人間が国のトップに立っているわけで、そのままにしてはおけない。すぐ復讐を実行するべきか、別の方法を考えるべきか。王子として間違いのない政治的判断を下す必要にせまられたときのセリフじゃないかなと私は思います」

作品の解釈は個々人によって違っていて良いが、ハムレットの父を殺した犯人は、作品の中ではっきりと示されている。わからなかったという人は、第3幕第3場を要チェック!

きたむら・さえ/1983年生まれ。イギリス文学者。武蔵大学人文学部英語英米文化学科准教授。著書に『シェイクスピア劇を楽しんだ女性たち』など。

人文書

『ブッダのことば』

岩波文庫

賢人 宮崎哲弥さん

ツボ

生にまつわる苦を自らの力でいかに解消するか、実践的な答えを示した

『ブッダのことば』の原題『スッタニパータ』は、直訳すると「経集」。仏教最古の経典と言われる。

仏教の開祖ブッダは、紀元前6世紀頃インド北部にあったシャーキヤ国の王子として生まれた。29歳のとき何不自由ない生活を捨てて出家し、6年間の修行を経て悟りを開いた。

仏教者で教理に精通する評論家の宮崎哲弥さんによれば、ブッダはバラモン教の対抗勢力として登場した自由思想家だった。

「当時のインドの民族宗教だったバラモン教は、『ヴェーダ』という聖典にもとづき、宇

宙の根源者たるブラフマンと自己とが合一することで救われると説いた。これに対してブッダは、神秘的な救済を説くのではなく、個人の生にまつわる苦を自らの力でいかに解消するかという問題に実践的な答えを提示した。それが時代や民族を超越した普遍性を持っていたから、仏教は世界宗教になり得たのでしょう。古代インドのパーリ語で書かれたニカーヤと呼ばれる経典の中で、ブッダの直説に最も近いと推定されているのが『スッタニパータ』の第4章と第5章です。この第4章と第5章には、初期仏教の思想のすべてがあらわれているといっても過言ではありません。苦の原因となる執著が発生する認知的メカニズムを解き明かしているからです」

仏教における苦とは何か。わかりやすく説明した言葉が「四苦八苦」だ。生まれて生きること、老いること、病むこと、死ぬことを表す「生老病死」が四苦。さらに愛した者と別れ離れることで生じる「愛別離苦」、恨み憎む者と出会うことで生じる「怨憎会苦」、求めても得ることができないことで生じる「求不得苦」、さまざまな要素の集合体でしかない自分を確固たる存在と錯覚することで生じる「五蘊盛苦」を加えたものが「八苦」という。

「あらゆるものは無常であることを理解し、『四苦八苦』も生存欲がつくり出した幻であることを認識し、執著を捨てることで苦から解放されるというのがブッダの教え。例えば『スッタニパータ』第4章の867。世の中の欲望は何に基づいて起こるのか問われたブッダは〈世の中で《快》《不快》と称するものに依って、欲望が起る〉と答えます。快い

ものをそばに置きたい気持ちも不快なものを遠ざけたい気持ちも欲望という意味では同じ。心が欲望の対象にくっついて離れないことが執着です」

執著はどのようにして生まれるのか。870に〈快と不快とは、感官による接触にもとづいて起る〉とある。

「感官とは要するに視覚や聴覚などの感覚です。872から874では、感覚がとらえたものをそのまま受け取らないことで、執著に陥るのを防ぐ道を説いています。そして『名は体を表わす』とは考えない。例えば、人は花を見たとき無意識に〝美しい花〟と名付け、やがて枯れる花がずっと存在するかのように思い込む。本来は無常であるものを永久不変の実体と錯覚してしまうことが執著につながります。仏教の修行は、知覚した対象を括弧にいれて淡淡と突き放すための心的訓練でもある。ここで語られている内容は、のちに仏教の理論が体系化されるときの基礎になりました。多くの人の実感に反することが書かれているので難解ですが、取り組む価値がある本です」

他にも〈犀の角のようにただ独り歩め〉といったユニークで考えさせられるフレーズの宝庫。犀の角がひとつしかないように、求道者は他の人の毀誉褒貶にわずらわされることなく、自分の確信にしたがって暮らせ、という意味らしい。

みやざき・てつや／1962年生まれ。評論家・仏教思想家。相愛大学客員教授。著書に『仏教論争――「縁起」から本質を問う』『知的唯仏論』など。

『ブッダの真理のことば・感興のことば』

岩波文庫

賢人 宮崎哲弥さん

世間の流れに乗って滞りなく生きることができない者のための教えです

『スッタニパータ（ブッダのことば）』と同様、古代インドで編まれた初期仏教の重要な経典が『ダンマパダ（真理のことば）』だ。『ダンマパダ』の「ダンマ」はパーリ語で「法」、「パダ」は「言葉」という意味。漢訳の『法句経』という題でも知られる。「諸行無常」「一切皆苦」「諸法非我」などブッダの教えの基本をわかりやすく説き、初期経典の中でも人気が高い。

『ダンマパダ』は『スッタニパータ』のように認知的なメカニズムは説明せず、なすべきことをストレートに説いているのでわかりやすい。苦を解消するためには世間から離れ

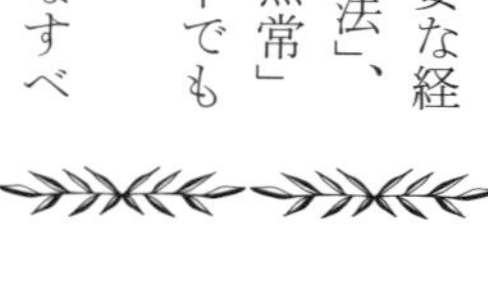

なさいと延々と言っているのが『ダンマパダ』だと思います」と評論家の宮崎哲弥さんは語る。

世間から離れるとはどういうことだろうか。宮崎さんは『ダンマパダ』に収められた423句の中で、210の〈愛する人と会うな。愛しない人とも会うな。愛する人に会わないのは苦しい。また愛しない人に会うのも苦しい〉が最も印象深いそうだ。

「なぜ愛する人と出会ってはいけないかと言うと、世界は無常であり、愛もいつかは損なわれるものだからです。どんなに見目麗しい理想の恋人でも、浮気するかもしれないし、加齢によって容色は衰えていくし、やがて死ぬじゃないですか。自分の心がどうしようもなく離れてしまう場合もある。愛着が強ければ強いほど苦しみは深くなるわけです。仏教は関係性の宗教と言う人もいますが、むしろ逆だと私は思います。心の平安のためには、他者とも自分ともモノともコトとも、関係をつくりすぎてはいけない。世間から離れるというのは、悪しき関係性、つまり絆を断つことと言ってもいいでしょう」

キリスト教をはじめ、愛にもとづく宗教や倫理は共感しやすい。愛だけではなく、生存に対する欲すら否定する仏教の思想はなかなか受け入れがたいと思うが、それでも2500年以上にわたって世界中で信仰されているのはなぜだろうか。

「生や愛を賛美する思想が欺瞞に見えてしょうがないという人はいつの世にも一定数いるからでしょうね。仏教は世間の流れに乗って滞りなく生きるということがどうしてもできない者のための教えです。ブッダ自身もそういう人でした。ブッダは王家に生まれて生活

の心配はない。寒暖の辛さも、雨露の煩わしさからも解放されている。酒食も異性もよりどりみどりです。でも『ダンマパダ』の186にあるように〈たとえ貨幣の雨を降らすとも、欲望の満足されることはない。「快楽の味は短くて苦痛である」〉、からすべてを捨てて出家しました。極言すれば、完全無欠の理想社会が訪れようとも解消されない個の苦しみこそが仏教本来の救いの対象なのです」

宮崎さんも、そんな仏教だから惹かれた。仏教に出会わなかったら自死していたかもしれないと語る。

「仏教を生み出した紀元前6世紀頃のインドは、急速に技術が進歩し、商業資本が蓄積されて、社会は豊かでした。一方で、加速していく変化が、不断に人々の心の安定を脅かしていた。現代の先進国と社会状況がとても似ています。近年では故スティーブ・ジョブズらIT起業家や『サピエンス全史』の著者ユヴァル・ノア・ハラリなどの知識人、科学者が仏教に傾倒しています。『衣食足りた』後の個の実存の不安によく応えうるという点で、先進世界は『仏教の時代』に向かいつつあるのかもしれません」

今まさに、パンデミックによって世界が激変している。〈自己こそ自分の主である〉といい、拠り所を外部に求めない仏教の思想を見なおしたい。

みやざき・てつや／1962年生まれ。評論家・仏教思想家。相愛大学客員教授。著書に『いまこそ「小松左京」を読み直す』『ごまかさない仏教』など。

プラトン
『ソクラテスの弁明』

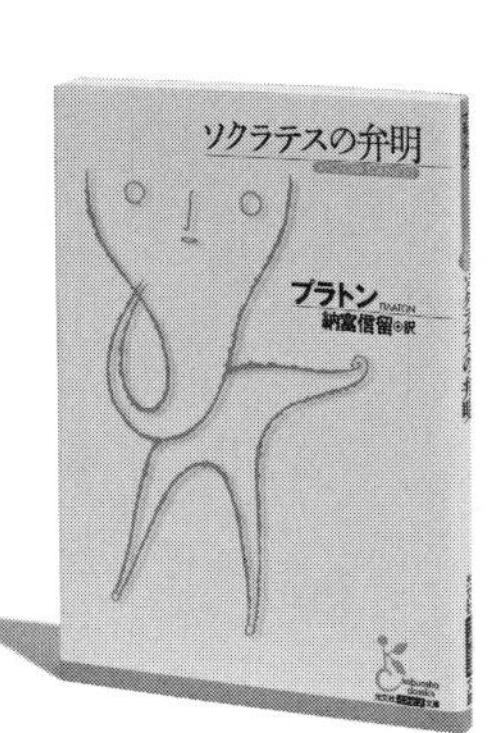

光文社古典新訳文庫

賢人 納富信留さん

哲学とは、当然知っていると思っていることを根本に遡って疑うこと

紀元前399年の春、古代ギリシャを代表する哲学者ソクラテスは「不敬神」の罪で告発され、死刑の判決を受けた。ソクラテスは自らの考えや言論をすべて口頭で語り、書き残すことは一切なかった。ソクラテスの死後、彼の弟子たちは師を登場人物にした対話篇を続々と発表した。その数は計200作とも言われる。

『ソクラテスの弁明』は、ソクラテスの弟子で最も有名なプラトンが、師の生と死にまつわる真実を法廷弁論形式で描いた作品。罪を告発されたソクラテスが、それに対して毅然と〈弁明〉していくさまが描かれていく。

本書を翻訳した東京大学大学院教授の納富信留（のぶる）さんは「ソクラテスは街角で人々を相手に人生や徳について対話していました。それが神々を信じず若者を堕落させる行為と見なされたのです」と言う。極刑に値する重罪とはとても思えないが……。

「当時のギリシャでは、各都市が守護神を持つことによって共同体を維持していました。アテナイなら、アテネやゼウスやアポロンに祈らないと戦争に負けると考えられていた。そういう社会で神々を信じない人は、危険思想の持ち主とされる。〈ソクラテスよりも知恵ある者はだれもいない〉というデルフォイの神託を受けて、ソクラテスは知を愛し求めること、つまり哲学することが自分の使命だと考えました。神々を信じていないわけではなかったのですが、対話の過程で相手の無知を明らかにしてしまうので、憎悪する人がいた。ソクラテスの方法を真似て有力者を論破する青年たちがあらわれたことも、若者に悪影響を与えると言われる原因になりました」

それでも裁判できちんと無実を訴えれば、死は免れたかもしれない。一度目の投票で「有罪」判決が下ったが、「無罪」票との差はわずかだった。ところが、刑罰を決める提案の場で挑発的な発言をし、二度目の評決では「死刑」票が「罰金」票を大きく上回った。

「プラトンは、ソクラテスは哲学することをやめなかったゆえに殺された、という結論を出しました。その哲学の根幹にあるのは、私たちは本当に大事なことを分かって生きているのか、という問いかけです。ソクラテスにとって哲学とは、すでに当然知っていると思っていることを、根本に遡って疑うことでした」

本当に大事なこととは人が生きていく上で正しいこと、美しいこと、善いこと。ソクラテスはこのことを街の人に聞いて回っていた。

「何十年も政治家をして国に尽くしてきたという人には、具体的に何をしたのか尋ねる。道路を作ったとか、戦争に勝ったとか答えると、それで国民が本当に幸せになれるのかとツッコミを入れ、実は何も分かっていなかったことを暴いてしまう。自分も分からないから一緒に考えましょうというスタンスで質問しているのですが、無知を暴かれた側は今まで信じていた価値観を壊されます。若者なら特に過激な思想に走る場合もあるから、危険視されたのも当然かもしれません」

生死を分ける裁判でも挑発的な問いを投げかけ、懐疑し続けることをやめない。本書で展開される〈弁明〉そのものが、ソクラテスの哲学の方法を示している。基本的な質疑応答すら成り立たない現代日本の国会の状況などを見ると、命を賭して知のあり方を問うた哲学者の批評性が重く響いてくる。

「ソクラテスはもし哲学することをやめるという条件で釈放すると言われても、自分はやめないと断言します。知を吟味しない人生なんて生きるに値しないという態度を貫いた。命がけで哲学を実践したソクラテスの人生のインパクトは大きく、哲学者とはこうあるべきだという最初のモデルになったのです」

のうとみ・のぶる／1965年生まれ。哲学者、西洋古典学者、東京大学大学院人文社会系研究科教授。『ソフィストとは誰か？』によりサントリー学芸賞を受賞。

人文書

プラトン『パイドン』

賢人 納富信留さん

ツボ

哲学の道で魂を救われた弟子が語る、ソクラテス最期の日の対話

西洋哲学史上もっとも影響力を持った哲学書のひとつにして難解で知られる名著が、プラトンが紀元前4世紀前半に執筆した『パイドン』だ。『ソクラテスの弁明』で死刑を宣告されたソクラテスの最期の一日が描かれる。弟子たち以外でソクラテスの最期に立ち会うのは、妻のクサンティッペ、幼なじみのクリトン。ちなみに語り手はパイドンという名前の弟子であり、プラトン自身は〈プラトンは、病気だったと思います〉と言及があるだけで登場しない。

本書の翻訳を手がけた納富信留さんは「弟子たちがソクラテスについて書いた本はたく

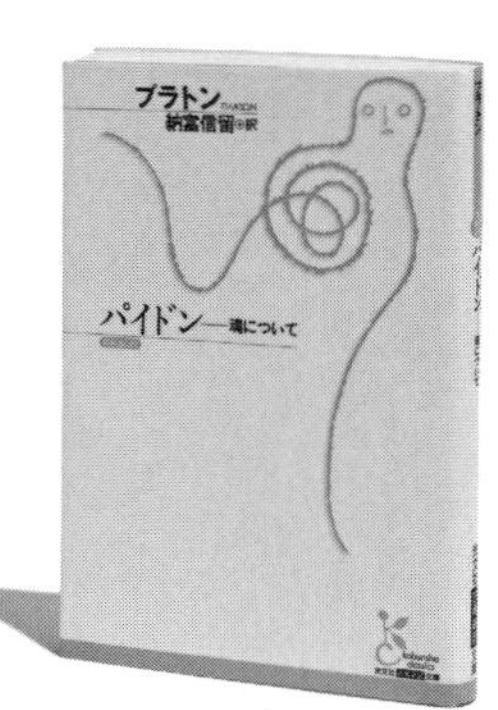

光文社古典新訳文庫

さんありますが、中でもプラトンは、構成力、文章力が突出していました。作家としても非常に優れていたのです。『パイドン』は〝魂とは何か〟という問題に初めて本格的に挑んだ哲学書です」と語る。

「ソクラテスが言う魂（プシューケー）とは、現代を生きる私たちがイメージするものとは違う。出自、人間関係、肩書き、評判、財産、容姿など、すべての属性や特性を捨て去っても残る〝本当の自分自身〟を魂と呼んでいるのです」

死刑が執行される日の朝、パイドンと仲間たちはソクラテスの牢獄を訪れる。弟子のシミアスとケベスは師の肉体が死ぬと魂も消滅するのではないかと危惧する。

「弟子たちは人間は死んだら終わりではないかと恐れているわけです。しかしソクラテスは〈死とは、魂の肉体からの分離にほかならないのではないか〉と問いかけます。そして魂の不死を証明していくのです。その日の夜に殺されるソクラテスが語るからこそ、重みのある対話になっています」

死によって肉体から解放された魂は魂自体としてあり続けるというソクラテスに、シミアスとケベスは反論する。一見わかりにくい議論だが実は単純な話だと納冨さんは言う。

「私たちが生きているのは時間の流れによって物事が変化する世界です。今の自分がいくら善く生きようと頑張っても、死んだあとは関係ない。あらゆるものは変化するから、千年後にはなくなっているかもしれません。魂の〝ある〟ことが絶対的で永遠でないかぎり、結局は時間の長短の問題に過ぎなくなるわけです。つまりソクラテスが探究する、時間と

空間を超越して存在する〈正しさ・美しさ・善さ〉も無意味になってしまいます」

そこでソクラテスは「言論（ロゴス）の中の探究」を用いる。変化する日常から一旦身を離して、言葉の世界の中で現実を見ていく哲学の基礎的な方法だ。

「例えば花が〝美しい〟ことの原因は、時によって変化する色彩や形状や匂いでは説明できません。美が〝それ自体としてある〟という〝イデア〟を基礎に立てて考えると、どんなものでも美のイデアを分け持つことで美しいと呼べます。このようにして、ソクラテスは〝本当の自分自身〟である魂は、イデアと同様に時間を超越した存在であることを示します。私たちが生きていること自体、魂という超越的なものに関わっているということをソクラテスは論証していきます。自分の肉体は死ぬけれども魂は不滅だと生き残る者たちを説得するのです」

全部の議論がわからなくてもいいから、登場人物と一緒に考えながら読むことを納富さんはすすめる。

「登場人物も魅力的です。語り手のパイドンはもともと戦争捕虜で、男娼として売られていました。ソクラテスのおかげで売春宿から解放され、哲学の道に入ることで魂を救われたのです。そんな人物が恩師との最後の対話を報告し、さらに本のタイトルになっているところもよくできています」


のうとみ・のぶる／１９６５年生まれ。哲学者、西洋古典学者、東京大学大学院人文社会系研究科教授。『ソフィストとは誰か？』によりサントリー学芸賞を受賞。

アリストテレス

『ニコマコス倫理学』

光文社古典新訳文庫（上下巻）

ツボ

災害や感染症のような想定しない事態にも対応できる知性が〈フローネーシス〉

賢人 納富信留さん

アリストテレスは、紀元前384年ギリシャ生まれの哲学者。その研究分野は論理学から自然学まで幅広く「万学の祖」と呼ばれる。若いころはプラトンの学園アカデメイアで研究生活を送り、50歳近くでアレクサンドロス王の庇護のもと学園リュケイオンを創設した。主著の『ニコマコス倫理学』は、もともとリュケイオンの講義ノートだった。

東京大学教授で西洋古代哲学が専門の納富信留さんは「『ニコマコス倫理学』は倫理学の体系を作った書物です。倫理学はラテン語で言うと〈エチカ〉。語源になった〈エートス〉は、古代ギリシャ語で〝人のあり方〟を意味しています。つまり、一人ひとりの人間

のあり方について議論するのが倫理学です。アリストテレスの倫理学は、ただ考えるだけではありません。あくまでも実践を目的にしています。人間にとって何が善かを理解して身につけた上で、危機的な状況においても正しい判断ができる人間になることを目指しています」と言う。

『ニコマコス倫理学』は10巻構成だ。納富さんによれば、第1巻で人間が求めるものは幸福ではないかと問題提起して、第2巻から第10巻の冒頭まで幸福の基盤となるさまざまなあり方を考察し、最終的に究極の幸福とは何かという問いに回答を出している。

「ひとつの流れにそって論じていくのでわかりやすいと思います。アリストテレスは優れた動物学者でもあり、動物の研究で培った観察眼で人間のあり方を分析しているところが面白い。例えば第8巻の愛（フィリア）を〈善いもの〉〈快いもの〉〈有用なもの〉の3種類に分けるくだりなど、現代社会でも通用するでしょう」

一般的に幸福な人というと、お金が十分にあって、衣食住に困らず、友達や家族に恵まれていて……というようなイメージがある。アリストテレスが提示した究極の幸福とは？

「お金があると幸福だと思うのは、お金が欲望を満たしたいときに有益だからですね。でも、お金を持つ行為自体は幸福ではありませんよね。アリストテレスの考える幸福とは、人間が自らの知的能力を開花させ、その行為自体を善くすることです。そういう結論にたどりついたのは、やはり彼が動物学者でもあったからでしょう。動物の行為はほとんどが本能によって決定されています。しかし、人間は言葉を用いて行為を選択することによっ

て、さまざまな生き方が可能です。だからこそ、何が適切な行為か見分けられる人になることが幸福につながるのです」

知的能力を発揮するために重要になってくるのが〈フロネーシス〉だという。

「フロネーシスは第6巻で論じられます。日本語では主に〝思慮深さ〟と訳されている言葉です。計算ドリルみたいなもので頭を訓練しても習得できない実践的な知、判断力と言ってもいいでしょうね。フロネーシスを持っていれば不運な出来事に遭遇しても人生全体が壊れることはありませんが、身につけることは非常に難しい。例えば、親や先生に困っている人がいたら助けなさいと教えられた子供が、ただ言われるままに実行してもフロネーシスがあるとは言えません。困った人を助けることを実践していくうちに、正義とは何なのかと考える知性の働きと結びついて、災害や感染症のような想定しない事態が出てきたときにも対応できる。〝自分のあり方〟を変えていく知性がフロネーシスです。今生きている私たちに最も欠けているものだと思います」

もとが講義ノートだっただけにわかりやすい。例えば、4巻第5章の「怒り」を分析したくだりでは、温和は〈中間性〉の性向なのに、怒るべきときも怒らないことが温和だと誤解されがちだという。〈怒りの超過〉は当然良くないが、〈怒りの不足〉も良くないという指摘はなかなか新鮮だ。

のうとみ・のぶる／1965年生まれ。哲学者、西洋古典学者、東京大学大学院人文社会系研究科教授。『ソフィストとは誰か？』によりサントリー学芸賞を受賞。

アリストテレス『詩学』

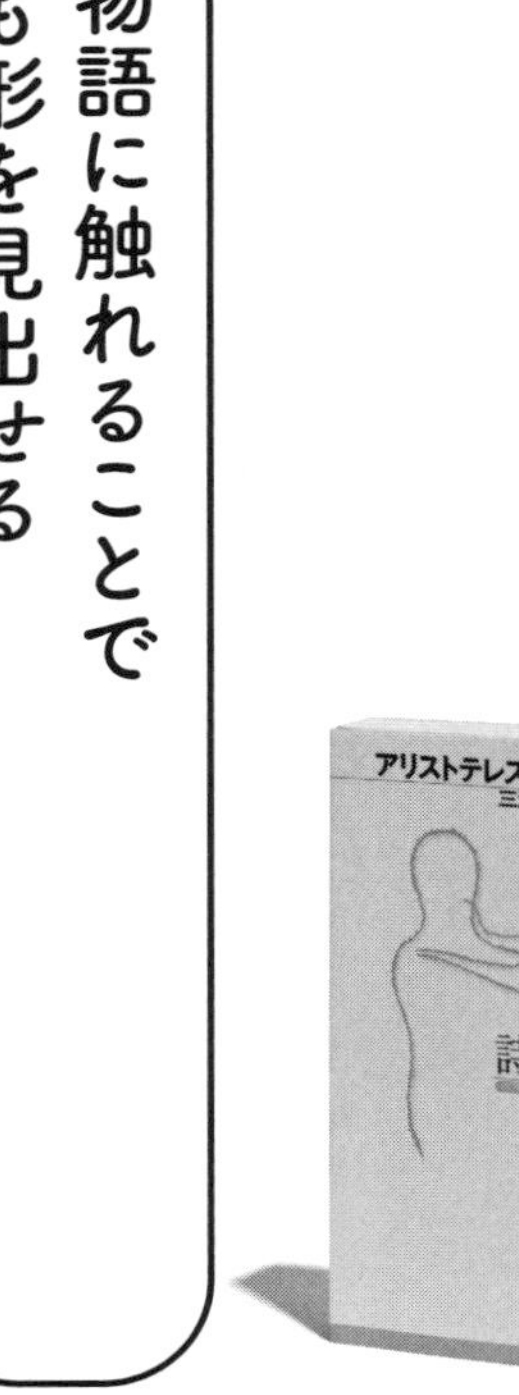

光文社古典新訳文庫

ツボ

誰かの人生の物語に触れることで自分の人生にも形を見出せる

賢人 納富信留さん

紀元前4世紀のギリシャで活躍した大哲学者アリストテレス。東京大学教授の納富信留さんによれば、著作の中で最も広く読まれ、大きな影響を与えているのは『詩学』だという。

「『詩学』はストーリーを中心とする創作について考察した芸術論です。ギリシャ悲劇を取り上げ、文学が人間にとって本質的な営みだという理論を打ち立てたのです」

原題を直訳すると『作る技術（ポイエーティケー）について』。芸術論なのに悲劇に偏っているのは、喜劇を論ずる第2部が散逸したからと言われる。

古代ギリシャはアイスキュロス、ソフォクレス、エウリピデスという三大悲劇詩人を輩出した。しかしアリストテレスの師にあたるプラトンは『国家』の中で詩人を批判した。

「ギリシャ悲劇の最盛期は紀元前5世紀ごろです。リアルタイムで上演を観ていたプラトンは、悲劇は人々の感情を激しく揺さぶり、理性を失わせるから、国家がコントロールしなければ危険だと主張しました。40歳ほど年下のアリストテレスは、もう少し距離を置いて観ることができたのでしょう。師に対抗する立場をとって、悲劇を擁護しました。『詩学』は歴史上初めて芸術の価値を哲学的に証明した書物なんです」

芸術を愛する人にとって、心強い味方になってくれる名著なのだ。アリストテレスはどのようにして悲劇の価値を証明したのか。納富さんはキーワードとして、三つの古代ギリシャ語を挙げる。「ミメーシス」(模倣)、「カタルシス」(浄化)、「ミュートス」(ストーリー)だ。

「ミメーシスにはもともと体を使ってモノマネをするという意味があります。アリストテレスの定義では、人間の行為をミメーシスしたものが悲劇です。『詩学』の中でも評価の高いソフォクレスの『オイディプス王』を例にしてみましょう。オイディプスは国が災厄に見舞われる原因を探るうちに、図らずして自らが父を殺し母と交わるという罪を犯していた真実を知ってしまいます。自分は何者かという運命を認知することによって、幸福から不幸へ人生が変転する。ソフォクレスの詩はオイディプスの生き方のミメーシスであり、人間の生の本質的な部分のミメーシスにもなっています」

納富さんは舞台上の役者の演技、観客の感情移入もミメーシスだと言う。

「観客は自分もオイディプスのようになるのではないかという怖れを抱きながら、他者として憐れみもおぼえる。恐怖と憐憫を同時に感じることでカタルシスが生まれます。カタルシスとは何か、アリストテレスはほとんど説明していません。解釈は分かれますが、良い意味での解放であることは間違いない。『詩学』において文学や劇場は、日常生活で蓄積した不純物を捨てて、自分の運命は何か、それを十分享受しているのかという本質に向き合い、人間らしさを取り戻せる場所だからこそ価値があるとアリストテレスは論じたのです」

悲劇は人間の行為をひとつのミュートス、起承転結のあるストーリーとして提示する。そのことが人間にもたらした意味も大きいと納富さんは指摘する。

「現実の人間の生活にストーリーはなく、自分の人生とは何かは漠然としてわからない。でも誰かの人生の物語に触れることで、とらえどころのない自分の人生にもひとつの形を見出し、生き方について考えることができる。芸術は人生を作るときのモデルとしても必要なのだと思います」

人は他者の物語を通してこそ、自分自身の人生に輪郭を与えられるのだろう。

のうとみ・のぶる／1965年生まれ。哲学者、西洋古典学者、東京大学大学院人文社会系研究科教授。『ソフィストとは誰か？』によりサントリー学芸賞を受賞。

カエサル
『ガリア戦記』

講談社学術文庫

ツボ

賢人 本村凌二さん

人間の心理を熟知していたカエサルは現実主義かつ合理主義的な思考を持っていた

紀元前100年生まれのカエサルは「古代ローマ最大の英雄」として知られる。『ガリア戦記』はカエサルがローマ軍の最高司令官としてガリア（現在のフランスとベルギーの全部、オランダ南部地方、ドイツのライン川以南地方、スイスの大部分を含む地域）に遠征したときの記録だ。歴史学者で東京大学名誉教授の本村凌二さんは「カエサルは王政打倒からおよそ500年続いた古代ローマの共和政を変えた人です」と解説する。

「ローマ人は傲慢で横暴な王を追放して共和政国家を樹立したので、伝統的に独裁者を嫌悪していました。だから有力な貴族で構成される元老院の議員たちが審議したことを、民

会で選ばれた政務官が執行するという体制を作った。コンスルと呼ばれる政務官の最高責任者も二人で、任期は1年に限っていた。しかし、ローマの支配領域が拡大するにつれて、話し合いでは物事が進まなくなり、元老院に対抗する勢力が出てくる。弁舌巧みで人心掌握に長けていたカエサルは、民衆に支持されました。大富豪のクラッスス、大武将のポンペイウスと密約を結んでコンスルに当選し、政治の実権を握った。やがてローマは共和政国家の組織を温存したまま帝国になりますが、その基礎を築いたのです」

二人を後ろ盾にしてガリアにおける軍事指揮権を獲得したカエサルは、アルプスを越えて北方の広大な地域を征服。『ガリア戦記』には、紀元前58年から8年間の戦いの詳細が記されており、「政治的な意図を持った自己弁明の書」でもあるという。

「カエサルは湯水のごとく大盤振る舞いをするので莫大な負債を抱えていた。ポンペイウスのような誇れる武勲もなかった。元老院の了承なく遠征を始めたのは、財産と名誉を手に入れたかったからです。個人的な目的は伏せて戦争の正当性を証明するために『ガリア戦記』は書かれました」

そんな自己弁明の書が現代まで残っているのはもちろん内容が優れているから。

「まず文章がきびきびとしていて無駄がない。特に冒頭の部分は欧米の学生が必ず暗記させられるラテン語の名文として定着しています。言葉の使い方にカエサルの政治家としての力量があらわれているのです」

本村さんが白眉と評価するのは第7巻。ガリア軍の主力が立てこもるアレシアの要塞を

包囲したローマ軍が、さらに外側をガリア軍に取り囲まれる場面だ。

「腹背を敵に囲まれ窮地に陥ったローマ軍が最後の突撃をするとき、カエサルは深紅の将軍外套をまとって先陣を切るんです。わざと敵が自分の存在に気づくように目立つかっこうをして注意を引きつけ、前もって迂回させていた騎兵隊に要塞を背後から襲わせる。味方の兵士たちも勇敢な将軍に率いられているという実感があるので、戦意が奮い立つ。カエサルの武将としての知略や大局観、決断の速さがわかるガリア戦争のクライマックスシーンです。カエサルは人間の心理を熟知していました。人間は現実そのものよりもそうであってほしいと願うことを信じやすいということや、目に見えるものよりも見えないものに心を烈しくかき乱されるということも指摘しています。古代人とは思えないほど現実主義かつ合理主義的な思考を持っているところも、現代まで読みつがれている理由でしょう」

ガリア戦争の後、カエサルは元老院の保守派と対立し、内戦を始める。戦いに勝利して終身独裁官になるが、紀元前44年に暗殺された。

もとむら・りょうじ／1947年生まれ。歴史学者、東京大学名誉教授。専門は古代ローマの社会史。『薄闇のローマ世界』で、サントリー学芸賞を受賞。

マルクス・アウレリウス

『自省録』

過去や未来にこだわらず、現在の自分を見失わず、誠実に生きよ

賢人 本村凌二さん

初代皇帝アウグストゥスが紀元前27年に元首政を確立させてからおよそ100年後、ローマ帝国は最盛期を迎えた。その繁栄に陰りが見えはじめるのが161年に即位したマルクス・アウレリウス・アントニヌスの治世だ。幕開けは平和だったが、やがて疫病が蔓延し、戦争も相次ぐようになる。

幼いころから哲学を熱心に学び「哲人皇帝」と呼ばれたマルクス・アウレリウスが、国境を防衛するための戦争の陣中で綴った私的な備忘録が『自省録』だ。第1巻は166年から176年の間に執筆されたと言われる。原文はギリシャ語。

岩波文庫

古代ローマ史が専門の本村凌二さんは「マルクス・アウレリウスはギリシャ発祥のストア哲学に傾倒していました。『自省録』はローマ系ストア主義の生きた思想的標本です」と言う。ストア哲学は、前３００年ごろにゼノンが創始した。ストア派は禁欲主義とも訳される。エピクロス派（快楽主義）と共に当時の地中海だからこそ出てきた思想だ。

「ヘレニズム期からローマ帝政期にかけて、海上交易が発達し、地中海を中心にヨーロッパ、中近東、アフリカが結びつく空前のグローバル世界が形成されました。それまでになかった巨大な世界と対峙したとき、人間はいかに生きるべきかという問題が出てきた。ストア派とエピクロス派は一見対照的ですが、外部的なものに価値を求めず、自分の内なる世界を豊かにしようという方向性は同じです。ただし、神々に対する考え方が違います。エピクロス派は、完璧な存在である神々は人間の世界に関与しないと考え、自分の正しいと思うことや快いと感じることを大事にする。個人主義的な生き方ですね。ストア派は、世界には神々が深く関与していると考えるから、自分さえよければいいとはならない。世界市民の一人として善く生きなければという思想なんです」

特にローマ系ストア主義は、倫理道徳の実践と心の平安を重視した。それを突き詰めたのがマルクス・アウレリウスだった。

「マルクス・アウレリウスが『自省録』に繰り返し書いているのは、過去や未来にこだわらないで、現在の自分を見失わず、誠実に生きよということです」

人間の本質を突いていると本村さんが評価するのは第5巻。〈ある人は他人に善事を施

した場合、ともすればその恩を返してもらうつもりになりやすい。第二の人はそういうふうになりがちではないが、それでもなお心ひそかに相手を負債者のように考え、自分のしたことを意識している。ところが第三の人は自分のしたことをいわば意識していない〉というくだりだ。

「人間は他人に何かしてあげると、どうしても見返りを求めてしまいます。その期待を裏切られることによって、大体の争いは起こるんです。マルクス・アウレリウスは、誰かによくしてやって、それから利益を得ようとせず、ほかのことに関心をもったほうがいいと言っている。日本語の『陰徳』という言葉を思い出しました。善行を施したこと自体に満足して、あとは忘れてしまえば、ストレスはたまりません」

マルクス・アウレリウスは望んだわけでもないのに皇帝になって、苦境に立たされながらも、自分の魂の動きを見つめ続けた。

「もともと他人に見せるつもりはなく、自分に言い聞かせるために書いているから、かえって心にしみる言葉がたくさんあります」

〈たとえ君が三千年生きるとしても、いや三万年生きるとしても、記憶すべきはなんぴとも現在生きている生涯以外の何ものをも失うことはないということ〉

そんな名言の宝庫なのである。

もとむら・りょうじ／1947年生まれ。歴史学者、東京大学名誉教授。専門は古代ローマの社会史。『薄闇のローマ世界』で、サントリー学芸賞を受賞。

マキアヴェッリ

『君主論』

賢人 原基晶さん

モーゼの成功は、指導者としての力量によるものという〈革命的〉歴史認識

マキアヴェッリの『君主論』は近代政治学の古典として名高い。〈愛されるよりも恐れられよ〉といった警句の詰まった政治術、経営術を学ぶ書として現代でも読み継がれている。しかし、イタリア文学研究者で東海大学准教授の原基晶さんは「警句は枝葉末節で、それを味わっていても『君主論』の本質は理解できません」と言う。

「16世紀初頭に書かれた『君主論』は、14世紀初頭にダンテが『神曲』で取り組んだ問題を受け継いでいます。どうすれば戦争を終わらせて、平和を実現できるか」

マキアヴェッリはフィレンツェ共和国の外交官だったが、1512年、フランスとスペ

岩波文庫

インがイタリア諸国間の紛争に介入して勃発したイタリア戦争のさなかに失脚し、翌年『君主論』を書き始める。献辞はロレンツォ・デ・メディチ宛てになっているが、教皇レオ10世（ジョヴァンニ・デ・メディチ）に向けて書かれたと言われる。

『君主論』の核心は、第6章から第11章にある、と原さんは指摘する。

「ダンテが唱えた〈皇帝〉は非現実的だと考えたマキアヴェッリが平和実現のために提案したのは、ある領域を支配する世襲君主による政治権力が市民の支持を受けて、軍事力を独占し、内乱のない安定した国家を樹立することでした。このような政体は今なら〈主権国家〉と呼ばれるでしょう。現代だと当たり前に思われるかもしれませんが、マキアヴェッリの時代には、そうではありませんでした。当時は教皇と大銀行と傭兵を擁する政治権力が結託して、経済力を蓄える一方、政治権力や宗教的権威、軍事力の所在がバラバラで統一されていなかったため、西欧の政治情勢は極めて不安定で、戦争が絶えませんでした。その元兇は教皇です。教皇は絶大な宗教的権威と大銀行と手を組んで築いた経済力を持っていましたが、極めて脆弱な軍事力しか持っていなかった。教皇は西欧の諸国家に支配のお墨付きを与える代わりに軍事力（傭兵）を提供してもらっていました。この歪（いびつ）な権力がイタリアに混乱をもたらしていたのです。そのことを見抜いたマキアヴェッリは、教皇・大銀行・傭兵勢力に対抗できる世襲君主と市民の連合による〈主権国家〉を実現するために何よりもまず教皇権力を世俗から排除することを唱えました。これが〈政教分離〉です。そのために書かれたのが第6章なんです。第7章から第11章は、〈政教分離〉後の世界で

望ましい政体を論じています」

第6章では、新しい君主国を建てた偉大な先人としてモーゼ、キュロス、ロムルス、テーセウスの名前が挙げられている。

「この章が『君主論』で最も重要です。当時の歴史認識では、ユダヤ民族を率いてエジプトから脱出させたモーゼの行いは、すべて神の意志によるものだとされ、それゆえにモーゼは正しく、成功したとされていました。この論法で自らの行動を正当化していたのが教皇です。教皇は神の意志を体現しているがゆえに常に正義であり勝利する。ところがマキアヴェッリはこの歴史認識に抗して、モーゼはユダヤ民族の軍事司令官であり〈自己の軍備と力量〉によって新しい国と政治体制を勝ちとったと書きました。これは〈革命的〉でした。なぜなら、モーゼの成功と勝利の原因を単に彼が優れた指導者であり、運に恵まれていたからだとしたからです。すると教皇もただの人になります。マキアヴェッリはこうして地上を自由意志を持つ個人が衝突する場所にしたのです」

この刺激的な解釈を踏まえて、後出のⅢ「神話的世界へ」の『旧約聖書』「出エジプト記」を読むと、キリスト教においてモーゼがどんな存在なのかがわかるだろう。過去の名著を受け継ぎ、その内容を更新したものが、次の時代の名著になるのである。

はら・もとあき／1967年生まれ。イタリア文学研究者。東海大学文化社会学部准教授。訳書のダンテ『神曲』3部作で、世界文学研究奨励賞を受賞。

デカルト
『方法序説』

ツボ

ここまでやるかという潔癖さで、もっともらしい通念でも徹底的に吟味する

賢人 田島正樹さん

フランスの哲学者デカルトは「近代哲学の父」と呼ばれる。1637年に公刊された『方法序説』は代表的著作。元々は「屈折光学」「気象学」「幾何学」の3論文の序論として書かれた。

哲学者の田島正樹さんは「『方法序説』の第一の特徴は〈わたし〉という一人称単数でエッセイ風に書かれていることです。既存の学問をはじめあらゆる外的な尺度を疑い、世界がどうであろうと考えている自分は存在するという主観的確信にいたる〈我思う、故に我あり〉という命題が多くの人を魅了し観念論の系譜を作りだす出発点になりました」と

岩波文庫

言う。ヨーロッパでも有数の名門校で学び、数多の書物を読破したデカルトは、なぜすべてを疑う考え方に行き着いたのだろうか。田島さんは16世紀から始まった宗教戦争の影響を指摘する。

「『方法序説』の執筆当時、ヨーロッパ最大規模の宗教戦争である三十年戦争はまだ終わっていませんでした。デカルトは従軍してドイツへ行ったときのことを第2部に書いています。キリスト教徒同士の激しい対立を目の当たりにして、より確かな判断力を手に入れたいと考えたのでしょう。慣習によって信じ込まされてきたことを一度取り除いて、建築物のように設計の段階から自らの思想を構築しようとしたわけです」

信仰ではなく理性の働きによって真理を導きだすところが近代以前の哲学との大きな違いだが、デカルトは神を否定したわけではない。

「むしろデカルトの懐疑は、神と表裏一体のものだと考えたほうがいいでしょう。神の観念とは真理の観念のようなものと考えてみてはいかがでしょう。疑う為にも真理の観念が必要でしょう。例えば『方法序説』の第3部に〈神はわれわれ一人一人に真と偽とを分かつ何らかの光を与えた〉という一節がある。しかも、真理の観念が意味を持つためには、実際に真理が存在する必要があるでしょう。それがデカルトにおける〈神の存在証明〉にあたります。神という真理の観念に最も近い存在を前提として、自分が本当に考えていることと、考えたつもりになっていることを分けるのが、デカルトの方法的懐疑です」

『方法序説』のあとに発表した『省察』ではさらに懐疑を突き詰め、自分を欺く神がいた

らというところまで想定しているという。

「最終的には神の誠実を信じますが、デカルトの懐疑は、ここまでやるかという潔癖さが大きな特徴です。一見もっともらしい通念でも、それが妥当かどうか徹底的に吟味して、少しでも疑わしいものは真理ではないと見なす。デカルト自身の言葉さえも、鵜呑みにしてしまったらデカルトの精神に反するのです」

デカルトの懐疑的な見方は、哲学だけではなく、スタンダールやヴァレリーなどの文学にも受け継がれていると田島さんは語る。

「日本人にとっては非常に異質で、理解しづらい思想だと思います。我々の文化では忖度（そんたく）が跋扈（ばっこ）し、その場その場をしのいでいければいいみたいな風潮が根強いからです。ただ、それまでの常識が通用しなくなった不安定な状況において、慣習となった惰性的思考を排するデカルト的な思考法は力を発揮するでしょう。人生のさまざまな局面で、自分がデカルトならどう考えるか問いかけながら読みたい本です」

ある物事の内容を疑うためには、まず丁寧に向き合う。〈きわめてゆっくりと歩む人でも、つねにまっすぐな道をたどるなら、走りながらも道をそれてしまう人よりも、はるかに前進することができる〉とあるように、急がばまわれ、なのだ。偉大な哲学者はみな、ゆっくり、まっすぐな道を歩く人なのだろう。

たじま・まさき／1950年生まれ。哲学者。元千葉大学文学部教授。著書に『ニーチェの遠近法』『スピノザという暗号』『正義の哲学』など。

スピノザ『エチカ』

慎みとか自己卑下には意味がない――力とその成長を肯定する能動的な倫理学

賢人 田島正樹さん

スピノザは1632年、アムステルダムのユダヤ人居住区に生まれた。ユダヤ教の律法学者を目指して学んだが、教会に破門され、レンズ磨きを生業にした。生前には数冊しか本を出していない。主著の『エチカ』は死後に刊行された遺稿集に収められていた。

スピノザの哲学は、「汎神論」の哲学とも言われる。汎神論とは、人間を含めて自然界の万物は神の一部であり、神がさまざまな姿で現れたものという考え方だ。「神即自然」という標語でも表現される。

「自然の事物やその観念が神の一部だというのは、それらが互いに連関に置かれていて、

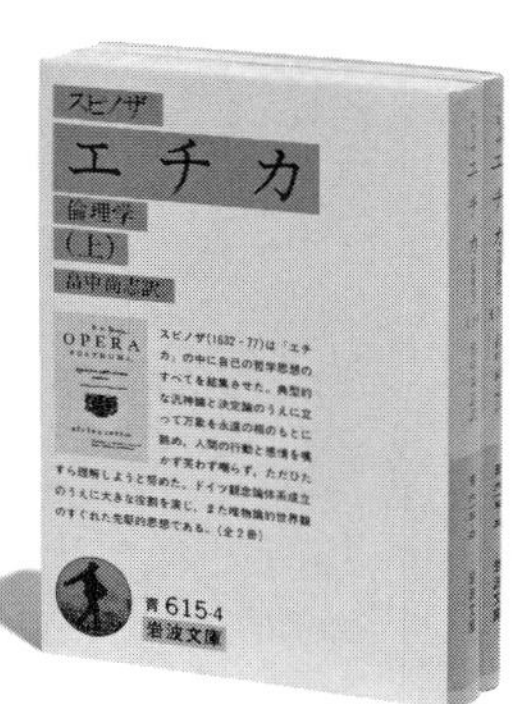

岩波文庫（上下巻）

結局は一つの全体を形成するということ」と哲学者の田島正樹さんは言う。

『エチカ』第1部の「神について」において、スピノザは神を「おのおのが永遠・無限の本質を表現する無限に多くの属性から成っている実体」と定義している。人間に自由意志はなく、絶対的に無限の存在である神の必然に支配されている、という世界観だ。すべては神の一部だから、それ自体には善も悪もない。スピノザは善悪の価値基準をどこに置いていたのだろう。

「第4部の定理8に〈我々の活動能力を増大しあるいは減少し、促進しあるいは阻害するものを善あるいは悪と呼んでいる〉と書かれています。つまり、個々の行動の善悪を判断するのではなく、全体の活動能力にどんな影響を与えるかという文脈で見るわけです」

スピノザの哲学で重要な概念が「コナトゥス」。第3部定理7の〈おのおのの物が自己の有に固執しようと務める努力〉で「努力」と翻訳されている言葉だ。

「日本語の努力とは意味が違う。コナトゥスは自己を保存する力のことです。スピノザはその力こそが物の〈現実的本質〉にほかならないと言っています。単に生命を維持することだけが自己を保存することではない。自分の中に合理性・一貫性を保つことが大事なんですね。行動するときでも支離滅裂に行動して互いに効果を打ち消すのでは、自殺行為です。行為と行為の合理性と首尾一貫性を追求することが自己保存力なのです。そのような行為は行為の可能性を拡大します。つまり力がさらに力を生み、自分の可能性が広がっていく。そういう行動がスピノザにとっての善なのです」

スピノザは自由についても可能性を広げるかどうかを価値基準にしていると田島さんは指摘する。

「例えば企業が利益を得るために廃棄物を垂れ流し放題にすると、環境が汚染され、人々は健康を害して、結局は企業が成り立たなくなってしまう。そういう活動は自分の力を削減するから真の自由ではない。自分の可能性を拡大していった結果、できなかったことができるようになったら自由と言えると思います」

スピノザの思想は、当時としては異端だった。キリスト教の道徳的世界観を否定しているからだ。

「キリスト教の道徳的世界観は、原罪の強調によって人間を卑屈にし、謙虚にふるまうことが美徳とされます。しかし、『エチカ』はその常識を覆す。神の一部である我々の持っている資質に、なかったほうがいいものは何ひとつないからです。そそっかしいとか鈍くさいとか欠点と捉えられがちな資質でも、他の行動との組み合わせ次第でプラスに転化できるので、慎みとか自己卑下には意味がない。肝心なことは、過去・現在の自己を否定せず、それを肯定する道筋を見つけ出すことです。力とその成長をおおらかに肯定する能動的な倫理学であるところが、スピノザの魅力でしょう」

「自己肯定感」が人々の重要な課題になっている今、大きなヒントとなる一冊だ。

たじま・まさき／1950年生まれ。哲学者。元千葉大学文学部教授。著書に『ニーチェの遠近法』『スピノザという暗号』『正義の哲学』など。

カント『純粋理性批判』

賢人 御子柴善之さん

理性で認識できるのは〈現象〉だけ。認識にかんする〈コペルニクス的転回〉

1781年刊行の『純粋理性批判』は、ドイツ観念論の先駆者イマヌエル・カントの主著であり、近代哲学の金字塔だ。

早稲田大学文学学術院教授で日本カント協会会長でもある御子柴(みこしば)善之さんは「〈純粋理性〉とは、見たり聞いたり触れたりすることのできない領域に関して、理屈だけで最高の根拠を考える能力です。〈批判〉はドイツ語でクリティーク。〈分ける〉という意味があります。『純粋理性批判』は、純粋理性に何がわかって何がわからないのかを分けて、人間の知の限界を確定した本です」と言う。

平凡社ライブラリー（上中下巻）

18世紀は啓蒙の世紀。自然科学や数学が進歩し、形而上学は停滞していた。カントは独自の「批判哲学」を以て、形而上学という学問が成り立つかどうかを根本から問いなおしたのだ。

「旧来の形而上学は神や不死、自由の問題を独断的に論じてきたから、自然科学や数学のような客観的な基盤がないと考えたわけです。形而上学の基盤として、カントは経験に一切依存しない、必然性と普遍性を持つ〈先験的（ア・プリオリ）〉な認識を見出そうとします」

まずカントは、認識の能力を〈感性〉〈悟性〉〈理性〉の三つに分類した。

「〈感性〉は与えられた対象を直観する、つまり受動的に感じる能力です。自分では変えられない時間と空間において感じ、まだ何か規定されていない対象を〈現象〉と言います。〈悟性〉は一人ひとりが自発的に判断する能力です。〈概念〉という思考の規則を用いて、感じた現象が何かを判断する。〈理性〉は悟性が規定した現象に対して、その根拠と原理を問いぬこうとする能力です。例えば私たちが今いる場所は感性と悟性で経験的に認識すると東京都新宿区の早稲田大学ということになるけれども、東京は日本にあって、日本は地球にあって、地球は太陽系にあって……と広げて考えていくことができますよね。感性の届かない宇宙の全体まで思考を広げるのが理性の働きです」

御子柴さんによれば、主観的に見えている現象を見えているままに受け取るだけでは、理性を働かせることはできないという。

「そこで重要になるのが〈コペルニクス的転回〉と呼ばれる認識にかんする思考法の革命です。カントはコペルニクスが天動説から地動説へ発想を転換することで天体の運行を説明したように、認識と対象の関係を転回させた。例えば今私たちがいる部屋の窓の向こうに見える対象を見えるままに見わたせば、いろんなものがごちゃごちゃしているということにしかならない。私たちの認識が〈建物〉という概念を用いて見えているものを対象化することによって、一番手前の建物は○○、一番奥は△△、と切り分けられます」

カントが発見した人間の知の限界点とは？

「私たちが理性で認識できるのは〈現象〉だけで、感性の直観や悟性の概念を全部取り払った〈物それ自体〉は認識できないということです。自分の感じている寒さに概念をあてはめてシベリアの寒気団が原因だなと推理することはできるけれども、感覚に寒さをもたらしているそのものが何かはわからない。自然現象の法則は明らかにできても、神・不死・自由の存在は証明できない。ただ、別の可能性があることが『純粋理性批判』の後半で提示されます」

カントが知の限界を確定するというややこしい問題に挑んだのはなぜだろう。

「人間の理性に何がわかるのかわかっていないと、カントの哲学を貫く課題である〈最高善〉について考えられないからでしょう。最終目的にたどりつくための地ならしをしているのです」と御子柴さんは言う。

カントが最終目的にした〈最高善〉とは？

「道徳的な善を実現する〈最上善〉に〈幸福〉が加わると〈最高善〉になります。ただ『善を行え、悪を行うな』と言われても、根拠がないから納得できませんよね。カントは善と悪を見極める上位の概念があると考えた。それが〈普遍性〉です。例えば、鉄道は乗客が運賃を払うという普遍性があって初めて成り立ちます。キセルをする人はその普遍性を念頭に置いていながら一時的な利益を得るために自分だけを例外化しているから、キセルは悪です。運賃を払うとか人権を守るとか、普遍性を持つ行為は善と判断するのがカントの道徳法則です。道徳的に生きることが幸福に結びつけば最高善に到達できるけれども、現実にはなかなか難しい。世界は人間が創ったものではなく、どういう理屈で動いているかわかりません。そこで最高善を保証するものとして、神や不死、自由について考えることが必要になるわけです」

現実の社会を見ても自分だけを「例外化」している人は多いと思う。神と不死の問題は、結局のところ信仰の話に帰結する。時代場所を問わず最も重要なのは、御子柴さんによれば、自由の問題だという。カントは「意志の自由」が道徳の基礎になると考えていた。ところが、人間が認識できる〈現象〉の世界には自由が見いだせない。

「自然現象を認識するときの代表的な思想のひとつに〈原因〉と〈結果〉の法則があります。すべての出来事は、それに対して時間的に先行する原因に依存した結果でなければならないという考え方です。私たちのすべての選択にも原因があるとしたら、意志の自由などないことになってしまう。理性を用いて意志決定の原因の原因の原因を追求し、もうそれ以上

は遡れない第一原因の存在が証明できれば自由な選択もありえますが、第一原因が存在するなら原因――結果の法則自体が成立しない。この矛盾を〈純粋理性の二律背反〉と言います」

カントが〈現象〉と〈物それ自体〉の世界を分けたのは、この純粋理性の二律背反を解消して意志の自由を手に入れるためだった。

「生身の人間という自然現象は、原因と結果の法則から自由になれない。現象が起こる原因は、自分で変えることのできない過去にあるからです。しかし現象と切り離された〈物それ自体〉の世界において、理性をあるべき未来へ向けて働かせれば、意志の自由を認められる可能性があります」

『純粋理性批判』は自由にまつわる可能性を確保したところで終わっている。

「そのあとに書いた『実践理性批判』で、カントは意志の自由にリアリティを与えています。どこまでも理性主義な点を後世の哲学者は批判していますが、実存主義者も構造主義者もみんなカントを参照した。乗り越えないと次の段階に進めない、メルクマールになっている哲学者です。時代状況が激変して言論が一方向に偏ったときなどに、カントを読みたくなります」

みこしば・よしゆき／1961年生まれ。早稲田大学文学学術院教授。日本カント協会会長。著書に『自分で考える勇気』『カント哲学の核心』など。

キルケゴール『死にいたる病』

ツボ

神を見失っている状態が〈絶望〉。本物の〈信仰〉とは紙一重である

賢人 大澤真幸さん

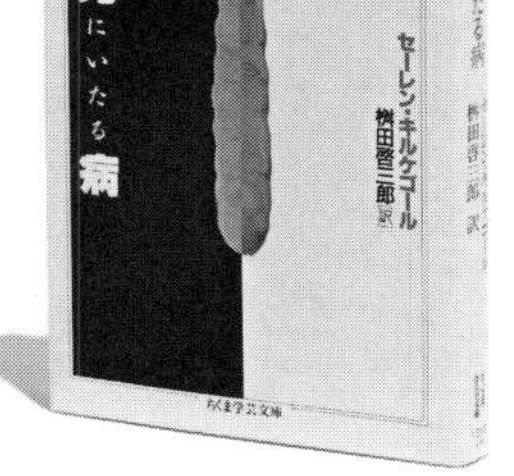

ちくま学芸文庫

科学技術の著しい発達によって、神の存在を前提にしなくても世界の仕組みを説明できるようになったのが19世紀だ。キリスト教を思想の基盤にする西洋の哲学者たちは、神なしで生きる意味を見いだせるかという難問に挑まざるを得なくなった。その問いに神への信仰を取り戻すことで答えを出そうとしたのが、1813年デンマーク生まれのセーレン・キルケゴールだ。

最も有名な著作は、1849年刊行の『死にいたる病』。社会学者の大澤真幸さんは「死にいたる病とは〈絶望〉を指しています。ただし、キルケゴールのいう〈絶望〉は、

鬱になって落ち込んでいるという意味ではありません。神を見失っている状態が〈絶望〉なんです」と言う。どういうことだろう。

『死にいたる病』の冒頭は〈人間は精神である。しかし、精神とは何であるか？　精神とは自己である。しかし、自己とは何であるか？　自己とは、ひとつの関係、その関係それ自身に関係する関係である〉という文章で始まる。

「抽象的でわかりにくいですが、自分の自分に対する関係が自己というものをつくりだすと言っている。人間の命は有限であり、単独では自分自身と関係することができない。自己関係を支えているのが、永遠なるものに触れさせてくれる他者としての神です。神を見失った人間は自分の殻に閉じこもったまま、無意味な存在として世界から消えていくしかない。そういう状態をキルケゴールは〈絶望〉と考えた。だから〈絶望〉の対義語は〈希望〉ではなく〈信仰〉なんです」

神にコミットすることが〈絶望〉を乗り越える唯一の方法なのだ。ただしキルケゴールは〈絶望〉を必ずしもネガティブに捉えていないと大澤さんは指摘する。

「キルケゴールは〈絶望〉という病にかかりうるということが人間が動物よりもすぐれている長所なのであると記しています。『死にいたる病』では〈絶望〉をいくつかのタイプに分けています。最悪の〈絶望〉は自分が〈絶望〉していると気づかないことです。どんな病気でも患っていることがわからなければ治療のしようがない。自分は神に見放されていると〈絶望〉を自覚しているなら、むしろ〈信仰〉に近づく可能性が高い。本物の〈信

仰〉は〈絶望〉と紙一重と示しているところが、非常に重要なポイントでしょう」

キルケゴールはなぜ〈絶望〉と〈信仰〉は紙一重だと考えたのか。

「キルケゴールはもちろん神を信じていました。その神とは誰かというと、基本的にイエス・キリストです。神が人間を救済できるのは、限られた時間を生きる人間にはない永遠性を持っているからでしょう？　ところがイエスは自分と同じ人間です。しかもずっと昔に死んでいる。『死にいたる病』は、イエスなんてただの人間じゃないかと否定しそうになる一歩手前で踏みとどまって、キリストは百パーセント神であり、百パーセント人間でもある、というキリスト教の論理の意味を徹底して考え抜いた本です。合理的なものの見方が根づきつつあった近代社会で、神がいる意味を突き詰めて考えた。その論理展開が面白い。時代や信仰を問わず自分は生きていても無意味ではないかと悩む人はいるから、難解だけど長く読みつがれているのだと思います」

本書には〈単独者〉という言葉が繰り返し出てくる。キルケゴールの人生で起こった一番の大事件は、レギーネという女性との婚約破棄だ。42歳で亡くなるまで結婚せず、生前、書いた本もさっぱり売れず、孤独で悩み多き人だったのだ。単独者が生んだ絶望を乗り越えるための思想が本書に結実したのである。

おおさわ・まさち／1958年生まれ。社会学者。専門は理論社会学。『ナショナリズムの由来』で毎日出版文化賞を受賞。『自由という牢獄』など著書多数。

ニーチェ
『ツァラトゥストラはこう言った』

岩波文庫（上下巻）

賢人 大澤真幸さん

ツボ

自分が歩んだ過去は、自分が欲したことだ、とする〈永遠回帰〉の思想が語られている

世界を説明する原理が神から科学に代わった19世紀。人間が生きる意味を見出すにはやはり神が必要だと主張したのがキルケゴールだった。一方、ドイツの哲学者ニーチェは「神は死んだ」と宣言した。

1883年から1885年にかけて発表されたニーチェの主著が『ツァラトゥストラはこう言った』だ。『ツァラトゥストラはかく語りき』と訳されている本もある。副題は『だれでも読めるが、だれにも読めない書物』。

社会学者の大澤真幸さんは「ニヒリズムをどうやって神なしで乗り越えるか、というこ

とがニーチェの出発点です。人生は無意味とするニヒリズムを反転させて、生のすべては意味に満ちているという思想が語られています」と説く。

『ツァラトゥストラはこう言った』は4部構成の寓話だ。主人公のツァラトゥストラは山奥に10年こもっていたが、人々に知恵を与えるため下界におりる。途中で神を愛し讃える老いた聖者に出会って、〈まだ何も聞いていないのだ。神が死んだということを〉と思う。

「ツァラトゥストラはイエス・キリストのパロディです。ツァラトゥストラが行うさまざまな説教を通じて、神の死を前提にした人間の生き方を考えています。中でも核心をなす思想が〈永遠回帰〉です」

〈永遠回帰〉とはどんな思想なのか。第3部の「幻影と謎」に重要な鍵がある。ツァラトゥストラが船乗りたちに自分の見た幻影とその謎について語る章だ。山みちをのぼっているツァラトゥストラの肩の上に〈重力の魔〉と呼ばれる小びとが乗って引き下ろそうとする。

「二人の前方にある門で、二つの道が出会っている。ツァラトゥストラは小びとに、門は〈瞬間〉であり、未来に進んでも、過去に戻っても〈永遠〉という無限の時間があると言う。〈永遠回帰〉とは、あらゆることが同じ順序で無限に繰り返されるという意味です。繰り返される人生を〈よし！　もう一度！〉と受け入れようということ。ただ〈永遠回帰〉は一歩間違うとニヒリズムになりかねません。すべてのことが繰り返しで何も新しいことが起こらない人生は虚しいものだと誤解されがちです」

〈永遠回帰〉を正しく理解するためのポイントとは？

「ニーチェは人間にとって最悪の精神状態を表すのにルサンチマンという言葉を使っています。ルサンチマンとは弱者が強者に向ける憎悪や復讐心のことです。ルサンチマンはすでに起こったことに対して後悔することで生じる。例えば、どうしてもっと大金持ちになれなかったのかとか、違う人と結婚すればよかったとか。欲して満たされなかったことに執着して、恨みを溜め込んでいく。どんな人生でも死ぬ間際に〈よし！　もう一度！〉と思えるならルサンチマンは残らない。なぜなら、このとき、自分が歩んできた過去はまさに自分が欲していたことだったことになるからです」

〈永遠回帰〉の思想によって生きるとは具体的にはどういうことなのか。大澤さんはこう解釈する。

「人間、いずれやればいいと思うとなかなか行動を起こさないですよね。でも、今もうするべきことの締切は過ぎていると考えると能動的にならざるを得ない。〈永遠回帰〉はそれと同じことだと思います。すでに決定的な時は訪れている、という気持ちで物事に取り組むことがルサンチマンを克服する方法なんです」

本書は小説として読んでも面白い、ドラマチックな高揚感に溢れている。

おおさわ・まさち／1958年生まれ。社会学者。専門は理論社会学。『ナショナリズムの由来』で毎日出版文化賞を受賞。『自由という牢獄』など著書多数。

フロイト『精神分析学入門』

中公文庫

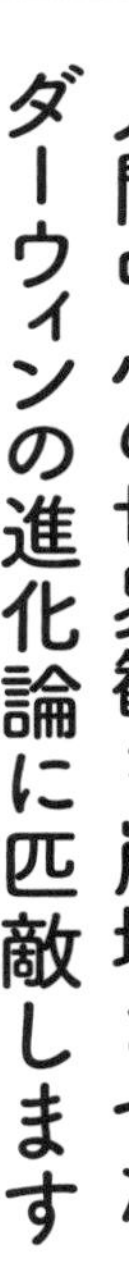

賢人 斎藤環さん

人間中心の世界観を崩壊させたという意味で、ダーウィンの進化論に匹敵します

俗にいう20世紀の三大発見は、アインシュタインの相対性理論、ダーウィンの進化論、そしてフロイトの無意識の理論だ。オーストリアの精神科医で精神分析の創始者でもあるフロイトの代表的著作『精神分析学入門』は、1915年から17年にかけてウィーン大学で行われた一般向けの講義録が元になっている。

「フロイトの最大の功績は〝無意識〟という概念を明確化したことです」と精神科医の斎藤環さんは言う。『精神分析学入門』は「しくじり行為」「夢」「ノイローゼ総論」の3部構成。それまでも神経症における催眠療法などを通じて人間に無意識の領域があることは

知られていたが、体系化して治療に応用したのはフロイトが初めてだった。

「フロイトの無意識研究は、人間中心の世界観を崩壊させたという意味で、コペルニクスの地動説やダーウィンの進化論に匹敵します。コペルニクスは地球が宇宙の中心ではないことを、ダーウィンは人間が万物の霊長ではなくサルから進化した一動物であることを明らかにした。フロイトは理性によって自己を統御しているはずの人間が、非理性的な闇の部分に支配されていることを明らかにした。人間が自分の内面においてすら中心的な存在ではないということを身も蓋もなく暴いてしまったわけです」

『精神分析学入門』によれば、無意識とは人間が意識しないで感情・思考・意欲といった心的活動を行っている領域のことだ。正常なら意識されるべきだった感情・思考・意欲が、表に出ることなく無意識の状態に抑圧されてしまったときに、その代償のように心身に病的な症状が生じるという。フロイトはどうして無意識に注目したのだろうか。

「友人のブロイアーという医師と共著で『ヒステリー研究』を刊行したことが大きいですね。ヒステリーは今で言う身体表現性障害です。当時は謎めいた病で、原因不明の麻痺や痙攣、感覚の異常が生じる。ブロイアーの患者にアンナ・Oという女性がいて、医師に苦しみや葛藤を詳しく語ると症状が改善する〝お話療法〟を自ら開発した。ブロイアーを通じてアンナの話を聞き感銘を受けたフロイトは、患者が無意識に抑圧している心的活動を意識化することによって症状が消えることを発見したんです」

無意識を意識化する方法のひとつが夢分析だった。

「夢に出てきたイメージを糸口に患者と分析家の無意識を相互作用させて、さまざまな連想と解釈を導き出していくのがフロイトの夢分析の特徴です。一方的に患者の夢の意味を読み解くわけではない。夢について語り合いながら患者の無意識にある願望を言葉に置き換えて意識化する。フロイトは精神分析を通じて、人は言葉の影響を強く受けているということを実証したと言ってもいいでしょう」

フロイトが生みだした「トラウマ」「転移」「否認」などの概念は、今も精神医学の分野で現役だそうだ。現代において特に面白く感じられる部分はどこだろうか。

「人間が不安をおぼえる原因について分析した第25講ですね。フロイトは〈不安は広く通用する貨幣〉と言っています。人間の怒りや悲しみなど、あらゆる感情は抑えつけると不安に交換されるという意味です。今でも臨床の現場で通用するアイデアだと思います。冒頭の言い間違いの話は、政治家の失言を見るとき参考になるかもしれません。日常生活のいろんな場面に無意識の断片はあるということがわかります」

さいとう・たまき／1961年生まれ。精神科医。筑波大学医学医療系社会精神保健学教授。著書に『社会的ひきこもり』『生き延びるためのラカン』など。

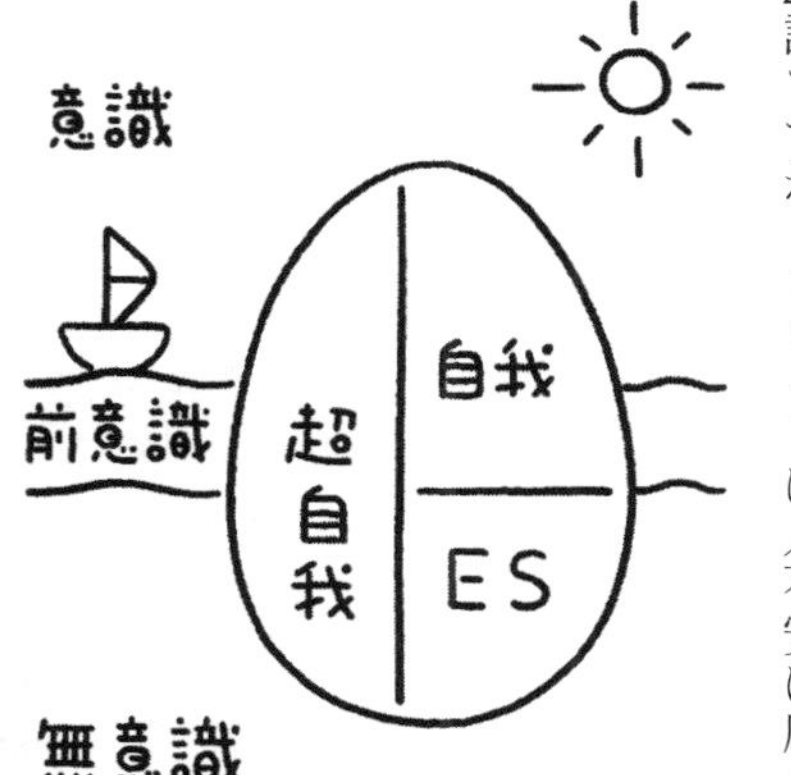

ユング

『自我と無意識』

ツボ

“ペルソナ”と無意識の元型を調和させ、完璧な自己に近づくことを目指した

賢人 斎藤環さん

２０１９年、絶版だったユング関連の本が、突如復刊されるという出来事が起こった。韓国人アーティストとして初めてグラミー賞にノミネートされるなど、その活躍が世界の注目を集めるBTSが、アルバムのコンセプトに取り入れたからだ。

ユングは１８７５年スイス生まれの精神科医。一時はフロイトに師事し、その精神分析学の後継者とみなされるが、リビドーに対する意見の相違から決別した。

１９２８年に刊行された『自我と無意識』は、「無意識の構造」という講演をもとにして完成させた。ユング心理学の代表的な入門書だ。

レグルス文庫

精神科医の斎藤環さんは「フロイトとユングはともに無意識を体系化しましたが、ふたりの無意識の捉え方は対照的です」と言う。

ユングは『自我と無意識』の序言で〈無意識の自立性という観念こそ、私がフロイトの見解と原理的に立場を異にする点である〉と述べている。どういうことか。

「フロイトの無意識は、意識が必然的に生み出してしまうものです。何らかの形で抑圧されているために意識できない欲望や苦悩がある領域として無意識を捉えている。ユングの場合は、あらかじめ人間に備わっている別世界として無意識を捉える。個人の心の深いところにダンジョンみたいな階層が重なっている感じなので、ユング心理学は〝深層心理学〟とも呼ばれます。最深層に〝集合的無意識〟という人類共通の古い無意識があるというイメージです」

集合的無意識は、ユング心理学の基本概念のひとつだ。誰にでも生まれながらに備わっている無意識であり、個人を超越した「元型」を含んでいるという。有名な元型に「アニマ（男性の無意識に潜む女性性）」「アニムス（女性の無意識に潜む男性性）」がある。

「フロイトは具体的な症例を大量に積み重ねて理論を導き出しましたが、ユングは元型論をはじめとして全体について語りたがる傾向が強い。全体の話になるのは、どこかに完璧な自己があると想定しているからでしょう。ユングは対外的な人格である〝ペルソナ〟と無意識の元型を調和させて、より完璧な自己に近づくことを目指したわけです」

フロイトとユングの理論の違いは、患者の治療法にもよくあらわれている。

「フロイトの精神分析は無意識を言語化する際にトラウマや欲望をズバズバと指摘するので、やりすぎると患者を傷つける可能性もあります。ユングの手法のほうが優しいですね。真実かどうかはさておいて、患者の語っていることには大きな意味があるのだろうと想定して治療を進める。患者は夢分析や箱庭療法によって引き出された物語の中に自分の元型を見つけて、コミュニケーションをとりながら癒やされていく。箱庭療法を導入した河合隼雄さんの功績もあって、日本の臨床現場ではいまだにユングの人気が高いです」

ユングの夢分析は占いのような側面があり、無意識の世界のイメージも幻想的なので、スピリチュアルやオカルトと親和性が高い。そのため軽んじる人もいるが、斎藤さんは今でも読む価値があると言う。

「ユングの世界観は、さまざまな物語の源泉になっている。例えば、村上春樹さんの小説に出てくる井戸や穴のイメージは、ユングの無意識の世界に近い。また元型論は、私たちが惹かれるキャラクターになぜ定型があるのかという問いに対して、ひとつの答えを提示していると思います。自分の夢を解釈するのに元型を使っても面白いでしょう。夢の中に繰り返し出てくるものを観察して元型を探してみる。未知の自分を発見することが不安の解消につながるかもしれません」

ユングの理論を参考に自分の中を旅してみたい。

さいとう・たまき／1961年生まれ。精神科医。筑波大学医学医療系社会精神保健学教授。著書に『社会的ひきこもり』『生き延びるためのラカン』など。

II
他者との遭遇

夏目漱石『坊っちゃん』

賢人 奥泉光さん

ツボ 痛快な物語だと思われがちですが坊っちゃんって実は危ない人なんです

目に見える身分制度がなくなり、人々が古い共同体から解放された近代。個になった人間は、他者と遭遇して孤独を知った。そして個人の内面を描く近代文学が生まれた。日本を代表する文豪・夏目漱石の代表作『坊っちゃん』は、四国・松山の中学校に赴任した江戸っ子の新米教師の物語。正義感あふれる同僚の山嵐とともに、マドンナを奪うため婚約者のうらなりを左遷した教頭の赤シャツと戦う。

作家の奥泉光さんは「痛快な物語だと思われがちですが、坊っちゃんって実は危ない人なんですよ。この小説の書き出しは〈親譲りの無鉄砲で小供の時から損ばかりしている〉。

岩波文庫

どう無鉄砲だったかというと、同級生に挑発されて校舎の2階から飛び降りたり、ナイフの切れ味を証明するために自分の手を切ったりしていたわけです。身近にいたら怖いよね」

坊っちゃんは今で言う〝コミュ障〟だ。幼いころから他人とコミュニケーションをとるのが下手で、田舎暮らしにも馴染めない。

「一人称の語りなので饒舌な感じがするかもしれませんけど、坊っちゃんが口に出して言っているセリフは少ない。自分の意思を伝える言葉を持っていないからです。例えば芸者遊びをしている赤シャツをとっちめるときも、山嵐はちゃんと言葉を使って抗議するのに、坊っちゃんはただ怒鳴りつけるだけ。まともに喧嘩すらできないし、1か月くらいで学校は辞めてしまうから、少し時間が経ったら、誰も坊っちゃんのことを覚えてないんじゃないかな」

そんな生きづらさを抱えた人の話がなぜ名作になったのか?

「孤独な人間の暗くなりそうな話を威勢がいい文章で語っているところに面白さがあります。僕が非常にうまいと思ったのは〈母が病気で死ぬ二（に）、三日（さんにち）前台所で宙返りをしてへっついの角で肋骨（あばらぼね）を撲（う）って大（おおい）に痛かった〉というくだりです。なぜお母さんが病気のときに台所で宙返りをするのか想像をかきたてる。その後も短い文をポンポンとつなげていくことによって、悲しいとは一切書いていないにもかかわらず、悲しみがあらわれています」

友達がいない坊っちゃんにとって大切な人が清（きよ）だ。坊っちゃんの家の女中で母親のような存在。

「清は何も言わなくても坊っちゃんをいつも励まし、無条件に愛してくれる。言葉がいらない関係で、唯一の救いなんです」

中でも、坊っちゃんのもとにずっと待っていた清からの手紙が届くところは名場面で、心を打つ。

「それまでスピード感のある文章だったのが、縁側で手紙を読むところで一瞬変わる。漱石の作品の中でも特に美しく叙情的なシーンです。〈おれは焦っ勝ちな性分だから、こんな長くて、分りにくい手紙は五円やるから読んでくれと頼まれても断わるのだが、この時ばかりは真面目になって、始から終まで読み通した〉という文章も切ない」

今も昔も変わらない対人関係の悩みや孤独が描かれているのだ。

「漱石の小説の主人公はみんな最初から孤独なわけではなく、他者とコミュニケーションをとろうとした結果、失敗してしまう。ちょっと困った人たちですが、『坊っちゃん』はかわいいところもあるから長く愛されているのでしょう」

おくいずみ・ひかる／1956年生まれ。作家、近畿大学教授。『石の来歴』で芥川賞、『東京自叙伝』で谷崎潤一郎賞を受賞。著書に『「吾輩は猫である」殺人事件』など。

夏目漱石『吾輩は猫である』

ツボ

賢人 奥泉光さん

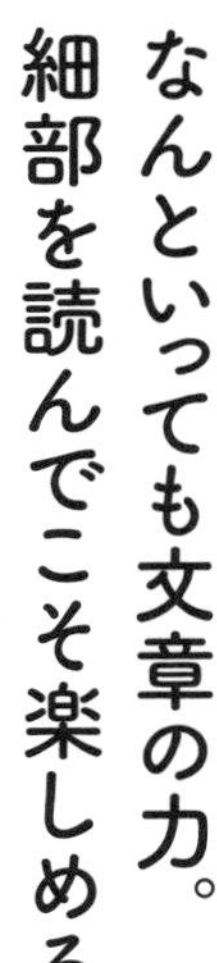

なんといっても文章の力。細部を読んでこそ楽しめる作品です

『吾輩は猫である』と言えば、夏目漱石のデビュー作。門下だった内田百閒の『贋作吾輩は猫である』などパロディも多く、押しも押されもせぬ名作だ。

『「吾輩は猫である」殺人事件』を書いた作家の奥泉光さんは「『吾輩は猫である』が名作として位置づけられたのは戦後だと思いますよ」と指摘する。

漱石が『吾輩は猫である』の第1章にあたる部分を高浜虚子が編集長を務める雑誌「ホトトギス」に発表したのは1905年。東京帝国大学（現在の東京大学）で教鞭をとっていたころだ。英国留学から帰国後、神経衰弱に苦しんでいた漱石に、虚子が書くことをす

岩波文庫

すめた。第1章で話は完結していたが、好評を得て長編にしたという。

〈吾輩は猫である。名前はまだない〉という書き出しで、中学教師・苦沙弥（くしゃみ）先生の家に住みついた猫が見聞きしたものについて語っていく。名前のない猫は漱石の家にいた猫をモデルにしている。餅を食べようとして踊りを踊っているみたいに大騒ぎするくだりなど愛らしい。

「この猫はすごく頭がよくて、批評的な目を持っているのに、人間はそのことを知らず、結局はただの猫として生きているという落差が面白い。そんな笑える話をエリート中のエリートだった帝大の先生が書いたので人気が出たわけです。ただ、作品としての評価はあまり高くなかったと思います。当時は人間の真実を写し出すことをテーマにした自然主義リアリズムが文学の主流でしたから」

後年の研究でも『吾輩は猫である』は軽めの初期作という扱いで、漱石の達成は私小説的な『道草』や夫婦関係をシリアスに描いた『明暗』という見方が定着していた。ところが、1960年代から80年代にかけて、大岡昇平や江藤淳、柄谷行人など、有力な作家や文芸評論家による漱石論が出てくるにつれて、『吾輩は猫である』が脚光を浴びるようになったのだそうだ。どこが優れているのだろう。

「なんといっても文章でしょう。『吾輩は猫である』には明確なストーリーがありません。苦沙弥邸に出入りする寒月が金田というお金持ちのお嬢さんを嫁にもらうかもらわないかみたいな騒動はありますが、それ以外は小さなエピソードを積み重ねていくタイプの小説です。物語の全体像を把握することは重要ではなく、細部を読んでこそ楽しめる作品なんですね」

全11章の中で奥泉さんのおすすめの場面は？

「全部好きなので選びにくいですが、５章の猫が鼠を獲る場面でしょうか。ただ猫が鼠を獲るというだけのことをものすごい文章技術と知識を駆使して描いているんです。深い人生訓などではなく、猫の生態みたいなものに言葉を多く費やしているところがいい。文の力を感じます」

文章に力があるから、どこから読んでもいい。物理学者の寒月が「首縊りの力学」なる珍妙な講演をする場面や、美学者の迷亭（めいてい）が西洋料理店に行って「トチメンボー」という存在しない料理を注文するくだりなど、漱石ならではのユーモアも味わえる。

「漱石の定義によれば、ユーモアとは親が子供を見る視点の笑いです。作中には猫が苦沙弥先生たちを見てなんて馬鹿なことをしているんだろうと思うところがたくさんあるけれども、批評しながら同時に優しく肯定しているんですね。読者も偉そうなわりにはドジなところのある猫を見てかわいいと思うでしょう。人間と猫が相手を一方的に笑うのではない。双方向のユーモアが魅力です。まずは通読することにこだわらず、ページをめくって、面白そうなところから少しずつ読んでみてください」

おくいずみ・ひかる／1956年生まれ。作家、近畿大学教授。『石の来歴』で芥川賞、『東京自叙伝』で谷崎潤一郎賞を受賞。著書に『「吾輩は猫である」殺人事件』など。

芥川龍之介『羅生門』

賢人 阿部公彦さん

ツボ

メタフィクション的な視点で人間の内面を描き、近代人らしい〈個人〉に生まれ変わらせた

1915年に発表された『羅生門』は、芥川龍之介の初期の代表作だ。舞台は疫病や災害によって荒廃した平安時代の京都。職を失った下人が、雨宿りのために立ち寄った羅生門で、死体の髪を抜く老婆に遭遇する。

文芸評論家で東京大学大学院教授の阿部公彦さんは「『今昔物語集』の『羅城門登上層見死人盗人語』を題材にしていますが、昔の物語という感じはしない。現代にも通じる小説になっています」と言う。

阿部さんによれば、物語とは人間が太古から親しんできた「お話」を指すことが多く、

新潮文庫

ストーリー性やそれに付随する教訓に焦点があたる。それに対して「小説」はあくまで近代の産物で、個人の内面や日常性に比重があり、話の提示方法にも工夫が凝らされる。芥川の小説の特色はどんなところにあるのだろう。

「芥川は型を巧みに使う人だと思います。英文学を学んだ影響もあるでしょう。英語の文章は対句を用いて二つの概念を対比させるなど、きっちり型を組んで書き進めていくことが多い。『羅生門』も冒頭の羅生門という場所を不穏な気配たっぷりに描写した部分に〈唯(ただ)〉〈それが〉〈何故かと云うと〉といった論理的なつなぎの言葉を入れて、フォーマルで筋道が明確な文章になっています」

型を利用すると物語の流れが強調されやすいが、『羅生門』の場合、逆に小説らしさを際立たせる布石になると阿部さんは指摘する。

「ストーリーだけがなめらかに語られていくような始まりなのに、下人が雨宿りをしている事情を説明する段落でいきなり〈作者はさっき、『下人が雨やみを待っていた』と書いた。しかし、下人は雨がやんでも、格別どうしようと云う当てはない〉と言って語り手が前面に出てくる。起こった出来事を語るだけでは見えないものが、メタフィクション的な視点が入ることによって見えてくる。そこが非常に小説的なんですね」

出来事を語るだけでは見えないものとは？

「例えば、語り手は下人が頰にできた大きなニキビを気にする場面を何回も描写しています。表向きでは盗人になるしかないのかという倫理的な悩みを抱えている下人の、でも食

わなきゃ生きられないという生理的な現実が、ニキビという形で露出するんですね。また、下人が羅生門の上の楼にのぼって死体の髪を引き抜く老婆を覗き見るところも非常に小説的です」

　下人は老婆を許すべからざる悪と見なして太刀をつきつける。老婆は死人の髪でカツラを作って売るつもりだった。

「餓死しないために仕方なくしているので悪とは思わないという老婆の話を聞いて、盗人になる勇気がなかった下人は変わります。善悪をめぐる問いから自由になって、老婆の着物を剝ぎとって逃げるんです。近代に入ってできた小説というジャンルの大きな特徴は、内面の葛藤を描いていること。ただ物を考えるだけでは内面があるとは言えません。思ってもみなかった方向に変わる、コントロールできない心を持っていることも重要です。『羅生門』の主人公ははじめ物語世界に組み込まれているけれど、急に近代人らしい内面を見せ〈個人〉に生まれ変わる。ホラー的な面とコミカルな面のバランスも絶妙で、短いのにいろんなことを体験できる作品です」

　芥川は初出の原稿では老婆の着物を奪ったあとの下人の行動を書いていたが、最終的には〈下人の行方は、誰も知らない〉と読者の想像に委ねた。一文一文を磨き抜いて、今の形になったのである。

あべ・まさひこ／1966年生まれ。専門は英米文学、文芸評論。東京大学大学院人文社会系研究科教授。『文学を〈凝視する〉』でサントリー学芸賞を受賞。

太宰 治『人間失格』

賢人 阿部公彦さん

ツボ

一見自分のことばかり語っているようで、他人を描いている〝フェロモンのある小説〟

文春文庫

第二次世界大戦直後の混乱期に活躍した「無頼派」を代表する作家・太宰治。１９４８年6月13日の夜、太宰は山崎富栄と玉川上水に身を投げた。遺体は太宰の39歳の誕生日に発見された。

『人間失格』は、太宰が死の約1か月前に脱稿した自伝的小説だ。主人公の大庭葉蔵が自らの〈恥の多い生涯〉を語っていく。初版刊行から70年以上経った今も読者に愛される魅力はどこにあるのか。

東京大学大学院教授の阿部公彦さんは「太宰の作品は、何を読んでも太宰の体臭みたい

なものがぷんぷん匂うんです。語りのモードに強い癖があります」と分析する。

阿部さんによれば〈私は、その男の写真を三葉、見たことがある〉という一文で始まるはしがきに、太宰の語りのモードの特色がよくあらわれているという。

「まず〈その男〉の幼年時代の写真が〈醜く笑っている〉というところ。本来はポジティブなはずの笑いという行為を醜いと表現することでひっくり返すんですね。可愛らしい子供の笑顔に対して素直に可愛いと言えず〈イヤな薄気味悪いもの〉が感じられると反転させる。美醜を表裏一体にした表現が特色です。また太宰の文章は、英語でいう〝loose sentence〟に近い。andやbutのような接続詞でどんどん内容を足していくから、書こうと思えばいくらでも書き続けられる。俺は別に書きたくて書いてるわけじゃないけどとりあえず語っちゃうよという暴れん坊な感じの語り口が無頼派的です。しかも〝loose sentence〟の中に絶妙なキャッチフレーズが盛り込まれている。例えば葉蔵と同棲するシヅ子が彼の性質について〈女のひとの心を、かゆがらせる〉と言うくだりなど、短いのに人物像をパッと浮かび上がらせるフレーズが入っています」

裕福な家に生まれ東京の高等学校に入った葉蔵は、友人に酒と煙草と女と左翼運動を教えられ、ツネ子というカフェの女給と心中事件を起こしてしまう。学校をドロップアウトしたあと、編集者のシヅ子に拾われ漫画家になるが、彼女のもとにも長くはいられない。煙草屋のうぶな娘ヨシ子との結婚も破綻して、精神病院に強制入院させられる。

「一般の小説では誰かと出会って別れることによって内面に葛藤が生じるところが重要で

す。『人間失格』の場合は、常に受け身の主人公がいつのまにか女と一緒にいて、別れの修羅場も出てきません。太宰は過剰な自意識を描いているという評価が定着していますし、葉蔵も〈道化〉や〈人間恐怖〉〈犯人意識〉などの言葉を用いて自分を過剰に説明しますが、近代小説的な内面はあるのかという視点で読むと面白いと思います」

阿部さんの解釈では、小説に描かれる近代人は内に欲望を隠し持つという。

「葉蔵は酒も女も薬も何一つ我慢しないで、欲望を垂れ流しにしているんですよ。欲望が強いからそうなるのではない。子供の頃の〈自分には「空腹」という感覚はどんなものだか、さっぱりわからなかったのです〉という話を読むと、欲望のメカニズムが壊れているのかもしれないと感じます。切実に欲しいものがないから働かない。何があっても反省せず、失敗を繰り返す。むしろ近代小説的な内面があるのは周りの人間、特に女性たちでしょう。自分のことばかり語っているようで、実は他人を描いているところが読ませます。自ら接近することなく、いろんな人を引き寄せるフェロモンのある小説です」

確かに『斜陽』の母娘、『女生徒』の少女など、太宰の小説に登場する女性は記号的な女ではなく、逆境にあっても強い生命力を感じさせる。他者の内面に深く潜り込んだ独自の描写力は、太宰文学の真骨頂と言えるだろう。

あべ・まさひこ／1966年生まれ。専門は英米文学、文芸評論。東京大学大学院人文社会系研究科教授。『文学を〈凝視する〉』でサントリー学芸賞を受賞。

森鷗外『舞姫』

ツボ

賢人 平野啓一郎さん

鷗外はフェミニズムの総会に参加し、階級社会での女性の立場に深い関心を寄せていた

『舞姫』はシンプルに言うと、国費でドイツに留学したエリート・太田豊太郎が貧しい踊り子のエリスと恋に落ち、妊娠もさせたのに、結局は単身帰国する話だ。鷗外を敬愛する作家の平野啓一郎さんは次のように語る。

「若い人たちがネットで『舞姫』をディスって盛り上がっているのを見たときに、鷗外ってやっぱりすごいなと思いました。明治時代に書かれた小説でありながら今の若者の感情を激しく揺さぶる力を持っているからです。ネット上では、エリスはかわいそうで、豊太郎はけしからんという意見が大勢でしたが、鷗外はまさに読者にそう思ってもらうように

岩波文庫

書いたのです」

現代の若者も鷗外の術中にはまった、ということらしい。

「鷗外は豊太郎を当時の〈問題〉が凝縮された人物として提示しています。その〈問題〉とは、例えば、明治国家の官僚制であり、それが個人をどのように〝活用〟しようとするかです。豊太郎は国家に〝役立つ〟人間としての人生に疑問を感じていますが、エリスとの関係は、そこに収まりきれない感情生活を含んでいました。豊太郎は嫉妬深い同僚たちにエリスとの仲を告げ口されて追い詰められ、最終的には〝良友〟相沢の奔走で帰国せざるをえなくなります。二人の関係は、国家にとって〝なかったこと〟として処理されますが、鷗外はそれで良かったのかと、わざわざ『舞姫』というタイトルにして読者に問うているのです。これは、近代化を通じて日本が国内外で起こす問題そのものです」

軍医だった鷗外は豊太郎と同じくドイツに国費留学し、帰国後は軍医のトップにまで昇りつめた。豊太郎やエリスの造型には、ドイツでの経験が活かされている。エリスにも鷗外が鋭く察知した〈問題〉が見て取れる、と平野さんは指摘する。

「鷗外は1886年にドイツで行われたフェミニズムの総会に参加したおそらく唯一の日本人です。留学でヨーロッパの階級社会で女性がどんな立場に置かれていたかを知り、深い関心を寄せていました。『うたかたの記』では宮廷画家の家庭からカフェの女給に没落した女性、『文づかひ』では貴族の女性を登場させています。『舞姫』とあわせて読むと階級が下がるにつれて自由が失われていくことがよくわかります。下層階級のエリスは自分

の境遇を変えるすべを持たない人です」

明治時代の鷗外に早くもジェンダー問題への視点があったのだ。そして『舞姫』のもう一つの読みどころは、豊太郎が決断できない主人公であることだと言う。

「免官になって学資を失ったのは同僚にいじめられたからだし、エリスと別れ、日本に帰国することになったのも、相沢がそのように事態を処理したからです。〈余は我身一つの進退につきても、また我身にかかはらぬ他人の事につきても、決断ありと自ら心に誇りしが、この決断は順境にのみありて、逆境にはあらず〉という一文がこの作品を読む鍵です。逆境に陥ったとき人間は決断ができるほどの選択肢を持てない、ということを鷗外は『舞姫』以降も繰り返し書きました。鷗外は4年間の留学中にドイツ語の本を３５０冊くらい読んだそうです。豊太郎を〈問題〉として描出する『舞姫』のような作品を書けたのは、時代の〈問題〉を象徴的に体現した人物を主人公とするヨーロッパ文学に精通していたからでしょう。単なる物真似ではなく、完全に自分のものにしている。そこが驚異的なところです」

ひらの・けいいちろう／1975年生まれ。作家。『日蝕』で芥川賞を受賞。著書に『葬送』『決壊』『マチネの終わりに』『ある男』『本心』など。

森 鷗外『阿部一族』

ツボ

人間は不可抗力の中で生きていることを示した〝アンチ自己責任小説〟

賢人 平野啓一郎さん

森鷗外は日本でいち早くヨーロッパ文学と同水準の本格的な小説を書いていた。鷗外作品を読破し学んだという作家の平野啓一郎さんが、『舞姫』の次に読む名作として推すのは1913年に発表された『阿部一族』。陸軍大将・乃木希典が明治天皇の大葬の日に妻と殉死したことに触発されて書いたと言われる短編だ。

「『阿部一族』はアンチ自己責任小説です。〝人間は不可抗力の中で生きている〟という思想を鷗外が最も洗練された形で表現した作品だと思います」

と平野さんは絶賛する。

新潮文庫

舞台は江戸時代の肥後国（熊本）。阿部弥一右衛門は有能な家臣だが、主君・細川忠利の後を追って死ぬ名誉を許されなかった。弥一右衛門は命を惜しんで腹を切らなかったという陰口を叩かれて無念の自死に追い込まれ、その一族も滅亡の道を突き進んでいく。

「弥一右衛門が切腹を許されなかったのは、単に殿様に嫌われていたからです。しかもその理由は、万事に気がついて手ぬかりはないけど、ただなんとなく親しみ難くて顔を見ると反対したくなるから、という些細なことです。誰が殉死していいかは殿様の気分次第。つまり、本人の努力ではどうにもならない領域です」

組織や制度の歯車がいったん回転しはじめると、個人の力でそれに抵抗するのは難しい。その精妙なメカニズムを冷徹に描いているところが、『阿部一族』が「アンチ自己責任小説」たるゆえんだと平野さんは語る。

「鷗外はすべて属人的な問題ではなく、システムの問題だと考えます。自助努力が尊ばれ、何でも自己責任を問われる現代のような時代にあって、人生がうまくいかなかった人に対して、決してあなたの責任じゃないんだ、と書いている。ある意味優しい」

システムが作り出す構造的な力によって死に導かれる人間の姿は身につまされる。

「長十郎という登場人物が僕には強い印象を残しました。まだ若く際立った功績はないけれど、弥一右衛門と違って殿様に気に入られていたので殉死することになります。長十郎は切腹の日に昼寝をします。そのとき気持ちよく寝過ごしたというのも、あまり遅くなるといけないからと奥さんが起こすのも、買い物に行くみたいな感じで〈腹を切りに往っ

た〉と書いてあるのも不思議です。複雑な感情がわいてきますよね」

漱石や芥川も歴史を題材とした小説を書いたが、『阿部一族』は書けなかっただろうと平野さんは言う。

「人間が制度の中で生きるとはどういうことかを深く掘り下げた上で〈問い〉として読者に提示しているところがうまいですね。鷗外は官僚として公衆衛生や都市計画に関わり、制度を設計する側にいたので、システム次第で人間はどうにでもなることを知っていたのでしょう。江戸時代の武家社会、明治以降の日本近代、近代ヨーロッパという三つの世界を体験していたこともそのような認識の形成に大きく寄与したと思います。そういう人だから、自然主義文学者のように自らの経験を赤裸々に書いていけば意味のあるものが出来上がるという発想はありません。エモい書き方をしないので、人の心がわからないのではないかという批評をされたりもする。でも、ミシェル・フーコーなどポストモダン思想に触れて制度がいかに人間を変えるかという視点を得てから読むと、鷗外の作品は非常に現代的です」

前近代的な殉死制度を批判するのは容易いが、翻って現代日本もまた、格差や長時間労働を生み出す社会構造の中で、多くの人が生死の境に追い詰められ、〝自助努力〟を強いられている。人間を圧殺するシステムそのものへの気づきを与えてくれる鮮烈な一篇だ。

ひらの・けいいちろう／1975年生まれ。作家。『日蝕』で芥川賞を受賞。著書に『葬送』『決壊』『マチネの終わりに』『ある男』『本心』など。

ディケンズ『大いなる遺産』

賢人 阿部公彦さん

他者との対話が人間にどんな影響を与えるかを描いた、異文化遭遇の物語

河出文庫（上下巻）

ヴィクトリア女王から庶民の子供まで読んだと言われるイギリスの国民作家ディケンズ。1860年から61年にかけて書かれた『大いなる遺産』は、ディケンズの最高傑作と評価する人も多い長編小説だ。両親と死別して貧しい姉夫婦に育てられた少年ピップが、莫大な遺産を相続することを知らされ、ジェントルマンになるべく教育を受ける。

「遺産相続と階級の話は、英国文学で必ずと言っていいほど取り上げられるテーマです。それに加えて孤児の物語であるところがディケンズらしいですね」と英米文学者の阿部公彦さんは言う。

ディケンズが活躍したのは、18世紀に始まった産業革命による経済発展が頂点に達し、大英帝国が世界の覇権を握ったところ。蓄積した富をどのように継承するかということが人々の大きな関心事だった。階級の流動性が高まった時代でもあった。

「18世紀までは広大な土地を所有する貴族と地主階級が富を独占していましたが、19世紀半ば頃から商工業で財産を形成した人々の勢力が強くなった。もともとは上流階級の一部の層を指していたジェントルマンの定義はだんだん拡大されていきました。やがて自分もジェントルマンになれるかもしれないという上昇志向がロウワーミドル層に芽生えたのです。小説は立身出世や上手な結婚を描くことで一種のノウハウ本として人々の上昇志向を刺激し読者を増やしましたが、ディケンズ作品の成功もそうした傾向と無関係ではないでしょう」

ディケンズの小説では、〈孤児〉が重要なポイントになっているという。

「ワーズワースの『虹』という詩など、当時の文学は子供を感傷的に描く傾向がありました。階級の流動化によって親子間に文化格差が生まれつつあったことも要因として考えられるでしょう。例えば、親の世代は読み書きができないけれど子供はできる。親と文化を共有していない子供は孤児のような感覚を持ち、親よりも豊かな人生を送りたいと望む。そういう風潮を誇張したら、孤児が苦労して成長すると思いがけない遺産が転がり込むというディケンズの小説の黄金パターンが出来上がるわけです。『オリバー・ツイスト』が典型的な例ですね」

その黄金パターンにひねりを入れているところが『大いなる遺産』の魅力だ。ピップは教養はなくとも愛情深く育ててくれた義兄のジョーを捨て、ジェントルマンになる夢を追うが、苦い結末に終わってしまう。

「ディケンズの作品の中でもトーンは暗いほうですが、〈出会い小説〉として読むと非常に面白い。19世紀は、蒸気機関車や汽船が開発されて人々が長距離移動できるようになった時代でもあります。ひと昔前だったらピップは生まれ育った沼地の村から一生出ないで過ごしたかもしれませんが、町のお屋敷で花嫁衣装を着て隠遁生活を送るミス・ハヴィシャム、ハヴィシャムの養女のエステラ、ロンドンで友人になるハーバート・ポケットなど、未知の世界の住人と知り合います。ピップがかつて助けた脱獄囚のマグウィッチと再会する場面は、ふたりのやりとりから、文化格差が広がる親子のような複雑な関係性と人間の弱さが浮かび上がる。他者との対話が主人公にどんな影響を与えるかを描いた、異文化遭遇の物語なのです」

産業革命が世界で最初に起こったのはイギリスだった。経済の大変動による都市部への人口移動と、都市文明のるつぼで生まれる他者との遭遇――ヨーロッパ全土、アメリカ、そして日本へと近代化が伝播していく中で、ディケンズ、バルザック、マーク・トウェイン、夏目漱石らがどんな他者を発見したのか、比較して読むと面白い。

あべ・まさひこ／1966年生まれ。専門は英米文学、文芸評論。東京大学大学院人文社会系研究科教授。『文学を〈凝視する〉』でサントリー学芸賞を受賞。

ディケンズ『荒涼館』

人間の生み出したシステムが人間を破滅させるところはポストモダン的です

賢人 阿部公彦さん

ディケンズの小説が幅広い層の読者に支持されたのは、話の続きを知りたくなる卓越したストーリーテリングに拠るところが大きい。ただ、それだけでは名著にならない。なぜ没後150年経っても読まれているのか。その理由がわかる作品として、英米文学者の阿部公彦さんは、1852年から53年にかけて発表された『荒涼館』を推す。アガサ・クリスティーが一番好きなディケンズ作品として選び、スコット・フィッツジェラルドは最高傑作と評価した長編小説だ。

「ディケンズのストーリーテリングは良くも悪くも誇張が激しく、人間の内面はあまり深

岩波文庫（全4巻）

く掘り下げていません。それでも一時期の流行作家で終わらず、後世の書き手に影響を与えたのは、細かく分析してみると面白い要素がたくさん詰め込まれているからです。独特のごちゃごちゃ感が他の作家にはない魅力です。『荒涼館』はヴィクトリア朝イギリスの社会状況を克明に写した群像劇であり、探偵小説の先駆けでもある。〈霧。いたるところに霧〉というロンドンの風景などディケンズらしい描写の過剰さがてんこ盛りでありながら、ギリギリのところで制御されています」

主人公の少女エスターは、両親の名前も知らない孤児。エイダという少女の付添人を務めるため「荒涼館」と呼ばれる屋敷に移り住む。荒涼館の主人ジャーンダイス氏は、泥化していることで有名な「ジャーンダイス対ジャーンダイス訴訟事件」の当事者だった。一方、エスターが教会で見かけた美貌のデッドロック准男爵夫人は、弁護士のタルキングホーンが見せた訴訟にまつわる書類の筆跡を見て失神する。エスターの成長とデッドロック夫人の秘密を軸に、裁判に翻弄される人々の運命を描く。

「ディケンズだけではなく、近代の小説には主人公が成長していくと最後にご褒美として財産が手に入るという成長神話が繰り返し描かれました。しかし『荒涼館』の場合は、逆に延々と続く裁判によって関係者が受け取るはずだった財産が食い潰されてしまう。当時のイギリスでは官僚主義と事務の煩雑さのために裁判に時間と費用がかかりすぎることが問題になっていて、ディケンズ自身も損害を被ったことが反映されています。人間の生み出したシステムが人間を破滅させるところはポストモダン的です」

デッドロック夫人と彼女の弱みを握ったタルキングホーンのやりとりや、やがて起こる殺人事件の謎解きも読者を惹きつける。

「登場人物が人間の弱さにどう反応するかも『荒涼館』の読みどころです。例えばジャーンダイスは困っている人に必ず手を差しのべ、見返りは求めない。エスターに愛し合う相手がいることを知ると、エスターへの想いを犠牲にして結婚のお膳立てをする。ジャーンダイスのような善人が描かれた背景には、キリスト教の救世主的なイメージもあると思いますが、19世紀に他者へのシンパシーが重要視されるようになったことも大きいでしょう。奴隷解放運動や動物愛護運動はこの時代に始まった。ディケンズも貧しい芸術家向けの慈善活動に関わっていました。共感能力が高いから、物語を書くときにも貴族から浮浪児まで立場の異なるキャラクターに憑依して、生き生きと動かすことができたのです。悲劇は起こりますが、根底に明朗な人間愛を感じさせるところも長く読みつがれる所以です」

他者への共感性は、現代小説においても重要なテーマのひとつだが、ジャーンダイスのように富と徳を兼ね備えたストレートな〝利他的〟人物には滅多に出会えない。ディケンズの時代と比較して複雑化しすぎた世界に対する信頼が失われているからなのだろう。だからこそ、ポストモダン的な要素を持ちながら、普遍的な善意や愛を真っ直ぐに描き出すディケンズ文学は優しく私たちの心を照らし出す。

あべ・まさひこ／1966年生まれ。専門は英米文学、文芸評論。東京大学大学院人文社会系研究科教授。『文学を〈凝視する〉』でサントリー学芸賞を受賞。

エミリー・ブロンテ『嵐が丘』

ツボ

結婚相手に容姿と経済力と居心地のよさを求めるのは、今の女の子も同じ

賢人 鴻巣友季子さん

エミリー・ブロンテの『嵐が丘』は、サマセット・モームが世界の十大小説のひとつに挙げている名作だ。エミリーは『嵐が丘』を自分の名前ではなく「エリス・ベル」という男性名で発表し、30歳の若さで亡くなった。

翻訳者の鴻巣友季子さんによれば、シャーロット、エミリー、アンのブロンテ姉妹やジェーン・オースティンら18〜19世紀に出現した英国女性作家を抜きに小説史は語れない。

「当時のイギリスは、18世紀に世界で初めて産業革命を成し遂げ、著しい経済発展を続けていた超先進国でした。その恩恵は女性たちにも及びました。機械化が進んで家事負担が

新潮文庫

軽減され、教育を受けられるようになり、経済的に余裕がある家なら、女性でも好きなことをできる時間がわずかながら持てるようになったのです。中には家事の合間をぬって、居間のような空間で小説を書き始める女性たちもいた。牧師の家に生まれたブロンテ姉妹もそうでした。男性作家にはなかった彼女たちの小説の特徴は、恋愛と結婚の内実を書いたことです」

『嵐が丘』はヨークシャーの荒れ野を背景に二つの家族の数奇な運命を描く。物語の核は「嵐が丘」と呼ばれるアーンショウ家の娘キャサリンと、その父に拾われた孤児のヒースクリフの二世代にわたる愛憎関係だ。女性は財産を相続できない時代だったため、キャサリンはヒースクリフを愛しながらも裕福なリントン家の長男エドガーと結婚する。裏切られたヒースクリフは復讐を目論む。一見古風な話だが、現代にも通ずる魅力とは?

「例えばキャサリンがエドガーにプロポーズされたときに、結婚するべきかどうか、家政婦のネリーと教義問答みたいなことをする場面があります。キャサリンはエドガーの求婚を受ける理由として、若くてハンサムでお金持ちで一緒にいて楽しいということを挙げるのです。結婚相手に容姿と経済力と居心地のよさを求めるのは、今の女の子も同じではないでしょうか」

万古不易の人間のエゴが語られているのだ。そして、『嵐が丘』が「ますます新しくなっている」のは、その話法にあるという。

「ヒースクリフやキャサリンが直接独白するのではなく、ネリーの回想を都会から来た青

年ロックウッドが聞くという形式が採られています。その語りの重層性が『嵐が丘』を現代小説にしています。どこかとんちんかんなこの二人が、キャサリンとヒースクリフの愛憎を語るという作りの妙が効いています」

鴻巣さんはとりわけネリーの存在が『嵐が丘』に命を与えていると考えている。

「ネリーは〝信用できない語り手〟の元祖のひとり。教養があり、完全な標準語を話し、屋敷の人々の言動をぬけめなく観察していますが、たびたび嘘をつくし、どこまで本当のことを語っているのかわかりません。他人に対する共感能力には欠けていて、雇い主のお嬢様であるキャサリンにも意地悪です。ネリーが触媒の役割を果たすことによって、物語はシリアスにもコミカルにもなる。登場人物の中で一番出世しますし、二つの家の財産の取り合いで最後に勝つのはネリーかも。あらゆる出来事がネリーの謀略という読みさえできます。悲劇的な純愛小説というイメージが一般的かもしれませんが、世知辛い部分も描いていて多様な読み方が可能なところが『嵐が丘』の魅力です」

こうのす・ゆきこ／1963年生まれ。翻訳家、文芸評論家。『風と共に去りぬ』『嵐が丘』『灯台へ』の新訳、『恥辱』など訳書多数。著書に『全身翻訳家』など。

ウルフ
『灯台へ』

ツボ

賢人 鴻巣友季子さん

「意識の流れ」という手法を使って日常の〝あるある〟を描き出した

エミリー・ブロンテは生まれ育った牧師館の居間のような空間で執筆していた。20世紀に入ると、〈女性が小説なり詩なりを書こうとするなら、年に500ポンドの収入とドアに鍵がかかる部屋を持つ必要がある〉と唱える女性作家が出現した。ブロンテと同じイギリス人で1882年生まれのヴァージニア・ウルフだ。

ウルフは当代一流の知識人が集まるブルームズベリーサークルに出入りしていた。翻訳家の鴻巣友季子さんは、「ウルフは当時の女性にとってオピニオンリーダーでした。ウルフの代表作でモダニズム文学の金字塔と評されているのが『灯台へ』です」と語る。

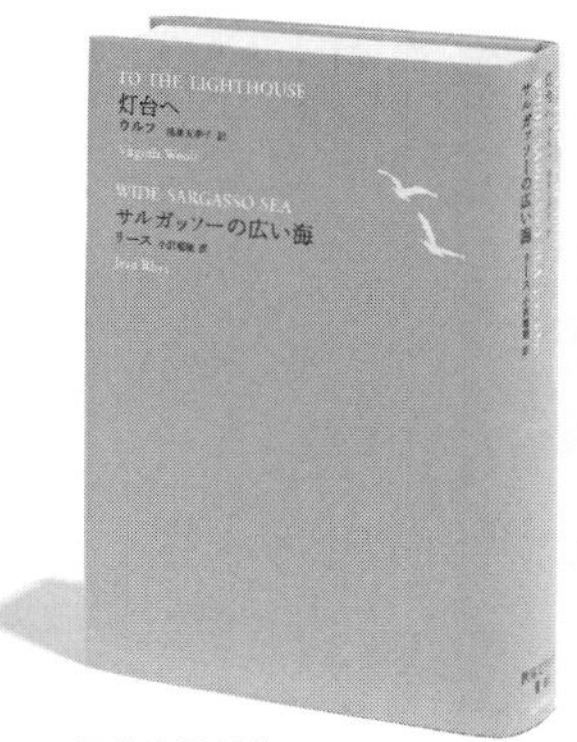

河出書房新社

本書の舞台は、スコットランド沖に浮かぶ小島の別荘。第一次大戦直前の夏、別荘に滞在しているラムジー家の人々と客人たちの1日と、その10年後のことが描かれる。客人同士の淡い恋やラムジー夫妻の会話、晩餐会の様子など、劇的なことは何一つ起こらない日常が静かに流れていく。鴻巣さんは学生時代に読んでその面白さに驚いた。

「ウルフの小説は、実は日常の〝あるある〟の積み重ねなのです。ラムジー夫人は今だったらインスタグラムで素敵な暮らしを公開するような感じの人だし、彼女に憧れるリリー・ブリスコウという画家との関係は百合っぽい。書かれていることは俗っぽくとも、書き方がいつ読んでも圧倒的に新しい。特に時が流れて誰もいなくなった別荘を描写する第2部が素晴らしい。川上未映子さんや町屋良平さんなど、現代日本の作家にも影響を与えています」

常に新しく感じられる〈書き方〉は「意識の流れ」と呼ばれる手法に支えられている。

「古典的な文学の心理描写では、登場人物が思っていることから重要なものを選んで余計な部分は省略していました。例えば『ロミオとジュリエット』でロミオがジュリエットに愛の告白をする前に小用を足したとしても、用を足しながら考えたことは描きません。でも『意識の流れ』の手法では、そのとき〝トイレ〟で考えたことや見聞きしたもの、匂いなどすべてを分け隔てなく描きます。物事にプライオリティをつけず、あらゆるものは等価と見なして叙述していくのです。ジョイスやフォークナーも同様の手法で書きましたが、『灯台へ』では、複数の人物の意識の流れが、継ぎ目なくつながっていきます」

鴻巣さんの琴線に触れる日常の〝あるある〟の場面は、ラムジー夫人が夫の弟子のタンズリーと町へ買い物に出かけるくだり。
「夫人は絶世の美女なので、タンズリーはすっかり舞い上がり、町へ行く途中でサーカスのポスターを見つけた彼女が〈みんなで行きましょうよ！〉と提案したときも〈行きましょうよ〉とおうむ返しに、妙にぎこちない答え方をしてしまう。大勢の人が集まっている空間で、急に静かになる瞬間があるでしょう？　その時に妙なタイミングで妙なことを大声で言ってしまって気まずい、みたいな感じ。自意識過剰な若者の心の動きをうまくとらえています」
例えば、ある小説をタンズリーがこきおろす場面。ラムジー夫人は〈彼の批判ってつまるところ、それが言いたいだけなのよ。「ぼくが、ぼくが、ぼくが」自分のことと、自分が人にどう思われるかしか考えていないのは、声音や、力みかたや、落ち着きのなさを見れば、一目瞭然だわ〉と思う。そのあと、客人たちの考えや気持ちが水の下に光がそっと射しこんだときのように見える描写は美しい。画家のリリーが妻を亡くしたラムジーのあふれる自己憐憫を水たまりに喩えるくだりも秀逸。〝あるある〟の精度が高いだけではなく、表現も際立っているのだ。

こうのす・ゆきこ／1963年生まれ。翻訳家、文芸評論家。『風と共に去りぬ』『嵐が丘』『灯台へ』の新訳、『恥辱』など訳書多数。著書に『全身翻訳家』など。

スタンダール『赤と黒』

ツボ

賢人 野崎歓さん

男たちよりもずっとパワフルで崇高な魂——レナール夫人の変身が一番の読みどころ

スタンダールはフランス近代小説の創始者。1830年に刊行された代表作『赤と黒』は、田舎の貧しい材木屋の息子が、見習い司祭になって立身出世を目指す物語だ。

「主人公のジュリヤン・ソレルは家柄も財産も持たず、自分の才覚で既定の秩序を突破していく。フランス文学における不動のナンバーワンヒーローです」と翻訳者の野崎歓さんは語る。表題の「赤」は軍服、「黒」は僧服で、平民でも出世が可能な職業を表すという説が有名だが疑わしいらしい。

「スタンダール自身は由来を明かしていない。赤が当時の軍隊のシンボルカラーだったと

光文社古典新訳文庫（上下巻）

いう事実もありません。僕は賭博のルーレットの色という解釈もできると思います。ジュリヤンの運命は誰を庇護者に選ぶかで変わってしまう。一か八かに賭けているからです」

ちなみに『赤と黒』の「赤」が軍服を表すと信じられるようになったのは、１９５４年公開の映画でジュリヤン役のジェラール・フィリップが真っ赤な制服をまとってからのようだ。小説でジュリヤンが着るのは〈空色のきれいな制服〉だ。

『赤と黒』の副題は「十九世紀年代記」。この時代だからこそ、ジュリヤンのような主人公が生まれたと野崎さんは指摘する。

「フランス革命後、軍人から皇帝になったナポレオンがたちまち失脚し、ブルボン朝による反動的な王政復古が行われた。自由で平等な社会の実現が遠のき、人々の不満が高まっていた。１８３０年の七月革命でもう一度市民が蜂起する直前に『赤と黒』は書かれました。ジュリヤンは貴族に敵意を燃やし〈武器を取れ！〉と自分に言い聞かせながら成り上がろうとする。スタンダールは革命前夜の空気を察知していたんですね」

激動の時代を反映した小説が、１９０年後も読まれているのはなぜだろう。

「登場人物の心理が手に取るように描かれているからです。19世紀以前のフランスにも心理小説はありましたが、狭い世界で生きている主人公がただ自分の思いを吐露しているだけだった。『赤と黒』には農民から国王まで多様な階層の人が出てきます。19世紀のフランス社会のパノラマの中に、ジュリヤンという一人の青二才が感じていることが突然窓を開いたように見える。若者が社会に出て理不尽な格差に直面し、自分は何者だろうと悩む

のはいつの時代も変わりません。今の読者もジュリヤンに共感できるのでしょう」

ジュリヤンは身分の壁を乗り越えて成功できるのだろうか。鍵を握るのは、二人の女性だ。まず、ジュリヤンを家庭教師に雇った田舎貴族の妻であるレナール夫人。ジュリヤンが今晩レナール夫人を誘惑すると決めて実行するくだりは、ただ手を握るだけなのに緊迫感がある。まもなく二人は結ばれるがある事件が起こって別れ、ジュリヤンはパリでも指折りの名家の娘であるマチルドの心を射止める。

「ジュリヤンは野望のために二人を利用しますが、女性たちは純粋に彼を愛す。自尊心ばかり強く世間知らずのジュリヤンは、恋愛体験によって人生には立身出世とは異なる喜びや意味があることを学んでいく。レナール夫人とマチルドの心の動きも描いているから、男の物語にとどまらず重層的な小説になっています」

二人のヒロインはいずれも魅力的だが、野崎さんはレナール夫人に注目する。

「序盤のレナール夫人は、威張っている夫に従順で、子供のことしか頭にない。ある意味侮られやすい人物です。ところが、ジュリヤンに恋をすると、彼に愛情とは何かを教え、大胆に行動するようになっていく。最終的には世間の評判も夫の指図も無視して、自分の意志を貫こうとする。男たちよりもずっとパワフルで崇高な魂を持つ存在になるんですね。レナール夫人の変身がこの小説の一番の読みどころだと思います」

のざき・かん／1959年生まれ。フランス文学者、放送大学教授、東京大学名誉教授。『異邦の香り』で読売文学賞を受賞。著書に『フランス文学と愛』など。

バルザック

『ゴリオ爺さん』

ツボ

賢人 野崎歓さん

あらゆる層の人間をひとつのパースペクティブにおさめ、社会にある矛盾を指摘している

スタンダールと同じく、七月革命期のフランスで活躍したバルザック。1835年に刊行された『ゴリオ爺さん』は、89の小説から成る「人間喜劇」シリーズの要と言われる作品だ。田舎の子だくさん貴族の家に生まれ、社交界で成り上がるためパリに出てきた青年ラスティニャックの物語。

フランス文学者の野崎歓さんは「個人と社会を同時にとらえるというバルザックの得意技が最もよく発揮された作品です」と解説する。

バルザックがこの小説でとらえたのはどんな社会だろう。

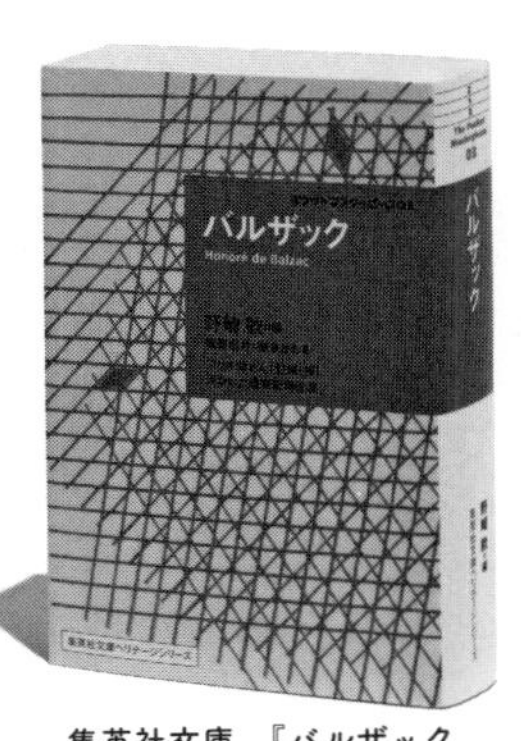

集英社文庫 『バルザック ポケットマスターピース03』所収

「フランス革命によって市民が主役になった社会です。ナポレオン失脚後の王政復古で体制は再び保守化しますが、一度流動的になった階級は元に戻らない。ユダヤ系の銀行が鉄道などの大事業に資本を投下して経済が急速に発展し、パリの人口は著しく増加した。技術革新が進んで出版物も大量に印刷できるようになった。そんな時代のパリの風景と人々の暮らしを物の値段まで細かく写実的に描いて、バルザックは読者に支持されたんですね。自分たちの生きている現実を題材にするのは今では当たり前のことですが、バルザック以前のフランス文学においては避けられていた。貴族にとって日常に近い世界は下品でありがたみのないものだったのでしょう。しかし、革命後に台頭した新興のブルジョワ市民層は小説の中に自画像を求めていたんです」

ラスティニャックはパリの下宿で、かつて製麺業で成功したが、愛する娘のためにどん底の生活を送るゴリオ爺さんと出会う。

「原題の『ペール・ゴリオ』の〈ペール〉はフランス語で父親を意味する言葉です。ゴリオ爺さんは娘が貴族と結婚してから自分を遠ざけるようになっても尽くし続けます。一文無しになって死ぬ直前にようやく、自分は完全に蔑ろにされていたと気づく。そして〈父親が踏みつけにされるようでは国も滅びるぞ〉と怒りを爆発させる。このセリフは革命後のフランスに対するバルザックの哲学を反映しています。バルザックは熱烈なカトリックで、王権主義者でした。自分は革命に王という父を殺された〝父なき時代〟を生きていると感じていたのでしょう。いつしか父子のような関係になっていたゴリオ爺さんの死を見

届けたラスティニャックは〈さあ、今度はぼくらの番だ！〉と勇ましい言葉を吐いて社交界へ乗り出していく。王はいなくなったけれども新しい世界を生きる現代人が誕生する爽やかなシーンで物語は終わっているんですね」

『ゴリオ爺さん』は、庶民、貴族、犯罪者などあらゆる層の人間をひとつのパースペクティブにおさめ、社会にあるさまざまな矛盾を指摘している巨大な小説だ。それでいて作者のひとりよがりにならず、大衆向けにアピールする要素も備えているところが、長く読みつがれている理由だと野崎さんは評価する。

「とにかくキャラクターが立っている。例えばラスティニャックと同じ下宿に住んでいるヴォートランは、バルザックが生み出した人物のうちで最も強烈な印象を与える一人だと思います。脱獄して偽名で生きる変装の名人で、〈死神だまし〉の異名を取る猛者ですが、美青年に出会うと急にでれでれして庇護役を買って出る。『ゴリオ爺さん』だけではなく、他の力作長編にも登場します。ヴォートランを好きになると、バルザックの小説を読むことがより楽しくなるでしょう」

ヴォートランが〈パリではどうやって自分の道を切り開くものか、知っているかね？天才のひらめきを見せるか、器用に堕落するかだ〉と言って、ラスティニャックにある陰謀を持ちかけるくだりに引き込まれたら、「人間喜劇」沼に落ちる一歩手前だ。

のざき・かん／1959年生まれ。フランス文学者、放送大学教授、東京大学名誉教授。『異邦の香り』で読売文学賞を受賞。著書に『フランス文学と愛』など。

フローベール『ボヴァリー夫人』

ツボ

映画がクロスカッティングを発明する60年以上も前に同じ技法を使っている

賢人 中条省平さん

ギュスターヴ・フローベールが1857年に刊行した『ボヴァリー夫人』。ある医者の妻が不貞を働いた上に借金を抱えて服毒自殺したという実話をもとにした小説だ。フランス文学者の中条省平さんは、『ボヴァリー夫人』から小説は変わったと言う。

「まず『ボヴァリー夫人』は小説のリアリズムの水準を一段階上げました。同じフランスで27年前に発表されたスタンダールの『赤と黒』と比較するとわかりやすい。『赤と黒』も三面記事的な事件を深く掘りさげて人間の真実を露呈させる書き方になっていますが、主人公は頭脳明晰な美男で神話的な英雄なんですよ。『ボヴァリー夫人』のエンマは、全

河出文庫

く理想化されていません。小説ばかり読んで現実から目を背け、凡庸な夫のシャルルをバカにしていて、浪費癖もあります。愚かしい人物をあまりにも生々しく描いたところが新しかったのです」

つまり、読者と同時代を生きる等身大の人間が主人公になっている。現代の小説では普通のことだが『ボヴァリー夫人』はその先駆けだったのだ。しかも、エンマにはフローベール自身がかなり投影されている。フローベールは〈ボヴァリー夫人は私だ〉と答えたという伝説が残っている。

「本を読んでここではないどこかへ行きたい気持ちになることってあるでしょう？　フローベールは自分の中にもあるロマンチックな欲望を客観化してエンマの造形に反映しています。だからエンマの運命を突き放して描きつつ、小説に憧れて身を焦がすような恋を求める彼女を否定していません。エンマは単なる愚か者ではなく、夢想に殉じる勇気がある女性という見方もできるんです」

人間観が類型的ではないから、１６０年以上経った今読んでも古臭く感じないのだろう。中条さんによれば、フローベールは新しい技法も開拓した。

「映画がクロスカッティングを発明する60年以上も前に同じ技法を使っているんです。例えば、有名な農事共進会の場面。ロドルフという遊び人がエンマを誘惑しているところと、農業に貢献した人を政府が表彰する共進会の様子を交互に語っていきます。ロドルフが情熱的な睦言を囁（ささや）いている一方でいい豚を育てた人が褒められていて、どんなに高尚に見せ

かけても恋愛は性交するための前段階でしかないと思えてくる。すごく意地悪だけど、絶妙なユーモア感覚があらわれていて面白い部分です」

画期的だったのは人物造形と小説技法だけではない。現在も『ボヴァリー夫人』の評価が高い最大の理由は文体の力にあると中条さんは指摘する。

「『ボヴァリー夫人』は一言で要約すれば愚かな女の一代記ですが、シャルルが夏の夕空を眺めながら遠くにある野の香りを想像するくだりなど細部の描写が繊細で美しい。言葉を削って文体を研ぎ澄ませているからです。フローベールは愛人のルイーズ・コレという詩人に宛てた手紙で、主題のない小説を書きたいと語っています。地球が何の支えもなしに宙に浮かんでいるように、文体の力だけで立ち上がっている世界が彼の理想の小説なんですね。その理想は現代文学にも受け継がれています」

エンマの夫シャルル・ボヴァリーの罪は「そこにいる」ことだと批評家アルベール・ティボーデは評した。しかし中条さんは、むしろ第1部では作者がシャルルを通じて現実を見ていると指摘する。〝フローベールはシャルルというごく普通の人間の背後によりそって、一緒に野の香りをかごうとしている〟という中条さんの解釈に文学の豊かさ、自由さは一層広がる。

自分なりの読み解き方で、テキストの新しい魅力を再発見していきたい。

ちゅうじょう・しょうへい／1954年生まれ。フランス文学者、学習院大学文学部フランス語圏文化学科教授。著書に『フランス映画史の誘惑』『反＝近代文学史』など。

モーパッサン

『女の一生』

賢人 中条省平さん

19世紀フランスで女性の性的な快楽をここまで肯定した小説はない

モーパッサン『女の一生』が『ボヴァリー夫人』よりもあとに書かれたと知ると、意外に思う読者も多いのではないだろうか。なんせ、何不自由なく育った男爵令嬢が夫の浮気と息子の借金によって転落していく古風なメロドラマなのだから。なぜこれが名作と言われてきたのだろう。

フランス文学者の中条省平さんによれば「モーパッサンは『ボヴァリー夫人』を書いたフローベールの愛弟子です。ただ同じリアリズム小説でも師弟の作風は全く違います。主題がなくても文体の力のみで立ち上がる世界を希求したフローベールに対し、モーパッサ

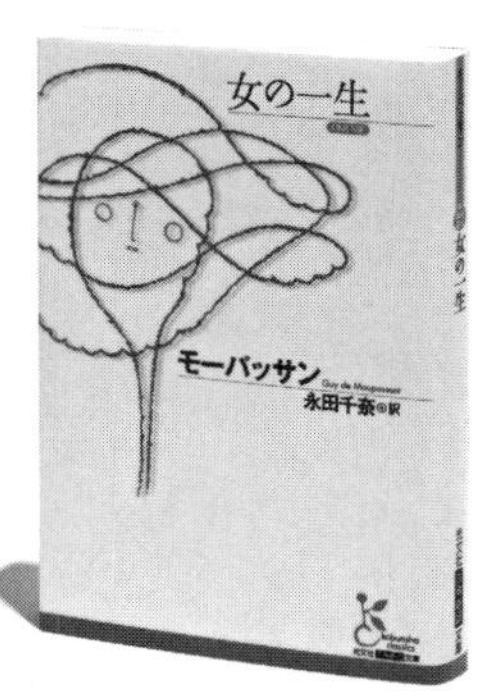

光文社古典新訳文庫

ンは文章を単純化する方向に進みました。モーパッサンの文章は難しい言葉を使っていないから、一時期はフランス語の初級文法の教材としてもよく使われたんですよ」

わかりやすい文章と波乱万丈な展開が読者の心をつかんだのだろうか。『女の一生』は発表当時から注目を集め、本もよく売れたらしい。あらすじだけ見れば悲しい女の身の上話だが、実際読んでみるとそれだけにとどまらない感動があると中条さんは評価する。

「『女の一生』は主人公のジャンヌが修道院を出る場面で始まります。堅苦しく閉鎖的な場所から解放された少女の喜びが、ノルマンディの素晴らしい自然を背景に瑞々しく描かれているくだりが魅力的ですね。恋愛の描写も素直で美しく少女漫画のようです」

キラキラした少女時代は結婚をきっかけに終わってしまう。しかしジャンヌの夫婦生活には『ボヴァリー夫人』にもなかった現代的な部分があるという。

「ジャンヌは夫を愛していながら肉体関係を結ぶことには嫌悪感を抱いていました。二人でコルシカ島を旅したとき泉の苔の上で抱き合って初めて気持ちいいと感じるんです。それからジャンヌはセックスに夢中になります。19世紀フランスで女性の性的な快楽をここまでストレートに肯定した小説は『女の一生』くらいではないでしょうか」

『女の一生』にはもう一つ重要なポイントがある。ジャンヌとロザリの関係を通じて女同士の連帯を描いていることだ。

「ロザリは女中でジャンヌの乳姉妹です。主人に手ごめにされて一度は屋敷を去りますが、息子のせいで窮地に陥ったジャンヌを助けるために戻ってきます。男の欲望に虐げられた

二人の女、しかも身分制度が絶対だった時代に貴族と使用人が連帯するという稀有な話になっているんです。ロザリは財産の管理など具体的な対策を考えてジャンヌを支えていきます。リアリズムのあり方がポジティブなところがいいですね」

親友がついていても、ジャンヌは〈私はつくづく運がない〉と嘆いてばかり。それでもロザリはジャンヌを見捨てず、遠くで生まれたジャンヌの孫も迎えに行ってくれる。ロザリと赤ん坊と一緒に馬車に乗ったとき、ちょうど日没が訪れる。〈金色の菜種の花、血のように赤いコクリコの花が点在する緑の草原を照らしながら、太陽は地平線に沈もうとしていた〉からはじまる大地の描写は、少女時代の海とは対照的な、静謐な美しさがある。物語の最後はロザリの〈ねえ、ジャンヌ様、人生ってのは、皆が思うほど良いものでも、悪いものでもないんですね〉という名セリフでしめくくられている。

「モーパッサンは病気の王様みたいな人で、最後は精神病院に入退院を繰り返して死にました。３００編以上書いた短編は、人生の恐ろしさを身も蓋もなく描いた話が多い。永井荷風をはじめ日本近代の作家がモーパッサンに傾倒していたのは、運命は残酷で人間は思い通りにならないという無常観があったからでしょう。一方で、モーパッサンには水泳やボートを好む快活なところもありました。『女の一生』には彼の暗い面と明るい面の両方が反映されているんです」

ちゅうじょう・しょうへい／１９５４年生まれ。フランス文学者、学習院大学文学部フランス語圏文化学科教授。著書に『フランス映画史の誘惑』『反＝近代文学史』など。

チェーホフ『三人姉妹』

光文社古典新訳文庫

ツボ

賢人 浦雅春さん

誰かと繫がりたいけど届かない、〝ディスコミュニケーション〟が噴出している

19世紀末に短編小説の名手として活躍したチェーホフは劇作家でもある。ロシア文学者で同書を訳した浦雅春さんによれば、チェーホフは若いころから芝居を書いていたが、晩年は小説より戯曲に重点を置くようになった。

「チェーホフの芝居は今で言う〝静かな演劇〟です。きわだって個性的な人物を描いているわけではなく、大きな事件は起こらない上に〝間〟も多いので、当初は全く評価されませんでした。１８９８年に『かもめ』がモスクワ芸術座の卓抜した演出家と技量の高い俳優によって上演されて初めて、既存の劇とは異なる新しい芝居だと認められるようになっ

たのです」

　1900年に執筆した『三人姉妹』は、「四大戯曲」と呼ばれる代表作のひとつだ。亡くなった父の赴任先でわびしい田舎暮らしをしながらモスクワへ帰れる日を夢見るプローゾロフ家の三姉妹――オリガ、マーシャ、イリーナの日常を描く。

　モスクワ芸術座が知らしめたチェーホフの芝居の新しさはどこにあったのか。

「古代ギリシャの悲劇『オイディプス王』では、主人公の発言が自らの罪を暴くことに結びついていました。言葉が行動をうながしてその機能を果たしていたのです。ところがチェーホフの芝居では、言葉と行動がつながりません。三人姉妹は幕開けにモスクワ行きを決意しますが、最後まで行動には移さず、おしゃべりに明け暮れたまま。それはまるで、行動できないことの言い訳であるかのようです」

　チェーホフの他の戯曲にも共通する言葉と行動との関係、ディスコミュニケーションの問題を、最も前面に出しているのが『三人姉妹』。特にわかりやすい場面として、浦さんは第2幕を挙げる。プローゾロフ家の長男アンドレイが職場の守衛をしている老人フェラポントに話しかけるくだりだ。

「アンドレイは〈なあ、じいさん、人生って、おかしなもんだなあ〉と切り出し、しみじみと自分の過去の夢、そして自分が受けた手酷い人生のしっぺ返しについて語ります。ところが、チェーホフはここに絶妙な設定を持ち込んでいて、フェラポントは耳が遠くてアンドレイの話の内容を聞き取ることができません。何度も〈なんです？〉と聞き返すフェ

ラポントに、アンドレイは〈お前の耳がちゃんと聞こえるんだったら、ぼくは話なんかしやしないさ。でも、ぼくは誰かに話を聞いてもらいたいんだ〉と応じます。つまり、届かないことは承知で自分の思いの丈を打ち明けたい。それが〝つぶやき〟となって噴出しているのです」

アンドレイの妻ナターシャは、三姉妹に嫌われている。第3幕、近くで火事騒動があったあと、アンドレイはナターシャを長々と弁護するが〈誰も聞いちゃいない〉。

一見つかみどころのないこの戯曲が、なぜ現代も数多くの舞台で繰り返し上演されているのだろう。

「『三人姉妹』の登場人物が行動する代わりにおしゃべりにふけっているのは、〝いま、ここ〟の疎ましさから抜け出したいから。その姿は例えば、東日本大震災発生後にツイッターでつぶやいていた人々に重なります。お互いに相手の話は聞かず自分の言いたいことだけ言っているのも、現実の会話に近い。でも、この〝ディスコミュニケーション〟は、実は〝コミュニケーションへの渇き〟の裏返しに他ならない。私たちはみな、誰かと繋がりたい、という欲望を持っています。大正時代に作家の久米正雄がチェーホフは永遠に〈昨日の芸術家〉だと言っています。いつまで経っても昨日書かれたような同時代性を持っているのです」

うら・まさはる／1948年生まれ、ロシア文学者、前東京大学大学院総合文化研究科教授。著書に『チェーホフ』、訳書に『ワーニャ伯父さん／三人姉妹』『かもめ』など。

メルヴィル

『白鯨』

アメリカ文学の伝統ができあがる前に壊し、ポストモダンを100年早く先取りしている

賢人 柴田元幸さん

偉大なアメリカ小説とは何かという問いに対して、最もよく名前の挙がる作品は、1851年に刊行されたメルヴィルの『白鯨』だろう。

語り手はイシュメールと名乗る青年だ。イシュメールはエイハブ船長率いる捕鯨船ピークオッド号に乗り込む。そして白鯨モービィ・ディックを追う。

「1776年に国家として独立したアメリカは、19世紀になると知的分野においても独立を目指しました。『白鯨』はアメリカン・ルネッサンスと呼ばれるその時代に生まれた不朽の名作ですが、メルヴィルが亡くなるまでの40年間に3715部しか売れませんでし

講談社文芸文庫（上下巻）

た」とアメリカ文学者で翻訳家の柴田元幸さんは語る。

そんなに売れなかったにもかかわらず、今でも読まれ続けているのはなぜだろう。

「並の小説の範疇をはるかに超えた百科全書的な書物になっているからでしょう。アメリカ文学の伝統ができあがる前に壊し、ポストモダンを１００年早く先取りしています。まず、メルヴィル自身の捕鯨船水夫としての経験を活かし、当時の捕鯨業がどんなものであったかを詳細かつ生々しく語っている。第1章の前には〈肺病で亡くなった或る高等中学校非常勤講師〉が提供したという鯨の語源と、鯨にまつわる古今の文章が並べられ、本編にも膨大な量の鯨学論議が盛り込まれている。エイハブ船長に焦点をあてた章では、白鯨との戦いを通して、神と人間の関係や善悪の問題が追究されていく。過剰に書き込まれた捕鯨のディテールと世界の不可解さの象徴としての鯨、現実的な要素と観念的な要素を強引に合体させることによって、唯一無二の作品になっているのです」

柴田さんは『白鯨』における世界の不可解さの起点は「自己」にあると言う。

「例えば第1章でイシュメールがナルシスの神話について語ります。泉の中にいる美少年が自分自身の鏡像とはわからずに触れようとして溺れ死んだナルシスと〈同じ幻を、すべての川、すべての海に見るのがこの我々、我々自身にほかならぬのではないか。触れがたき生の幻の幻、生をめぐる一切の謎を解く鍵がそこにある〉という。自己は〈触れがたき生の幻〉であるにもかかわらず、世界の謎を解く鍵でもあります」

自分とは何かを語りながら世界とは何かを考えることは、現代にいたるまでアメリカ文

「客待ち」©大高郁

●「博雅よ、無垢は、時に罪だ……」

陰陽師 水龍ノ巻

夢枕 獏

源博雅の笛・葉二の過去、蝉丸の若き日の恋。そして、人の魂を召喚する秘儀の正体とは。累計720万部「陰陽師」シリーズ第17巻

◆8月4日
四六判
並製カバー装
1650円
391409-1

●直木賞受賞第一作&待望の続編

結（ゆい） 妹背山婦女庭訓 波模様

大島真寿美

浄瑠璃に魅せられ、浄瑠璃のために生きた人々の喜怒哀楽と浮き沈み、せわしなくも愛しい人間模様をいきいきと描く群像時代小説

◆8月4日
四六判
上製カバー装
1870円
391410-7

●「ズームイン!!朝!」から路線バス旅まで自由な成功の秘訣

徳光流生き当たりばったり

徳光和夫

国民的名司会者の、八十歳にしてますます楽しくなる人生お気楽術！ 長嶋茂雄、美空ひばりとの交流ほか、芸能界の生き字引が語る

◆8月4日
四六判
並製カバー装
1540円
391179-3

●平成育ちによるはじめての決定版平成史

『知性は死なない』『中国化する日

日
一装
円
-4

◆発売日、定価は変更になる場合があります。
表示した価格は定価です。消費税は含まれています。

白石あづさ

と名言を紹介する。写真も満載！

◆8
四六
並製
予価
39

アルゴリズムの時代
機械が決定する世界をどう生きるか

ハンナ・フライ　森嶋マリ訳

●我々はどうやって機械と共存すればいいのか？

買い物のお勧め、自動運転、がん診断、犯罪予測に作曲まで。人間生活に深く入り込んだ「アルゴリズム」の驚くべき実態を解き明かす

◆8月24日
四六判
並製カバー装
1870円
391422-0

TOKYO REDUX（トーキョー・リダックス）
下山迷宮

デイヴィッド・ピース　黒原敏行訳

●ノワールの鬼才が挑む戦後最大の怪事件「下山事件」

一九四九年、国鉄総裁が轢断死体で発見された。謎を追うＧＨＱ捜査官に戦後日本の闇が迫る。英国の鬼才が昭和の魔を描く戦慄の傑作

◆8月24日
四六判
上製カバー装
2750円
391423-7

怪談和尚

原作　三木大雲　作画　森野達弥

●怖いのに泣ける!!　新怪談コミック

「怪談」＋「仏教説法」の怪奇譚。三木和尚の「怪談説法」を妖怪漫画家が〝最恐〟コミカライズ。あなたの身にも起きるかもしれない

◆8月5日
Ａ５判
並製カバー装
990円
090105-6

新選組血風録（二）

原作　司馬遼太郎　作画　森　秀樹

●壬生浪たちの威名轟く！

擾乱の京を舞台に、だんだら羽織をまとった最強剣客集団の軌跡を描く司馬遼太郎原作を、『墨攻』森秀樹が激烈コミカライズ。第二弾

◆8月25日
Ｂ６判
並製カバー装
990円
090106-3

直木賞&高校生直木賞W受賞作！

渦 妹背山婦女庭訓 魂結び

大島真寿美

869円
791730-2

坂崎磐音の嫡子・空也の物語、ついに再始動！

声なき蝉 上・下

空也十番勝負（一）決定版

佐伯泰英

各814円
791731-9
791732-6

世界で絶賛の嵐。旋風を巻き起こす

夏物語

川上未映子

1067円
791733-3

時空を超えて、恐怖が繋がる——新ホラー

もっとも〝尊い〟刑事シリーズ第三弾！

プリンセス刑事（デカ） 弱き者たちの反逆と姫の決意

喜多喜久

825円
791738-8

南仏を舞台に描くミステリー&ロマンス

花ホテル

平岩弓枝

891円
791739-5

戦前の傑作四篇と井上靖による評伝が読める！

刺青 痴人の愛 麒麟 春琴抄

谷崎潤一郎

737円
791740-1

堺雅人さん推薦！ 牧水の恋愛の全貌に迫った画期的な書

牧水の恋

858円
791741-8

学に通底する問題意識だという。

「アメリカは、王家の覇権争いによってできた国でも、民衆の革命によってできた国でもない。新大陸に渡った人々がこれからどんな国にするかという理念を『独立宣言』に掲げてできました。自分で自分を作ることが前提の国だから、私の問題がアメリカの問題になり、そのまま世界の問題になってしまうわけです」

南の島の酋長の息子であるクイークェグ、信心深く勇敢な一等航海士スターバックなど、多様な乗組員で構成されたピークォッド号は、アメリカの縮図としても読める。

「エイハブは絶対的な独裁者ですが、乗組員は人種が違っても対等に付き合う。ファシズムと民主主義、どちらの理念も描かれています。しかしモービィ・ディックへの復讐に執着するエイハブに対して、有能で人望がある一等航海士のスターバックは無力であり、ピークォッド号は破滅に向かう。リベラリズムが敗北するところは、今の世の中を見ているようです」

しばた・もとゆき／1954年生まれ。アメリカ文学研究者、翻訳家、東京大学名誉教授。『アメリカン・ナルシス』でサントリー学芸賞受賞。著書に『翻訳教室』など。

エドガー・アラン・ポオ『アッシャー家の崩壊』

賢人 柴田元幸さん

人間の内面の闇が、理性では計り知れない形で人を支配している可能性を示唆している

1776年に英国から独立したアメリカでは、19世紀に入ると独自の文学が模索された。その潮流は、アメリカン・ルネッサンスとも呼ばれ、先に紹介したメルヴィルなど現代文学に影響を与え続ける作家が出現した。探偵小説の創始者としても知られるエドガー・アラン・ポオもそのひとりだ。

アメリカ文学者の柴田元幸さんは「この時代の文学の豊かさは、光と闇の両方が存在するところにあります。アメリカの未来を明るく謳い上げたホイットマンやエマソンが光だとすると、ポオやメルヴィルは闇を志向した人です」と言う。

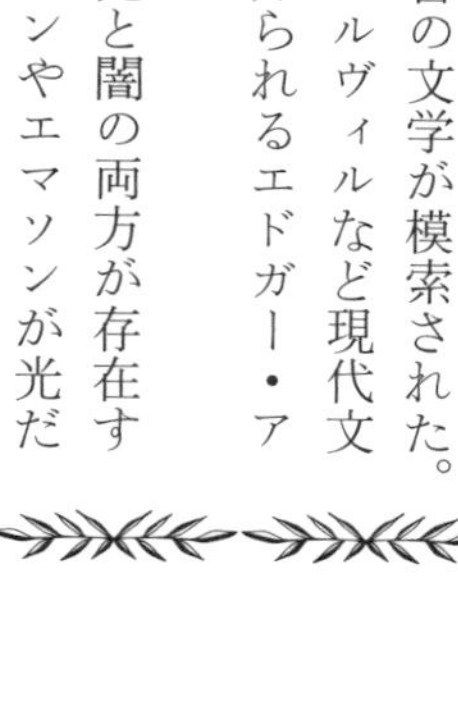

『ポオ小説全集1』所収
創元推理文庫

中でも短編「アッシャー家の崩壊」は、ポオの闇が色濃くあらわれた代表作だ。語り手の「わたし」は、病苦を訴える友人アッシャーを慰めるため屋敷に滞在する。まもなく危篤状態だったアッシャーの双子の妹が息を引き取ってしまう。アッシャーと「わたし」は妹の遺体を棺に納め、地下室に安置するが、その後、恐ろしい出来事が起こる。

「まずアッシャー家という呼称は、屋敷とその住人の両方を指すことが強調されています。USHERのRをOに変えればHOUSEのアナグラムになる。〈うつろな眼（まなこ）のような窓〉という描写もあって、家と人の境界線が非常に曖昧です。チェコの人形アニメ作家ヤン・シュヴァンクマイエルの映画『アッシャー家の崩壊』がこの小説の本質を表現していると思います。この映画に登場人物は一人も現れず、すべてがナレーションと家具や建具の動きによって説明される。どんどん迫ってくるモノに人間が侵食されていくのです」

「アッシャー家の崩壊」において人間は世界の中心ではなく、生物的な特性を発揮することもできない。

「ポオの他の作品にも共通することですが、食べる場面と性交する場面が出てきません。種の生命を維持するための行為がなく、人はただ個体として死に向かっていきます。一方で死者はよみがえるんです。人間は自分とそれ以外のもの、生と死の間に線を引こうとするけれども、実は境目なんてないのかもしれない。ポオはそういう恐怖心を描き続けた人だと思います」

なぜアメリカ文学の黎明期にポオのように人間の闇を見すえる作家が出てきたのか。18

世紀の思潮に対する反動があるという。

「18世紀は〝理性の時代〟と言われます。科学の発達と啓蒙運動によって、人間が世界の主人であり、その理性をもってすれば自分で自分を作ることができると考えられた。アメリカも新しい世界、新しい自分を創造しようという流れから生まれた。国自体が理性の時代の産物であるとも言えます。例えば建国の英雄ベンジャミン・フランクリンの『フランクリン自伝』は、貧しい家に生まれ育ちながら富と名声を得た男の話がそのまま国を建てる話になっている。ただ、成功した人の陰には圧倒的多数の敗者がいるわけで、誰もがフランクリンの自己創造神話を生きられるわけではない。自分しか拠りどころがない不安や自分とは何かという疑問を突き詰めていった結果、闇にたどり着く人たちがいたのでしょう。中でもポオの作品は人間の内面にある闇が、理性では計り知れない形で人を支配している可能性を示唆している。フロイトが20世紀に精神分析学で提示したことを先取りしているのです」

フロイトの精神分析学がヨーロッパよりもアメリカで熱烈に受け入れられ、大衆化したのは、ポーの文学があったからかもしれない。卓越した想像力を持つ作家は、ときに未来を予知してしまうのである。

しばた・もとゆき／1954年生まれ。アメリカ文学研究者、翻訳家、東京大学名誉教授。『アメリカン・ナルシス』でサントリー学芸賞受賞。著書に『翻訳教室』など。

マーク・トウェイン
『トム・ソーヤーの冒険』

新潮文庫

賢人 柴田元幸さん

ツボ

大人の語り手が少年小説らしい声を擬態して語るメタ少年小説

1876年刊行の『トム・ソーヤーの冒険』は、マーク・トウェイン初の単著長編小説で、日本でアニメ化もされた名著だ。

1830年代から40年代のアメリカを舞台に、トムという腕白な男の子が遭遇する出来事を描く。トムが住む村は、作者が幼少期を過ごしたミズーリ州ハンニバルがモデルと言われる。

少年小説のイメージが強いためか、若いころ読み逃すとなかなか手に取る機会がない。しかし、アメリカ文学の研究者で翻訳者の柴田元幸さんによれば、大人こそ発見できる複

雑な味わいがある。

『トム・ソーヤーの冒険』は、マーク・トウェインという大人の語り手がいかにも少年小説らしい声を擬態して外側からトムを語る。メタ少年小説といっていいでしょう。まずはストレートな少年の冒険物語として楽しめますが、対象から微妙に距離をとった皮肉な物言いや辛辣な視点を面白がることができる読者に向いていると思います」

皮肉が効いているのは、マーク・トウェインが当時の旧弊な社会に批判的だったからだ。例えば親を亡くしたトムを引き取って育てるポリー伯母さんは善良だが躾(しつけ)に厳しく、しじゅう聖書を引用して教訓を垂れる。

「19世紀のアメリカは教訓的で宗教的なヴィクトリア朝文化の影響下にありました。物語の中で道徳規範を担っているのはたいてい女性なんですね。女性が社会の正しい側に立っていて、男はそこから外れようとするというパターンが多い。ヒーローが荒くれ者のガンマンでヒロインが東部からやってきた女性教師の西部劇はそのパターンの円満な解決。『トム・ソーヤーの冒険』も教訓癖があって信心深いポリー伯母さんからトムが逃げる話になっていています」

中でもトムが伯母さんに命じられた塀の白漆喰塗りから逃げるくだりは名場面として知られている。遊びに行きたいのを我慢して作業していたトムは、たまたま通りかかった男の子に楽しそうに白漆喰を塗っているところを見せる。興味を持った男の子がやらせてと頼んでも簡単には承諾しない。すると他の子も白漆喰を塗りたがり、トムは働かずに仕事を終え、さまざまな宝物まで得るのだ。

「アメリカ人が人生をエンジョイするのは、20世紀に入って国が豊かになってからの話です。トム・ソーヤーの時代は勤勉に働いて禁欲的に暮らすことが神への奉仕になるという考え方が根深くありました。漆喰塗りのエピソードは、そういう労働の倫理をからかっているところに解放感があります」

トムがやがて村の少年たちの憧れの的である浮浪児ハックルベリー・フィンと親しくなり、家出をして無人島へ行く場面も楽しい。少年たちは裸になって透明な水に入り、たがいに転がりながら追っかけっこをして、盛大に焚き火を焚く。そしてベーコンの脂で焼いた淡水魚の美味しさを知る。

「トムは伯母さんから逃げて無人島で自由を獲得するけれども、一日経つともう帰りたくなる。共同体の規範から完全に逸脱しないで戻ってくるところがリアルですね。終盤、ベッキーという女の子と一緒に洞窟の中で迷子になったときも、トムは彼女を守ろうとする。いくら悪さをしても根はいい子だなとホッとできる部分があります。だから道徳的な人にも攻撃されず、幅広い読者に受け入れられたのでしょう。マーク・トウェインのもうひとつの代表作『ハックルベリー・フィンの冒けん』とは対照的です。ハックのように共同体の外へ出たいけれども逃げきれない。その揺れ動きが不思議な魅力になっています」

しばた・もとゆき／1954年生まれ。アメリカ文学研究者、翻訳家、東京大学名誉教授。『アメリカン・ナルシス』でサントリー学芸賞受賞。著書に『翻訳教室』など。

マーク・トウェイン『ハックルベリー・フィンの冒けん』

賢人 柴田元幸さん

ツボ

トウェインは最初は文学的コメディアン。だから現実の町の生の声を取り入れられた

『ハックルベリー・フィンの冒けん』は『トム・ソーヤーの冒険』の続編。1876年『トム・ソーヤーの冒険』の刊行直後に執筆が開始された。

トムの友人で浮浪児のハックが前回の冒険で盗賊の隠した財宝を手に入れたあとの出来事を語る。ハックは自分を引き取って教育しようとする善意のおばさんたちや、暴力的な父親から逃げて、黒人奴隷のジムと一緒にミシシッピ川を旅するのだ。

現代では差別語と見なされる言葉が多く使われているためたびたび禁書扱いされたが、ヘミングウェイが〈アメリカ近代文学はすべて、マーク・トウェインによる、ハックルベ

研究社

リー・フィンという一冊の本から出ている〉と発言しているほど文学的な評価が高い。

翻訳を手がけたアメリカ文学研究者の柴田元幸さんによれば「アメリカの小説を〝語られるもの〟にしたのが、この本です」という。

「19世紀のアメリカ文学で重要な作品といえば他にホーソーンの『緋文字』やメルヴィルの『白鯨』がありますが、どちらもヨーロッパ文化の影響を引きずった文語的な文章で書かれています。トウェインは口語的なアメリカ英語を積極的に文学に導入したんです」

三人称で書かれていた『トム・ソーヤーの冒険』と違って『ハックルベリー・フィンの冒けん』はろくに学校にも行っていないハックの一人称で語られる。〈「トム・ソーヤーの冒けん」てゆう本をよんでない人はおれのこと知らないわけだけど、それはべつにかまわない〉という書き出しからユーモラスで生き生きとしている。

「原文は非常にシンプルな言葉しか使われていません。単語の綴りは間違いだらけで文法も怪しい。ハックが語っていると同時に自ら書いているという設定だから、意図的に綴りや文法を間違えているんですね」

読んでいるうちに、ハックの声が聞こえてくる気がする。マーク・トウェインはなぜ既存の文学では用いられなかったリアルな話し言葉で書いたのだろう。柴田さんによれば、彼がしていた仕事に関わりがある。

「トウェインはさまざまな職を転々としながら西部の生活を面白おかしく伝えるコラムを新聞に寄稿していました。言わば最初は文学的コメディアンで、最初に評判になった「ジ

ム・スマイリーの跳び蛙」も、ほら話でした。ベストセラーになった『赤毛布外遊記』という旅行記では高尚なヨーロッパ文化とそれを有難がるアメリカの風潮を揶揄していました。だからヨーロッパ文学に倣うのではなく、現実の町にいるアメリカ人の生の声を小説にも取り入れられたのでしょう」

アメリカ文学の独自性を出すときに身近な口語が選ばれたのには、アメリカが平等や民主主義などの理念によって建国された国家であったことが深く関わっていると柴田さんは考える。

「イギリスには階級があるから、例えば貴族と労働者の使う英語には大きな隔たりがあります。一方、アメリカはみな平等で民主主義の国だから、小説も誰もが使う口語で書かれるべきだという期待がありました。しかし、実際には大きな欺瞞があって、１８６０年代まで黒人を奴隷にすることが制度として認められていました。『ハックルベリー・フィン』は、その問題にもハックと逃亡奴隷のジムの関係を通して、きちんと向き合っています。後半のハックが良心とは何かを語るところは、それまでの彼の経験の中から自然に出てきた言葉になっていて、感動的ですね。ヘミングウェイをはじめ影響を受けた後世の作家はたくさんいますが、マーク・トウェインの語りの伸びやかさはいまだに誰も真似できていません」

しばた・もとゆき／１９５４年生まれ。アメリカ文学研究者、翻訳家、東京大学名誉教授。『アメリカン・ナルシス』でサントリー学芸賞受賞。著書に『翻訳教室』など。

海外文学

フィッツジェラルド『グレート・ギャツビー』

中央公論新社

ツボ

賢人 戸田慧さん

ギャツビーの破滅を通して、アメリカン・ドリームの終焉を描いた

第一次世界大戦後の１９２０年代、アメリカは空前の好景気に沸き、大衆文化が花開いた。「ジャズエイジ」とも呼ばれる華やかな時代の寵児になったのが、スコット・フィッツジェラルドだ。１９２５年刊行の『グレート・ギャツビー』は、ニューヨーク近郊の半島にある住宅地が舞台。中西部の貧しい家庭に生まれながら大富豪になったジェイ・ギャツビーの数奇な運命を隣人のニックが語る。

「フィッツジェラルドはヘミングウェイと違って、戦地へ行っていません。大学を中退して、陸軍に入隊はしたけれど、訓練している間に戦争が終わってしまったんですね。その

ことに対するコンプレックスが、自分の過去を嘘で作り上げたギャツビーの造形に反映されていると思います。ギャツビーの破滅を通して、アメリカン・ドリームの終わりを描いた切ない小説です」と英米文学者で広島女学院大学准教授の戸田慧（けい）さんは解説する。

　ギャツビーの夢を象徴する存在が、かつての恋人で金持ちの男と結婚したデイジーだ。ギャツビーはデイジーの家が向かい側に見える場所に豪邸を買い、夜な夜な盛大なパーティーを開く。そしてある日、デイジーと再会を果たす。

「ギャツビーが初めて家を訪れたデイジーに色とりどりのシャツを見せるくだりは名シーンです。貧しかった自分がこれほどの富を手に入れたんだということを、ギャツビーは示したかった。デイジーは〈なんて美しいシャツでしょう〉と言って泣き、ふたりはもう一度恋に落ちる。ただしギャツビーにとってデイジーは、純粋な愛の対象というだけではない。第7章の〈彼女の声にはぎっしり金（かね）が詰まっている〉というセリフでわかるように、勝ちとるべきトロフィーでもある。デイジーを取り戻さないと、ギャツビーのアメリカン・ドリームは成就しません」

　結局、ギャツビーはデイジーを失い、物語は悲劇へ向かう。なぜこの話が個人の夢だけでなくアメリカの夢の終焉を描いているのか。戸田さんはギャツビーが子供時代に書いていた「スケジュール」に着目する。

「このスケジュールは、アメリカ建国の父と言われるベンジャミン・フランクリンが自らの信念をまとめた『十三の徳目』に似ているんですよ。フランクリンの時代は道徳的な向上と金銭的な成功の両立が可能であると考えられていましたが、1920年代には経済格差が大きくなっていて、ギャツビーは非合法な手段を用いてしか成り上がることができない。古き良きアメリカはもう存在しないという話になっているんです」

ニックがギャツビー邸のある海岸で過ごす最後の夜に見る風景は印象的だ。

「ニックが海を眺めながら想像するオランダ人の船乗りは、ニューヨークを開拓した人たちのことです。ギャツビーはアメリカ人が共有する夢を追い求めて失敗したけれども、自分の愚直な気持ちを大事にしているところが、この小説の普遍的な魅力につながっていると思います。〈だからこそ我々は、前へ前へと進み続けるのだ。流れに立ち向かうボートのように、絶え間なく過去へと押し戻されながらも〉という結びの文章もいいですね。原文も非常にリズムがきれいな英語で、音楽のような響きを持っている。繰り返し口ずさみたくなるような文章の美しさも、長く読みつがれている理由でしょう」

とだ・けい／1985年生まれ。広島女学院大学人文学部国際英語学科准教授。日本ヘミングウェイ協会編集委員。著書に『英米文学者と読む「約束のネバーランド」』。

ヘミングウェイ
『武器よさらば』

ツボ

ハードボイルドなのにソフトな内側が魅力的。セクシュアリティの揺らぎが匂う

賢人 戸田慧さん

20世紀アメリカ文学の巨人でノーベル賞も受賞したアーネスト・ヘミングウェイ。1929年に刊行された『武器よさらば』は、ヘミングウェイ自身が第一次世界大戦に救急車の運転手として従軍したときの体験を題材にした長編小説だ。

アメリカ人だがイタリア軍に身を投じたフレドリックと、婚約者を失ったイギリス人看護師キャサリンが恋に落ちる。英米文学者の戸田慧さんは「ヘミングウェイらしい要素を全部そなえた作品です」と語る。

初の本格的な長編小説である『日はまた昇る』では当時親しく付き合っていた先輩作家

新潮文庫

のフィッツジェラルドの助言を受け入れて冒頭部分をかなり削除したが、続く『武器よさらば』ではフィッツジェラルドのアドバイスを無視したらしい。作家として自立した小説でもある。戸田さんが思う「ヘミングウェイらしさ」とは何だろう。

「タフでマッチョな主人公とハードボイルドな文体、あとは宗教に対する葛藤が描かれているところですね。フレドリックは戦場で迫撃砲弾を受けて重傷を負うという恐ろしい出来事を通じて、神を信じられなくなってしまう。それなのに、味方の兵に銃殺される危機を乗り越えて、キャサリンと一緒に逃げているときも、神の目を意識せずにはいられません。信仰が揺らいでも捨てきれないというのは、他の作品にも通底する重要な要素です。恋愛はストーリーを牽引していますが、それだけが主題ではないと思います」

戦地で芽生えた恋の行方という一見ありがちな話を際立った名作にしている、その文体の特徴とは？

「19世紀までは主人公が思っていることをセリフや心理描写で説明する小説が主流でしたが、フレドリックは感情をほとんど表に出しません。ヘミングウェイは自分の創作方法を氷山に喩えています。氷山の大部分が水面下に隠されているように、小説の主題もすべて書く必要はない。書かれた文章に真実味があれば、読者は省略された部分も感得できるという考え方です。その〝氷山理論〟に基づいて、登場人物の内心に関する直接的な表現を抑え、できるかぎり短いセンテンスで書く。言わずに語る小説になっているわけです」

水面下に隠されたものを見つける手がかりになるのは、登場人物の動作や風景の描写だ。

例えば第1章。フレドリックは自分が暮らしている村と兵士たちの様子を語る。

「夏は日光を浴びていたのが、秋になると雨が降りはじめ、冬にはコレラが発生したけれども〈最終的にはたった七千名の兵士が死んだだけだった〉と言う。天候の悪化を描写し、七千人の死者に〈たった〉という副詞を使うことによって、戦争の残酷さやフレドリックの不安が伝わってきます。〈道路をゆく兵士たちは妊娠六ヶ月の身重の体で行軍しているように見えた〉というくだりは、後半に妊娠したキャサリンと逃避行することの伏線として読める。物語全体の構造を冒頭で提示しているんです」

食事中に砲弾に吹き飛ばされる場面も鮮烈だ。〈ぼくはチーズの端をかじり、ワインをがぶっと飲んだ。他の音にまじって、また咳き込むような音がした。と思うと、チャ、チャ、チャ、という音がして、溶鉱炉の戸が突然パッとあけ放たれたような閃光がひらめいた〉。死と食が隣り合わせに描かれている場面は他にもいくつかあって印象的だ。

「ハードボイルドですが、ハードな外側よりもむしろソフトな内側が魅力的な小説です。男らしさの鎧に覆われた、繊細で弱い部分がおもしろい。例えばフレドリックと軍医のリナルディの同性愛的な関係には、男友達に迫られて困るんだけどまんざらでもないみたいな、セクシュアリティの揺らぎが匂わされている。ヘミングウェイは意味のない文章は書かない。細部を読み込むほど見えないものが見えてくる小説でしょう」

とだ・けい／1985年生まれ。広島女学院大学人文学部国際英語学科准教授。日本ヘミングウェイ協会編集委員。著書に『英米文学者と読む「約束のネバーランド」』。

プルースト

『失われた時を求めて』

集英社文庫　抄訳版（全3巻）

賢人 中条省平さん

伝統的な恋愛心理小説の系譜に連なりながら、人間の性をめぐる多様性を描いた

『失われた時を求めて』は20世紀最大最高の小説と言われる。パリの裕福な家に生まれた「私」が、幼少期の出来事や社交界の人間模様を回想しながら、自分の小説を書こうと決意するまでを描く。全7篇を通読するのは容易ではない。

「僕も何度か挫折しました」とフランス文学者の中条省平さんは笑う。

「まず記述が異様に細密なんです。第1篇の『スワン家の方へ』の出版を打診された編集者が〈ある男が眠りにつく前に、ベッドでどんなふうに寝返りを打ったかを描くのに、なぜ30ページも必要なのか理解できない〉と断り状を送ってきたというのもわかります。文

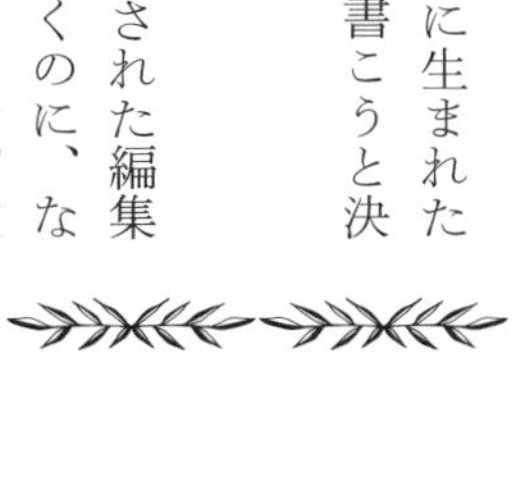

章を受け入れることができたとしても、時間の推移がまったくわからないという問題がある。冒頭の寝返りを打っている場面も、主人公が何歳でどこにいるのか、全篇読んでもはっきりしない。意図的にそういう書き方をしています」

物語の全体像をつかむために、中条さんは各篇における主人公の年齢を推定して読むことをすすめる。

「完璧に整合性がとれているわけではありませんが、作中に出てくる史実をもとにウィリー・アシェという研究者が年代記をつくっているので参照してみましょう。その年代記によれば、主人公は１８８０年生まれです。第1篇『スワン家の方へ』で母親におやすみのキスがもらえないことを悔やんでいたときは10歳。アルベルチーヌをはじめとした美しい少女たちと知り合う第2篇『花咲く乙女たちのかげに』は16歳から17歳の話。社交界の話が中心になる第3篇『ゲルマントの方』も17歳で、第4篇『ソドムとゴモラ』のときは18歳から20歳くらい。第5篇『囚われの女』と第6篇『逃げ去る女』が21歳から22歳くらいです。最後の『見出された時』は、プルーストの死の直前に書かれて校正ができなかったので特定は困難ですが、大雑把に言ってしまうと23歳から45歳。文章は老成した印象を受けますが、ほとんどは子供と青年の話です」

プルーストは何のために緻密な文体で主人公の内面世界を描いたのか。

「『失われた時を求めて』の最大のテーマは、人間の現実の向こうにある真実とは何かということです。宗教ではなく、無意志的想起によって、その真実にアプローチする。ある冬の日、主人公が母親にお茶とマドレーヌをすすめられる場面が良い例です。マドレーヌを紅茶に浸して味わった瞬間、なんとも言えない快感をおぼえる。その快感はどこから来たのか謎を探るうちに、田舎町コンブレーの叔母の家で食べたマドレーヌの味にたどりつく。そして水中花が開くように一挙に、コンブレーの風景や人々の記憶が甦る。主人公は無意志的に思い出したことで時空を超えた永遠の喜びに触れるわけです。バルザックなど19世紀の作家は目の前にある現実のエッセンスを抽出することによって人間を描こうとしたけれども、プルーストは現実というサインの裏側にある人間の本質をとらえようとした。それまでと全然違う次元の小説を生みだしたという意味で、いまだにその価値は色あせていません。細部に魅力があるので、適当に開いたページから読み始めてもいいと思います」

フランスの詩人ポール・ヴァレリーや『風立ちぬ』の作家・堀辰雄も、『失われた時を求めて』の妙味は断片にあり、どのページから読んでも差し支えないというようなことを書いているそうだ。

『失われた時を求めて』はまた、ホモセクシュアルを堂々と描いた作品としても知られている。プルーストは同性愛者だった。主人公が愛する女性アルベルチーヌはプルーストが熱愛した秘書の男性アゴスチネリをモデルにしているという。だが、自らの性指向を赤裸々に告白した小説ではない。

中条さんは「登場人物の性指向は固定的ではなく、グラデーションになっています。ホモセクシュアルというよりは、今で言うＬＧＢＴＱに近いですね。『失われた時を求め

て』は人間の性をめぐる多様性を描いた小説とも言えるでしょう。フランス文学の伝統的な恋愛心理小説の系譜に連なりながら、人間はセックスについていかに不可解なものを抱えているかを教えてくれる小説でもあります」と評する。

例えば第1篇に描かれている、主人公の隣人スワンと娼婦オデットの恋。

「スワンとオデットの物語はそこだけ切り出して単行本化されたほど王道の恋愛心理小説として楽しめますが、恋は妄想にすぎないというシニカルな考え方を徹底的に推し進めた話でもある。そして主人公自身の恋愛はもっと歪んでいます」

主人公が特殊な性癖にめざめるきっかけになるのは、少年時代に音楽家ヴァントゥイユの娘とその女友達の情事を目撃したことだ。

「娘はテーブルの上に置かれた亡き父親の写真に淫らな行為を見られていることを恥ずかしがります。相手の女はヴァントゥイユを〈くそ猿〉〈よぼよぼ爺〉と呼んで、その写真に唾を吐きかけたいと囁く。ヴァントゥイユ嬢は嫌がるそぶりをみせますが、実は自ら企んでテーブルに父の写真を立てておいたんですね。主人公はのちに、この場面をもとにサディズム／マゾヒズムについての観念を作り上げたと語っています」

第4篇ではスワンの友人であるシャルリュス男爵と仕立屋ジュピヤンの同性愛の駆け引きも覗き見る。

「主人公は覗き魔なんです。ジュピヤンはシャルリュスに向かって〈マルハナバチに対し蘭の花がやるかもしれないような〉感じで尻を突き出したという。誘惑する男が虫を媒介にして受粉する花に見立てられる。ちょっと意地悪なユーモアがあって見事な比喩です」

サディズムに魅入られ覗き魔でもある主人公の恋愛対象は女性だ。最も重要なのがバルベックの海岸で出会った〈花咲く乙女〉、アルベルチーヌとの関係だろう。主人公はアルベルチーヌの美しさと奔放な言動に惹かれ、同棲までするが、彼女はレスビアンではないかという疑いに苛まれる。

「寝ているアルベルチーヌを観察しながら彼女が眠っているときが一番幸せだと考えるくだりは、恋愛のエゴイズムを凝縮した名場面でしょう。しかも自分のもとを去ったアルベルチーヌが事故死すると、主人公は〈今ほど彼女が心のなかで生きていることは一度もなかった〉と思います」

ここにプルーストのシビアな恋愛観が反映されている。それから時は流れ、公爵邸のパーティーで主人公は懐かしい人々と再会する。

「みんな知っている人のはずなのに、知らない人に変わっている。人間は誰でも時によって無残に破壊されるが、芸術は時を越えて現実とは異なる真実にたどり着けるのではないか……そういう永遠の救いのような小説を主人公が書こうとするところで終わります。それはおそらく実現することはない。ただ、理想に近づこうと苦闘した記録が『失われた時を求めて』という小説になって差し出されているのです」

ちゅうじょう・しょうへい／1954年生まれ。フランス文学者、学習院大学文学部フランス語圏文化学科教授。著書に『フランス映画史の誘惑』『反＝近代文学史』など。

Ⅲ
神話的世界へ

ホメロス『イリアス』

ツボ

人間にとっては国家の存亡を賭けた戦いも、神々にとっては家族内の揉め事

賢人 藤村シシンさん

ヨーロッパ最古の文学と言われる『イリアス』。紀元前8世紀に成立した英雄叙事詩であり、現存する最古の一人の詩人による〝プロットがある物語〟だ。作者はホメロスと伝えられているが、実在した人物かどうかはわかっていない。

古代ギリシャ研究家の藤村シシンさんによれば「ヨーロッパの学校の古典の授業では今でも最初に『イリアス』を取り上げます。西洋文明の夜明けと密接に関わっているからです。例えばアルファベット（ギリシャ文字）は元来口伝だった『イリアス』の音韻を記録するために発明されたといっても過言ではありません」というくらい、重要な古典だ。

岩波文庫（上下巻）

紀元前1200年頃、ギリシャとトロイア（現在の小アジア）の間でトロイア戦争が起こった。一人の女性を巡って二つの国が10年も争い、結果としてギリシャが勝つ。『イリアス』はトロイア戦争の最後の1か月を描き、全体の3分の1以上を戦いの描写が占める。ただし、ギリシャを勝利へ導いた「トロイの木馬」の話は出てこない。

「初めて読んだとき、勝者が作った物語なのにハッピーエンドではないところがすごいと思いました。勝っても負けても得るものはないという戦争の虚しさが描かれています。西洋では第二次世界大戦を批判的に論じる際に引き合いに出され、日本人にとっても遠い話ではない。つい昨日書かれたように新しい作品です」

どんなストーリーなのか。

「『イリアス』の書き出しは〈怒りを歌え、女神よ〉。ギリシャ側で最強の英雄アキレウスの怒りの物語です。詩の女神に呼びかけて、女神そのものが人間の口を借りて今から物語を語り始めるという、文字のない時代の口承文学ならではの力強い出だしです。アキレウスが怒っているのは、ギリシャ軍の総大将であるアガメムノンが戦利品を分捕ろうとしたから。責任者は自分だから分け前を多くもらって当然という上司と手柄を横取りされたと思っている若手の対立です。今の時代もよくある話じゃないでしょうか」

人間たちの争いに神々が介入してくるからさらにややこしい事態になる。

「ギリシャの神はみんな血がつながっています。人間にとっては国家の存亡を賭けた戦いも、神々にとっては家族内の揉め事というところが面白いですね」

結局、激怒したアキレウスは戦線を離脱し、ギリシャ軍は劣勢に。やがてアキレウスの代わりに出陣した友人パトロクロスが死ぬ。

「パトロクロスの死を知ったアキレウスが〈ああ、争いなど神界からも人の世からもなくなればよいに、それにまた怒りも。怒りというものは、分別ある人をも煽って猛り狂わせ、また咽喉にとろけ込む蜜よりも遥かに甘く、人の胸内に煙の如く湧き立ってくる〉と言うくだりは『イリアス』の中で屈指の名場面です」

アキレウスの怒りは敵の指揮官ヘクトルへ向かう。

「ヘクトルはすごく魅力的です。妻と子供を大切に思いつつ、国のためには戦わなきゃいけない、みたいな葛藤がある。敵味方関係なく公平な描き方をしているところも『イリアス』が永遠の名作になっているひとつの理由でしょう」

だが、ヘクトルを殺してもアキレウスの心は晴れない。

「アキレウスの怒りがようやく解けるのは、ヘクトルの父・トロイア王プリアモスの悲嘆を目の当たりにしたときです。物語はヘクトルの葬儀で締めくくられます。ですから『イリアス』自体では戦争は決着していません。あくまで最初に女神が歌ったように、一貫して英雄アキレウスの怒りの物語なのです」

ふじむら・ししん／1984年生まれ。作家、古代ギリシャ・ギリシャ神話研究家。東京女子大学大学院博士前期課程修了。著書に『古代ギリシャのリアル』。

ホメロス

『オデュッセイア』

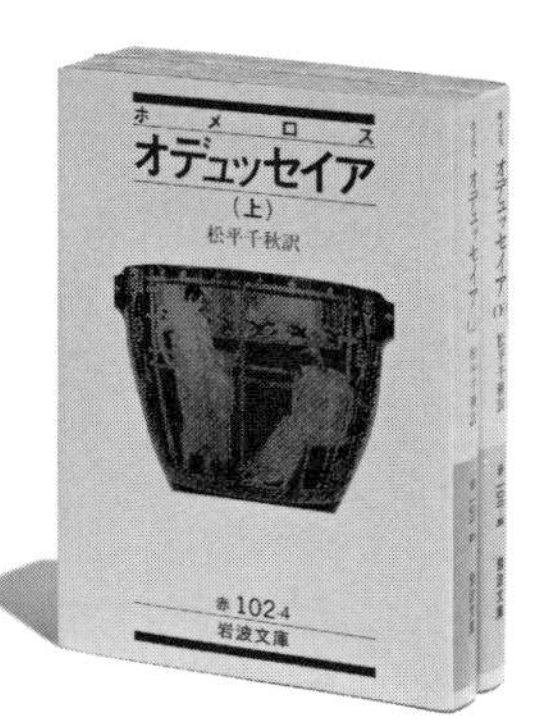

岩波文庫（上下巻）

時代や国を問わずあてはまる戦後を生きる人の苦悩が描かれている

賢人 藤村シシンさん

『イリアス』と並び称される古代ギリシャの叙事詩『オデュッセイア』。ホメロスの作と伝えられるが、現在の研究では別の詩人の作品であるという説も。

兵士を隠した巨大な木馬を用いてトロイアに侵入し、ギリシャを勝利へ導いた英雄オデュッセウスが、紆余曲折を経て故郷に帰り、妻のもとへ群がる求婚者を倒すまでを描く。

「『オデュッセイア』はトロイア戦争終結後の物語です。神の怒りを買ったために10年間も放浪していたオデュッセウスが、家にたどり着くまでの経緯を語っています。『ロード・オブ・ザ・リング』など、何らかの理由で長い旅に出た主人公が帰還するまでの物語

は数多くありますが、『オデュッセイア』はその原型の一つです」

と、古代ギリシャ・ギリシャ神話研究家の藤村シシンさんは解説する。ジェイムズ・ジョイスの『ユリシーズ』やヤン・マーテルの『パイの物語』など、直接的な影響を受けている作品も多数存在する。人間が心惹かれる普遍的な物語の型がそこにはある。

オデュッセウスは『イリアス』のアキレウスとは対照的な英雄だ。

「古代では、これから戦争が始まるというときは、激情家で腕っぷしが強く恐れを知らないアキレウスの人気が高くなります。損害が最小限になるように頭を使って苦境を乗り越えていくオデュッセウスは、平和な時代の理想の英雄なんです」

絶海の孤島に引き留められていたオデュッセウスは筏に乗って故郷を目指す。ところが、まだ怒りを解いていない神に筏を破壊されてしまい、漂着した島の王に身の上話をする。

「一つ目の巨人と戦った話や、魔女に惑わされた話など、いかに大変な苦難を乗り越えてきたか訴えて、どうか家に帰れるように力を貸してほしいと頼むわけです。ただし、頭脳明晰で嘘つきのオデュッセウスは信用できない語り手なんですよ。巨人も魔女も存在せず、10年間愛人といちゃいちゃしていただけかもしれない。あるいはすべてが狂気にとらわれたオデュッセウスの妄想かもしれない。さまざまな解釈が可能な構造になっています」

オデュッセウスの冒険譚に感動した人々は、彼が乗り込む船にたくさんの贈り物を積んでくれた。こうしてようやく故郷イタケに到着するが、そこで出会った知の女神アテネは、眠っているうちに船を降ろされて悲嘆に暮れているというオデュッセウスの話を信じない。

「アテネはオデュッセウスに〈そなたは心からそのような作り話が好きなのですね。しかし今はもうそのような騙し合いはやめようではないか〉と言います。ここからファンタジックな要素がなくなって、物語がリアルに近づいていくところが面白いですね」

『イリアス』と同様、戦争文学として優れているところも『オデュッセイア』の価値を高めていると藤村さんは言う。

「木馬の中に潜んでいたギリシャ兵は、トロイアに入ると略奪と殺戮の限りを尽くしました。『木馬の計』は大量破壊兵器です。確かに戦争を終わらせたけれども、人道的には批判されるという意味で、第二次世界大戦における原爆のイメージと重なります」

本書は、旅の途中で仲間をすべて失った男が戦後の人生を模索する話でもある。

「だからオデュッセウスは悲しみに打ちひしがれています。自分だけ生き残ったけれど、神は怒らせてしまったし、これからどうしたらいいのかという感じ。時代や国を問わずあてはまる戦後を生きる人の苦悩が描かれているんです」


ふじむら・ししん／1984年生まれ。作家、古代ギリシャ・ギリシャ神話研究家。東京女子大学大学院博士前期課程修了。著書に『古代ギリシャのリアル』。

ソポクレス『オイディプス王』

岩波文庫

賢人 藤村シシンさん

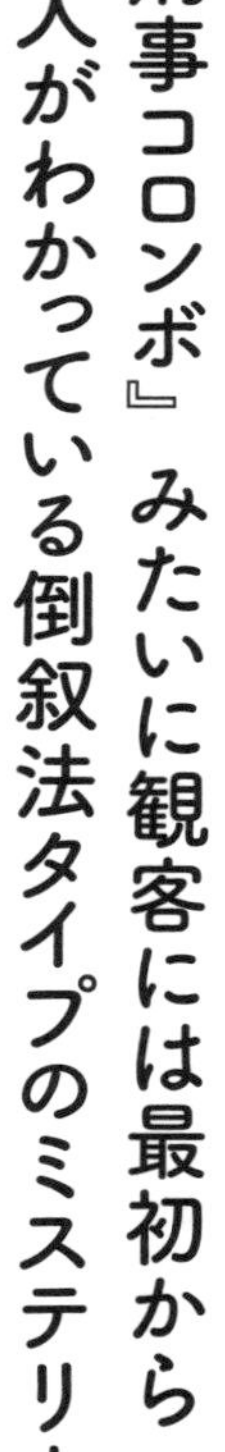

『刑事コロンボ』みたいに観客には最初から犯人がわかっている倒叙法タイプのミステリー

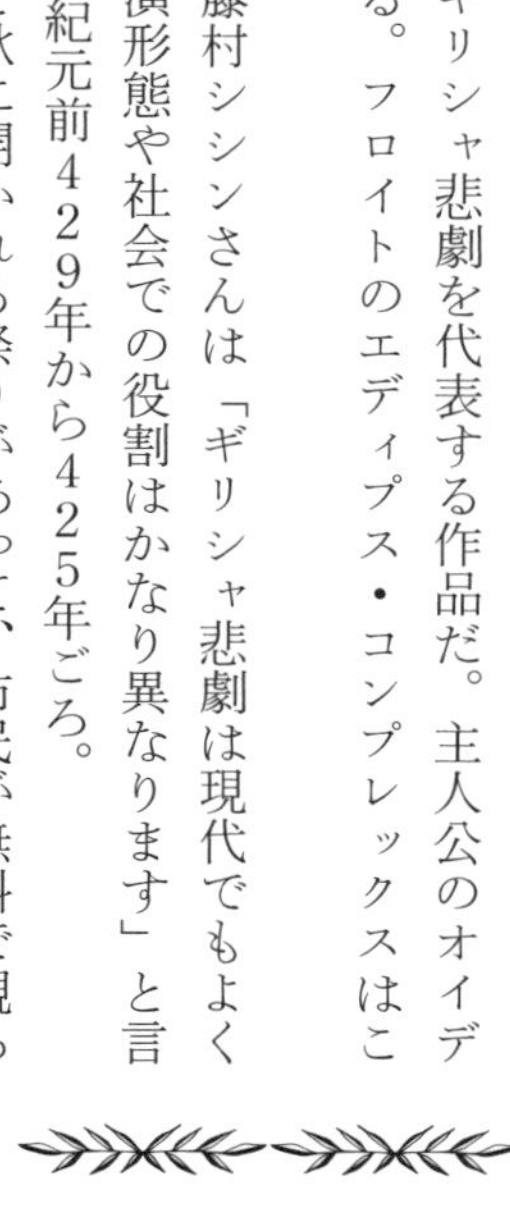

ソポクレスの『オイディプス王』は、ギリシャ悲劇を代表する作品だ。主人公のオイディプスは父を殺して王となり、母と交わる。フロイトのエディプス・コンプレックスはこの物語から名づけられた。

古代ギリシャ・ギリシャ神話研究家の藤村シシンさんは「ギリシャ悲劇は現代でもよく上演されますが、当時と今では演劇の上演形態や社会での役割はかなり異なります」と言う。『オイディプス王』が作られたのは、紀元前４２９年から４２５年ごろ。

「ギリシャの都市国家アテネには毎年春と秋に開かれる祭りがあって、市民が無料で観られる劇が上演されていました。現在まで残っているのは、アテネで上演された劇のほんの一部にすぎません。舞台上の演者は最大で三人まで、全員男性で仮面をかぶっていました。そして舞台の一段下に市民から選ばれた〈コロス〉と呼ばれる合唱隊がいました。市民感情を代表して歌い、観客と舞台をつなぐ役割をつとめていました。今で言うと、テレビ番組のワイプの中に出てくるひな壇芸人みたいな感じですね」

『オイディプス王』のどんなところが同時代の観客の心を摑んだのだろうか。

「『オイディプス王』が人気を博したのは、筋がシンプルでわかりやすく、運命劇としての完成度が高いからだと思います。不幸な出来事を直接的には描いていないのに、善良な人々がよかれと思ってした行動がバッドエンドにつながっていく。この作品に限らず、ギリシャ悲劇は人間の力では抗いがたい運命を繰り返し描きました。運命に立ち向かって打ち勝とうというのは現代的な考え方で、当時のギリシャ人は未来は神意によって、あらかじめ決められているという感覚を持っていましたからね」

また『オイディプス王』のミステリーとしての面白さも、観客を惹きつけたという。

「『刑事コロンボ』みたいに観客には最初から犯人がわかっている倒叙法タイプのミステリーですね。王となったオイディプスは疫病に苦しむ国を救うため、先代の王を殺した犯人を探します。でも、オイディプスの伝説は古代ギリシャ人なら誰でも知っているので、観客は彼自身が犯人だとわかっている。何も知らないオイディプスが犯人を呪い、先王の仇を討つと宣言する姿を観て、いつどのようにして真実にたどりつくのか興味をそそられ

たことでしょう。そのような観客と主人公のアイロニカルな距離感は古代ギリシャ人が特に好んだものです」

おびただしい数のギリシャ悲劇が失われた中で、この作品が2000年以上残っているのはなぜだろうか。

「アリストテレスがこの作品の魅力をうまく解き明かしてくれています。最も優れた形で〈認知〉と〈逆転〉が同時に起こると。〈認知〉とはオイディプスが自分が真犯人だと知ること、〈逆転〉とはそのことで彼が民思いの聡明な王から大罪人に転落することです。すべてが明らかになってオイディプスが自分の両目を突き刺す結末は悲惨なのに現代の私たちが見ても不思議な解放感を覚えます。それがアリストテレスが悲劇がもたらすべきものとした〈カタルシス〉（感情の浄化）なんでしょう。何も知らないまま、うわべの幸福に浸っているよりは、不幸になっても真実を発見できたほうがよりよく生きられる、という感覚には時代を超えた普遍性があります」

ミステリーに限らず、ドラマチックな仕掛けの優れた作品においては、しばしば〈認知〉と〈逆転〉が同時に起こる。アリストテレスは『詩学』（64頁参照）の中で、〈喜劇は現実にいる人々よりも劣った人物たちを、悲劇は優れた人物たちを模倣の対象にしようとする〉とも記す。これもまた、私たちが感情移入しやすい物語の基本的な構造なのだろう。

ふじむら・ししん／1984年生まれ。作家、古代ギリシャ・ギリシャ神話研究家。東京女子大学大学院博士前期課程修了。著書に『古代ギリシャのリアル』。

『旧約聖書』「創世記」

新共同訳　日本聖書協会

賢人 奥泉光さん

ツボ

捕囚経験の思想化から、王や国家に批判的な知性の伝統が保たれた

『旧約聖書』はユダヤ教とキリスト教の正典であり、イスラム教の教典にもなっている。人々に与えた影響は計り知れない名著だ。その巻頭を飾る書が「創世記」。かつてモーゼ作と伝えられていたが、現在は特定の著者はいないという説が有力。原典はヘブライ語で書かれている。

作家の奥泉光さんは『旧約聖書』の中で最も面白く、さまざまな作品で繰り返し変奏されている物語の宝庫です。『創世記』を知らずしてヨーロッパ文学を読むことはまず不可能でしょう」と言う。

「創世記」が描くのは、天地創造から始まるユダヤ民族の歴史だ。最初に造られた男女が楽園を追われる「堕罪」、兄が弟を妬んで殺す「カインとアベル」、神が敬虔な男に我が子を生贄にする試練を与える「イサクの献供」などのエピソードを収める。

「まず大きな特徴は、徹底した神の超越性です。だいたいの神話ではあらかじめある混沌の世界に神が現れて天と地を分ける。ところが『創世記』の場合は〈初めに、神は天地を創造された〉。つまりもともと何もないところで、いわば無から神が言葉をもって世界を創っていくんですね」

どうして他の神話と全く異なる描き方になったのだろうか。奥泉さんによれば、『旧約聖書』成立当時のイスラエルが置かれていた状況と深い関わりがある。

「ユダヤ人は紀元前11世紀の末頃に現在のパレスチナに王国を建てましたが、エジプトとメソポタミア文明を祖とする強大な二つの帝国にはさまれ、常に脅かされていました。弱小国が大国に飲み込まれないよう抵抗することで生まれたテキストが『旧約聖書』です。既存の神々を否定して、ヤハウェを唯一の絶対的な神と見なし、アイデンティティーの根拠にした」

有名なエデンの園のエピソードには『旧約聖書』の人間観がよくあらわれているという。神はアダムとエバという人間を造り、エデンの園に住まわせた。しかし、ある日、蛇に誘惑されたエバが神に禁じられた樹の実を食べてしまう。

「蛇の言葉に想像力を刺激されてエバは禁断の実を食べます。そしてアダムにも同じ実を食べさせる。『創世記』に登場する人間は、想像力を得て自由になったからこそ罪を犯すんですね。また、神にとがめられると、アダムはエバの、エバは蛇のせいだと言い訳する。人間は自由を与えると神から離反する駄目な存在ということが繰り返し描かれます。そもそも人間に実を食べさせたくないなら、樹に近づけないようにすればいい。神がそうしないのは、悪事をなす自由のある人間が善行をなすことに意味がある、というのが『旧約聖書』の考え方だからです」

「創世記」は民族の歴史のとらえ方もユニークだ。

「民族の歴史をまとめた書物の大半は、自民族中心主義的ですが、『創世記』はそうではありません。為政者の支配の正当性を根拠づけるのにも奉仕しない。そもそも『創世記』でユダヤ人の祖先とされるアブラハムは寄留民と呼ばれる半遊牧民で、差別されたマイノリティです。なぜ、そうなったのかといえば、紀元前6世紀の〝バビロン捕囚〟の影響が大きいと思います。それは新バビロニアがユダ王国を滅ぼし、ユダヤ人をバビロンに強制的に移住させた出来事です。その後ユダヤ人は国を失い、離散の民となりますが、ユダヤ知識人は戦勝国の文化に飲み込まれず、捕囚経験を思想化することで民族を維持しました。そのため王や国家に批判的な知性の伝統が保たれた。歴史叙述だけでなく、文学としても『旧約』が魅力的なテキストとなったのは、そのためだと考えられます」

おくいずみ・ひかる／1956年生まれ。作家、近畿大学教授。『石の来歴』で芥川賞、『東京自叙伝』で谷崎潤一郎賞を受賞。著書に『「吾輩は猫である」殺人事件』など。

『旧約聖書』「ヨブ記」

新共同訳　日本聖書協会

ツボ

賢人 奥泉光さん

善なる神が世界を創ったならば、なぜ悪は存在するのか？　と問うている

『旧約聖書』は歴史、法律集、詩篇など多様なテキストで構成されている。中でもヘレニズム時代にパレスチナで成立したと言われる「ヨブ記」は、文学的評価も高い。

作家の奥泉光さんは「冒頭と結末はよくある話です。ヨブという信仰心の厚い義人がいて、神に次々と試練を与えられるけれどもよく耐えて乗り越えたので、財産を二倍にしてもらえました、めでたしめでたし、という。ただ間に神への長い問いかけが挟まれている。これが非常に優れた詩文になっています」と語る。

ある日、神が敵対者（サタン）の前でヨブの人柄を褒め称える。敵対者はヨブといえど

も自分の持ち物を奪われたら神を呪わずにはいられないだろうと神を挑発する。そこから、さまざまな試練が始まるのだ。

ヨブは家畜と子供を失い、体中を腫れ物だらけにされて、妻に〈神を呪って、死ぬ方がましでしょう〉と言われても苦難を受け入れる。ところが、一週間後に突然〈わたしの生まれた日は消えうせよ〉と呪詛を吐き出す。

「何があっても黙っていたのに、急にしゃべりだしたと思ったら、大変な迫力で自らの誕生日を呪い、神の創造のわざを全否定する。その落差が面白いですね。『ヨブ記』は神学の重要なテーマでもある神義論のテキストにもなっています。神義論とは神の義を問うということ。言い換えれば、善なる神が世界を創ったならば、なぜ悪は存在するのか？　と問うことです。一番わかりやすい答えは、神と対抗できるくらい強い悪魔がいるからという善悪二元論に立ったものです。でも『ヨブ記』の悪魔は神の使い走りで力は持っていません。それなのに罪を犯したおぼえがない自分が、罰としか思えない酷い目に遭う理由を知りたくて、ヨブは神に語りかけるのです」

神への問いかけをめぐってヨブは友人たちと論争するが、話は嚙み合わない。それは友人たちが因果応報の思想に立っているからだと奥泉さんは指摘する。

「友人たちはヨブに自覚はなくても罪はあったはずだと諭すんですよ。何も落ち度のない人間に苦難が与えられるとしたら、自分の安全も脅かされるから。しかも彼らは神のことは人間に理解できるはずがないし、神に問いかけること自体がよくないとすら思っている。

ヨブも因果応報は認めています。しかし何か原因があるなら神に直接聞いていいはずだと考える。そこでレトリックを駆使して、神に応答を求めていくわけです」

第38章の〈主は嵐の中からヨブに答えて仰せになった〉という一文で神がついに登場する。「ヨブの最後の答え」は〈塵と灰の上に伏し自分を退け、悔い改めます〉。ヨブは本当に答えを得られたのだろうか？

「神は要するに、この世界を創ったのはわたしだぞということだけをひたすら言うんです。全く質問に答えていないようにも読める。が、ヨブは神の言葉を聞いて納得しますし、神はヨブが正しいことを述べたと認めます。『ヨブ記』にかぎらず、『旧約』の神は超越的なのに対話可能な存在です。そこが他の宗教と比較して特異なところです」

「ヨブ記」だけでなく、『旧約聖書』では、たびたび単純な因果応報を超えた神の怒りが描かれる。その怒りが社会倫理と結び付けられていることに『旧約』の神の特徴があると奥泉さんは指摘する。

「多くの神は儀式に失敗すると怒りますが、『旧約』の神は、貧しい者を踏みつけにするとか、社会倫理が実現されていないことに怒りを発し、人間を罰する。呪術性から離れてモラルの問題を重視していることは、後世の哲学や思想の大きな源になっていると思います」

おくいずみ・ひかる／1956年生まれ。作家、近畿大学教授。『石の来歴』で芥川賞、『東京自叙伝』で谷崎潤一郎賞を受賞。著書に『「吾輩は猫である」殺人事件』など。

『旧約聖書』「出エジプト記」

賢人 山本芳久さん

ツボ

人間が神を求めるのではなく神のほうが人間を求めてやってくる

新共同訳　日本聖書協会

キリスト教は旧約聖書と新約聖書をともに聖典とする。旧約聖書の「創世記」と「ヨブ記」について学んだので、次は新約聖書に挑もうと哲学者で東京大学大学院教授の山本芳久さんの研究室のドアをノックした。

しかし、山本さんがまず開いた聖書のページは、旧約聖書の「出エジプト記」。旧約聖書「モーセ五書」のうち第2の書で、チャールトン・ヘストン主演の映画『十戒』の原作としても知られ、有名な海が割れる場面が収められている。

「旧約がわからないと新約は理解できません。また新約の読解によって旧約に書かれてい

ることの意味がわかります」と山本さんは説く。

旧約聖書と新約聖書の相関性を体感するために推す名著が「出エジプト記」だということらしい。この書で神の命を受けたモーセは、古代エジプトで迫害されていたヘブライ人を率いて国を脱出し、〈約束の地〉への苛酷な旅に出る。モーセたちが追っ手をふりきってシナイ山で神と契約するまでを描く。

「人間が神を求めるのではなく、神のほうが人間を求めてやってくるという聖書の基本的な発想が、この物語からは読み取ることができます。例えば第3章、羊の群れを追って山に来たモーセの前に神が現れます。神はエジプトのファラオのもとへ行って虐げられた奴隷であるヘブライ人を連れ出すようモーセに語りかけます。宗教というと満たされない思いや不安を抱える人間が神を求めると解釈されることが多いと思いますが、この物語ではそうなってはいません。思いがけず神からはたらきかけられたモーセは、何者でもない自分がなぜそんな無理難題を押し付けられるのかと抵抗します。ひとりの人間を選んで使命を与えようとする神と、預言者になることをすぐに受け入れることのできない人間のやりとりは、『出エジプト記』だけではなく聖書に繰り返し出てきます」

神に呼び出される「コーリング」（召命）は、キリスト教思想において重要な位置を占める。その後、モーセは、自らに現れた神の名前を尋ねる。山本さんは、この神の名前を尋ねる場面は、聖書全体の解読において欠かせない鍵になると言う。

「名前を問われた神は、〈わたしはある。わたしはあるという者だ〉と答えます。〈わたしはある〉が名前だと言うのです。どういう意味でしょうか。いろんな解釈があって、多くの学者は、〈わたしはあなたと共にある、どんな苦難の中においてもあなたと共にある〉という説をとっています。ただこれだけで十分とは言えません。ヘブライ語の原文を直訳すると〈わたしはあるだろうものでわたしはあるだろう〉という感じになります。現在形ではなく未完了形なのです」

難解だが、聖書の神のあり方がよく表現されている箇所だそうだ。

「〈わたしはあるだろうものであるだろう〉は、あなたがた人間が神とはこういうものだと定義しようとしても常に神は新たな面を開示してくるから、つかみきれるものではない、という意味とも読めます。聖書の神は人間の考える枠組みを超越した徹底的に自由な存在なのです。名前を告げられることによって、神にまつわる謎がより深まっていく。聖書の神は問いを与える神でもあります。〝ゼウスです〟〝アマテラスです〟などとわかりやすい名前を答えて話を終わらせるのではなく、一体何だろうと探求せずにはいられない問題を含んだ言葉を与える。聖書が古代から現代にいたるまで無数の神学者の新しい解釈を呼び起こしているのはそのためです」

つまり聖書の神は「問いを与える神」。その問いであり呼びかけに対して人間がどう応答するかが問われている。そんな世界観を踏まえると西洋史の見方が一段と深まりそうだ。

やまもと・よしひさ／1973年生まれ。哲学者、東京大学大学院総合文化研究科教授。『トマス・アクィナス　理性と神秘』でサントリー学芸賞を受賞。

『新約聖書』「ヨハネによる福音書」

賢人 山本芳久さん

新共同訳　日本聖書協会

キリスト教の聖典である新約聖書の冒頭にはマタイ、マルコ、ルカ、ヨハネという四人の名前の冠された「福音書」が置かれている。それぞれにイエスの誕生から公の活動、磔刑、復活までが記されているのだ。重複する内容の福音書がなぜ複数存在するのか。

「伝記ではなく、証言の文書だからこそ、微妙な相違を含んだまま、複数の福音書が聖典の中に収録されているのです。それぞれ微妙に異なっているからこそ、真実味があるとも言えます」と哲学者の山本芳久さんは解説する。

山本さんは福音書の中で最も重要なものとして、「ヨハネによる福音書」を挙げる。他

の三つの福音書にはない独自の記述も多いが、なぜ推すのだろうか。

「〈初めに言（ことば）があった〉という書き出しが有名な序文には、キリスト教のすべてが含まれていると言っても過言ではないからです」

新約聖書の原典は古代ギリシャ語で書かれており、〈言〉は「ロゴス」。日本語の「言葉」には収まらない広がりと深みを持っている多義的な単語だそうだ。

「〈ロゴス〉は古代ギリシャ哲学の中心的な言葉で、この世界を世界たらしめている〈理法〉であり、それを理解する人間の〈理性〉でもあり、理解した内容を表す〈言葉〉でもあります。〈初めに言があった〉は、この世界は偶然に作られたものではなく、原点には〈ロゴス〉があるということを述べているのです」

序文には〈言は神であった〉そして〈言は肉となって、わたしたちの間に宿られた〉とある。ここにこの福音書の独自性があると山本さんは語る。

「〈肉〉は肉体ではなく人間全体を表しています。つまり、神である言葉が人間となってわたしたち人間の間に宿られた、それがイエス・キリストだ、ということになります。イエスとは神が人間になった存在なのだとはっきり述べているところに、『ヨハネによる福音書』の大きな特徴があります」

イエス・キリストは人間であり神でもある。そのことは第18章にも記されていると山本さんは言う。イエスが捕縛される場面だ。弟子でありながらイエスを裏切ったユダが兵士の一隊を連れてやってくる。

「彼らがナザレのイエスを捜しにきたと言うと、イエスは〈わたしである〉と答えます。それを聞いた人々は、後ずさりして地に倒れてしまいます。なぜ人々はそれほどの衝撃を受けてしまったのか。それは旧約の『出エジプト記』第3章を読むと、わかります。そこで神は名を問われて、〈わたしはあるという者だ〉と答えています。イエスの返答も神の名前もどちらも英語に翻訳すれば〈I am〉です。つまり、イエスは自分が神的存在であることを開示したことになります。〈I am〉というイエスの答えのうちには、〈あなた方が探しているのはこの私だ〉という答えが含まれているのみではなく、自らが神的存在であることの宣言が含まれているのです。第20章には、弟子のトマスが復活したイエスに〈わたしの主、わたしの神よ〉と呼びかける場面もあります。

だからトマス・アクィナスなど後世のあらゆる神学者が『ヨハネによる福音書』の読解に挑んでいます。イエスのしたことは山ほどあって聖書のみでは語り尽くせないというところで終わっているのも奥深いですね」

哲学でも文学でも、欧米の名著を読むときに、聖書についての知識があるのとないのでは、理解度がかなり違う。本書で紹介した「創世記」「ヨブ記」「出エジプト記」「ヨハネによる福音書」はいずれもさほど長い文章ではなく、新共同訳以外にもいろいろな翻訳も出ているので聖書入門として最適だ。

やまもと・よしひさ／1973年生まれ。哲学者、東京大学大学院総合文化研究科教授。『トマス・アクィナス　理性と神秘』でサントリー学芸賞を受賞。

ゲーテ
『ファウスト』

ツボ

賢人 池内紀さん

紙幣というフィクションのお金が社会を動かすことを予見していた

ゲーテの『ファウスト』は学問と知識を究めながら望むものは手に入らず絶望していたファウスト博士が、メフィストフェレスという悪魔に魂を売る代わりに未知の体験を手に入れる詩劇だ。実在した錬金術師に由来する「ファウスト伝説」を題材にしている。

翻訳を手がけたドイツ文学者の池内紀さんは「『ファウスト』は2部構成の劇で、第1部は愛のドラマ、第2部は経済のドラマになっています。色と金という人間の二大情熱を描いているんです」と説く。

ゲーテは『ファウスト』を20代のころから構想し、第1部は1808年、59歳のときに

集英社文庫（全2巻）

刊行した。第2部を刊行したときには82歳になっていたという。原文は韻文だが、池内紀訳は散文で訳されているので、現代の小説のように読める。

読んだことがない人でも何となく聞いたことがあるのは、悪魔の力で若返ったファウストがマルガレーテという町娘と恋に落ちる第1部だろう。

「第1部のマルガレーテが糸車を回しながら歌う場面などは最も純粋な形の恋愛詩になっていて味わい深いのですが、僕は第2部こそゲーテにしか書けない内容だと思います。手塚治虫は『ネオ・ファウスト』で第2部の精神を巧みに換骨奪胎しました」

と池内さんは言う。第2部でファウストとメフィストは世界を遍歴する。彼らがまず訪れるのは神聖ローマ帝国皇帝の城だ。

「帝国の財政は破綻寸前で、皇帝と重臣たちが悩んでいます。そこにやってきたメフィストが紙幣を発明する。地中に埋まっている宝と交換可能な紙片を刷らせるんです。まだ宝は掘り出されていないのに、民衆は皇帝が保証した価値を信じてその紙片をお金として流通させていきます。ゲーテの時代のドイツに紙幣はありませんでしたが、彼はヴァイマル公国の枢密顧問官で長きにわたって財務局長を務め、財政に詳しかったので、いずれ本物の金で造られた貨幣ではなく、紙幣というフィクションのお金が社会を動かすことを予見していたのでしょう」

金融システムだけではない。ゲーテは『ファウスト』第2部に当時の先端科学の成果と夢も取り入れている。

「ファウストがメフィストの空飛ぶマントに乗って世界を移動するのは、ちょうどそのころ、気球の発明によって世界を上から見る視点ができたからでしょう。また、ファウストが昔の弟子に再会する第2幕では、フラスコの中で人造人間（ホムンクルス）が生まれる過程が描かれています。『ファウスト』が書かれた19世紀には人間が科学の力で生命を作りだすことが可能ではないかと考えられていました」

第1部でファウストとメフィストは賭けをする。ファウストが〈時よ、とどまれ、おまえはじつに美しい〉と口に出したら負けで、メフィストに魂を差し出し死ななければならない。しかし、マルガレーテは母と自分が産んだ赤ん坊を殺した罪で捕らえられ死んでしまったので、ファウストは〈時よ、とどまれ〉と言うことはなかった。

「第2部の5幕、広大な沼地をもらったファウストがそこを干拓して〈自由な土地を自由な人々とともに踏みしめたい〉というシーンでようやく〈時よ、とどまれ〉という言葉が出て、ファウストは昇天することになります。経済の話が不動産の話で終わるところが面白いですね。善悪の両面において能力が高い、切れ者の官僚みたいなメフィストの台詞もしゃれていて、口ずさみたくなるものがたくさんあります。わからない部分は飛ばしてもいいんです。古典だからとあまり身がまえず、色と金の話だと思って読み出せば、新たな魅力や面白さが発見できるはずです」

いけうち・おさむ／1940年生まれ、2019年没。ドイツ文学者。『ゲーテさん　こんばんは』で桑原武夫学芸賞、訳書『ファウスト』で毎日出版文化賞を受賞。

トーマス・マン『魔の山』

賢人 池内紀さん

空虚な論理に実在する価値があるかのように信じ込ませる過程が描かれています

トーマス・マンが1924年に上梓した『魔の山』は、ゲーテの『ファウスト』と双璧をなすドイツ文学の名著だ。20世紀最後の教養小説とも、ナチスの台頭を予言した書とも言われる。

ドイツ文学者の池内紀さんは次のように慨嘆する。

「僕が若いころ、トーマス・マンといえば反ナチスの闘士であり、『魔の山』というすごい小説を書いた作家として崇拝されていました。でも残念ながら、今は以前ほど読まれていませんね」

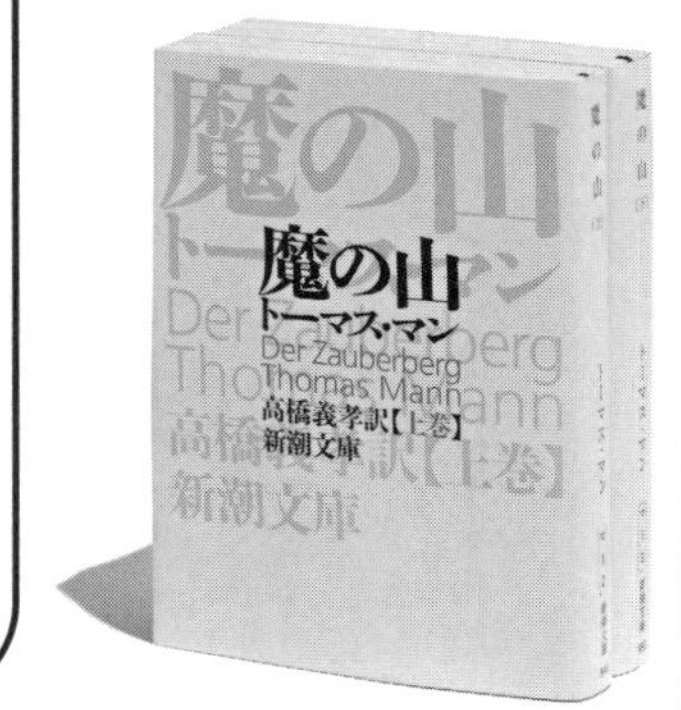

新潮文庫（上下巻）

『魔の山』は、結核を患う従兄弟を見舞うため3週間の予定でスイスのダヴォスという山岳リゾート地にあるサナトリウムを訪れた青年ハンス・カストルプが、滞在中に結核と診断され、7年もそこで暮らすことになる大長編小説。しかも7年のうち最初の3週間の話が全体の4分の1以上を占める。

池内さんによれば、この「7年」には意味がある。

「ドイツの職人が一人前になるまでの修業期間が7年なんです。そのため青年が広い世界を見て成長を遂げる過程を描く〈教養小説〉でも、主人公は7年ぐらいの遍歴を経ることが多い。ところが『魔の山』の主人公ハンスは7年を経ても一向に成長しない。このことは、マンが教養小説のパロディとして『魔の山』を書いたことを物語っています」

確かにマンはハンスについて〈人好きはするが単純な青年にすぎない〉と小説の冒頭で断っている。この小説の読みどころは成長しないハンスの思考や行動ではなく、サナトリウムに逗留する多様な人物が展開する議論だと池内さんは指摘する。

「イタリアの時代がかった人文主義者セテムブリーニ、独裁やテロリズムを肯定する論理をひねり出すコミュニストでニヒリストでもあるユダヤ人のナフタ、オランダの風格ある経済人ペーペルコルン、ハンスが思いを寄せるロシアのショーシャ夫人と当時の欧州の典型的な人物をマンは鮮やかに描き出しました。『魔の山』の時代設定は第一次世界大戦の前とされていますが、1912年から1924年にかけて書かれました。彼らの議論を通じて、マンは当時の世界の不穏な雰囲気を生々しく描くとともに文明論を展開し、さらに

はその後の世界情勢を予見しています。小説で時代を予見するのは、非常に難しいことですが、それこそが小説の特権です。『魔の山』はそれに成功している。だから20世紀を代表する小説と言われるのでしょう」

1912年から1924年の間には何が起こっていたのか。1914年、第一次世界大戦が勃発。ヨーロッパ文明への根本的な懐疑が生じた。1917年、ロシア革命。第一次大戦後、アメリカが台頭。敗北したドイツは、皇帝が退位し逃亡しただけでなく、巨額の戦時賠償を背負わされた。その精神的、経済的荒廃の中でナチズムが胚胎する。

「『魔の山』の〈魔〉は、人をたぶらかす〈魔法〉と捉えるべきでしょう。この小説には空虚な論理に実在する価値があるかのように信じ込ませる過程が描かれています。それはまさに1920年の結党当時は誰からも相手にされなかったナチスが人々の心をみるみるうちに魅了し、政権を取ってしまう過程そのものです」

議論は人を幻惑する。しかし同時に池内さんは『魔の山』で展開される終わりのない議論にヨーロッパの底力を感じたと言う。

「学生時代に初めて読んだとき、議論自体が無意味だとしても、無意味な議論に意味があることを認めているヨーロッパはすごいなあと思いました。それで、この世界とともにかく付き合っていこうと決めたんです」

いけうち・おさむ／1940年生まれ、2019年没。ドイツ文学者。『ゲーテさん こんばんは』で桑原武夫学芸賞、訳書『ファウスト』で毎日出版文化賞を受賞。

ダンテ『神曲』

モノクロ写真の時代に突然3D映像が出現したかのような衝撃作

賢人 原基晶さん

ダンテの『神曲』は14世紀初めのイタリアで書かれた。人生半ばにして死後の世界へ旅立った主人公のダンテが、地獄と煉獄と天国を巡って、神と出会うまでを描いた叙事詩だ。地獄篇34歌、煉獄篇33歌、天国篇33歌の全100歌構成。三位一体を表すため3を多用した構成になっている。各篇の第6歌では政治の話が語られている。翻訳を手がけた原基晶さんは「『神曲』は、分裂し、戦争の絶えない西欧に平和をもたらす構想を示した政治パンフレットでもあるんです」と解説する。『神曲』が構想する平和とはどんなものだったのか。それを理解するためには、ダンテの

講談社学術文庫（全3巻）

いた都市国家フィレンツェの状況を知らなければならない。

「当時のフィレンツェ共和国では、二つの勢力が対立し、戦争の種になっていました。二つの勢力とは封建貴族と大銀行一族が婚姻などで結びついた都市貴族と地元に根を下ろした経済活動をしている商人や職人などの市民です。都市貴族は今風に言えば、グローバル資本で、教皇庁と手を組み、遠隔地貿易や国境を越えた大規模な金融操作や投資活動によって莫大な利益を上げていました。それはフィレンツェに急激な経済成長をもたらしました。グローバル経済はローカル経済を破壊するので、市民の生活は都市貴族によって脅かされ、両者の対立は深まっていました。ダンテは市民相手の貸金業者の家に生まれたので、市民の側にいました。政治家となったダンテは1300年、フィレンツェの行政の最高権力を握る統領の一人になります。その最大の政治課題は、都市貴族と市民の深刻な対立を調停することでした。しかし、ダンテはこれに失敗します。都市貴族が教皇庁の傭兵であるフランス軍をフィレンツェに引き入れて、政権を奪取したからです。ローマにいたダンテは亡命者となり、1302年には祖国から追放、さらには死刑を宣告されます。流亡を余儀なくされたダンテが1307年に書き始めたのが『神曲』なんです」

挫折した政治家ダンテは『神曲』で何を訴えたのか。

「都市貴族と結託した教皇は西欧に混乱と戦争をもたらしているだけだと厳しく批判し、世俗のことには介入しないように求めました。そして、ローマ帝国のように諸国家の上位に君臨する皇帝が世俗世界を統治すべきだと唱えました。諸国家の上に皇帝を戴く『神

曲』の構想は、国連など、後世の政治思想に多大な影響を与えました。その背景には、ダンテの出身階層である都市商人の〈理性による対話と理解〉による平和を希求する文化があります。『神曲』の一篇をなす〈煉獄〉も商業が発達し、都市商人階層が勃興したから生み出されたものです。それは、都市商人が個人の自由意志で行動し、その結果には自分で責任を持つ空間です」

ダンテの構想が絵空事ではなく鮮烈に受け止められたのは、新しい文体を発明したからだと原さんは語る。

「それは生々しい徹底したリアリズムです。例えば『地獄篇』第3歌の地獄の門をくぐるくだりを見てみましょう。〈そこには、嘆きが、泣き叫ぶ声が、高い悲鳴が／星のない大気の中に響きわたっていた〉。そのあともさまざまな音を響かせて、暗闇が立体的に感じられるようになっています。解像度が格段に上がり、文字で書かれていることを実際に目の前に存在するかのように体感できるようになった。モノクロ写真の時代に突然3D映像が出現したかのような衝撃が走ったはずです」

古今東西の名著を読んでいくと、著者に挫折したエリートが多いことに気づく。高い教養があるにもかかわらず、何らかの理由で人生をドロップアウトした人々が筆を執った。政争に巻き込まれてフィレンツェを追放され、各地を流転したダンテもその一人だ。

はら・もとあき／1967年生まれ。イタリア文学研究者。東海大学文化社会学部准教授。訳書のダンテ『神曲』3部作で、世界文学研究奨励賞を受賞。

トールキン
『ホビットの冒険』

岩波少年文庫（上下巻）

ツボ

賢人 井辻朱美さん

ファンタジー世界において、近代小説と口承文芸のハイブリッドを創造した

ゲームから小説までジャンル問わず人気を博している異世界ファンタジーの開祖が、J・R・R・トールキンだ。

1937年刊行の『ホビットの冒険』は架空の世界「中つ国（ミドル・アース）」を舞台にした最初の作品。オックスフォード大学で古英語の叙事詩と言語学を研究していたトールキンが、自分の子供に聞かせていた話をもとに書いた児童文学だ。

ホビットという小人の種族の主人公ビルボ・バギンズが、魔法使いガンダルフの計略によって13人のドワーフと一緒にドワーフ王家の宝を邪悪な竜から取り戻す旅に出る。ファンタジー小説を数多く翻訳してきた白百合女子大学教授の井辻朱美さんは「トールキンは神話や叙事詩などの口承文芸を初めて小説の形にした人です」と位置づける。

「『ホビットの冒険』以前にも神話や叙事詩でドラゴン退治の話は語られていましたが、主人公がどんな生活を送っているか、何を考えているかといったことはわかりませんでした。トールキンはビルボが気の進まない旅に出かけるまでの心の動きや、ハンカチを忘れたというような日常的なことも詳しく描いています。19世紀のヨーロッパ文学が確立したリアリズムの手法をファンタジーの世界にとりいれた。いわば近代小説と口承文芸のハイブリッドを創造したのです」

お茶の時間にドワーフがぞろぞろと訪ねてきたときビルボがお菓子の数を心配するくだりや、客たちが次々と飲みたいもの食べたいものを要求するところ、へんてこな歌をうたいながら皿洗いをする場面など、生活感があるだけではなく愉快だ。神話的世界を超リアルに描く。この〈発明〉は画期的だった。

「しかも子供向けに書かれた本なのに、ビルボは人間に直すと50歳ほど。主要キャラクターが14人もいて、一度読んだだけでは全員の名前を覚えられません。それでも『ホビットの冒険』は売れました。子供の空想や夢の中にしかないと思われていた世界がどこかに存在するかのように感じられるところが面白かったのでしょう。戯曲の『ピーター・パン』など架空のキャラクターが暮らす世界を冒険する先行作品はありましたが、ネバーランドにリアリティはなく、物語の中心になっているのは主人公の運命でした。『ホビットの冒

険』はキャラクターのドラマよりも世界そのものを描くことが中心になっています。ディズニーランドのジャングルクルーズみたいに熊男や竜がいる異世界の旅を楽しめます」

トールキンはストーリーテラーというよりもクリエイターだった。ビルボが旅する世界の地図やホビットが住む家を自ら描き、独自の言語まで創っていた。彼は「第二世界」を「準創造」すると言っていたという。どういう意味だろうか。

「トールキンはカトリックの信者で、自分の行為は神が創造したかった世界の復元であるという意識を持っていました。神様は素晴らしい世界を創ったけれども、人間が堕落してよくないものになってしまったので、第二の世界をこしらえようというわけです。トールキンはまず世界の設定を細部まで作って、その上にお話を載せるという書き方をしました。現在もたくさんのクリエイターが真似している方法です。ル・グウィンの小説やジョージ・ルーカスの映画『スター・ウォーズ』シリーズにも多大な影響を与えています」

最初に「中つ国」があったからこそ、『ホビットの冒険』が生まれた。トールキンはその後、さらに世界観を作り込んでいく。

「『ホビットの冒険』でビルボが姿を隠すために使う魔法の指輪があります。単なるおとぎ話のガジェットでしたが、トールキンはそこから話を広げて大作『指輪物語』を書くのです」

いつじ・あけみ／1955年生まれ。歌人・翻訳家・ファンタジー作家。白百合女子大学人間総合学部児童文化学科教授。訳書『エルリック』シリーズで、第17回星雲賞を受賞。

トールキン

『指輪物語』

評論社文庫（全９巻）

ツボ

ベトナム戦争後、〝魔法使いのガンダルフを大統領に〟という声も上がったベストセラー

賢人 井辻朱美さん

『指輪物語』はＪ・Ｒ・Ｒ・トールキンの代表作であり、アカデミー賞映画『ロード・オブ・ザ・リング』の原作としても知られる。ファンタジー文学に精通する白百合女子大学教授の井辻朱美さんは「文庫本で本編が９冊もある長い小説なので、読破するのは大変ですが、映像化できない魅力に溢れています」と語る。

トールキンが１９３６年から13年かけて完成させた『指輪物語』は「旅の仲間」「二つの塔」「王の帰還」の３部構成。ホビットやエルフなどさまざまな種族と人間が共存する異世界「中つ国（ミドル・アース）」が舞台だ。

『ホビットの冒険』でビルボが手に入れ、甥のフロドに譲った指輪は、冥王サウロンが鍛えさせたもので、世界を支配する力を持っていた。サウロン率いる闇の勢力に追われるフロドは、魔法使いガンダルフの指示に従い、3人のホビットとまず冒険の旅に出る。

「ピーター・ジャクソン監督の映画は戦闘シーンに迫力があり、現実には存在しない不気味な怪物もCG技術を駆使して創り出しました。ただ、役者が演じる都合上、物語の中心は人間ドラマにならざるをえません。すべてが可視化されることでイメージも限定されてしまいます。人間ドラマの背景に広がる世界の不思議さ、言葉だけで見えないものを想像することの面白さは、小説を読んでこそ体験できます」

トールキンは「中つ国」の地図から歴史まであらゆる設定を作り込んで異世界を現実に近づけたが、一方で神話や叙事詩といったリアリティの希薄な口承文芸の神秘性も受け継いだ。井辻さんは『指輪物語』の映像にはしづらい口承文芸的な側面に惹かれるという。

「『指輪物語』にはおよそ70編の歌謡が入っています。これほど多くの歌がはさまれたモダン・ファンタジーは他にないでしょう。物語の中で歌謡は時空間を超える装置として機能しています。例えば『二つの塔』の第3部で辺境の国を訪れた登場人物が、500年前の辺境の騎士たちの運命を歌うくだり。戦争中に援軍を求める旅をしているのですから、本来は悠長に歌など歌って昔を振り返っている場合ではありません。でも、歌を通じて現在の時間から一度離れることによって、その人物は自らの旅の困難から何にもわずらわされない地点へ逃れて、読者もほっと息をつくことができます」

『指輪物語』は現実にない時間を超えた場所へ読者を連れて行ってくれるのだ。『指輪物語』以降、ファンタジーは大人も楽しめるジャンルとして確立された。

「1954年に『指輪物語』の初版がイギリスで刊行された当時はそれほど注目を集めませんでした。世界的なベストセラーになったのは、アメリカのリン・カーターという編集者が立ち上げたアダルト・ファンタジーというシリーズの目玉として出版されたことがきっかけです。ベトナム戦争後、ヒッピーや学生層に支持されて、魔法使いのガンダルフを大統領にという声も上がったとか。アメリカはヨーロッパと違って伝統がないので、既存の文学の評価基準からはずれた新しいものが受け入れられやすかったのでしょう。それから多様な作家がファンタジーに参入するようになりました。今では空想の世界が当たり前にあるものとして描かれる小説は珍しくありません。『指輪物語』が切り開いた道の延長線上に『ハリー・ポッター』シリーズをはじめとするネオ・ファンタジーの隆盛があるのです」

いつじ・あけみ／1955年生まれ。歌人・翻訳家・ファンタジー作家。白百合女子大学人間総合学部児童文化学科教授。訳書『エルリック』シリーズで、第17回星雲賞を受賞。

『マハーバーラタ』

勉誠出版

人間の重みに耐えかねた大地の女神が負担減を訴えたことが戦争の発端

賢人 沖田瑞穂さん

西洋諸国の文献をはるかにしのぐと言われるほど数多の神話伝説が残されているインド。中でも有名な叙事詩『マハーバーラタ』は、全体で10万詩節20万行もある長大な物語だ。完訳は日本では出版されていない。

神話研究者の沖田瑞穂さんによれば、およそ紀元前4世紀から紀元後4世紀ごろに形作られ、宗教や神話を司る階層であるバラモンによって口伝えで語り継がれてきたものだという。

「〈マハーバーラタ〉とは〈偉大なるバラタ族〉という意味です。そこからバーラタとい

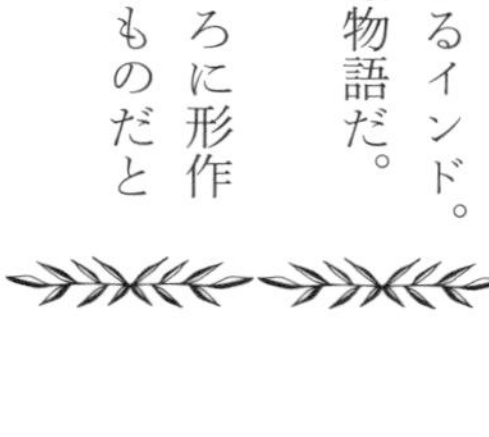

う語ができました。バーラタという言葉は、インドのことを指しています。インド人にとってこの物語は、自分たちのルーツであるわけです」

『マハーバーラタ』の主題は、バラタ族の王位継承問題をめぐる大戦争だ。〈パーンダヴァ〉と総称されるパーンドゥ王の五人の王子と、彼らの従兄弟にあたる〈カウラヴァ〉と総称される100人の王子が対立する。実際にそのような戦争があったのだろうか?

「史実の戦争と結びつける説もありますが、有力ではありません。現在の研究では、インド=ヨーロッパ語族が共通する戦争物語の原型を持っていて、インドとギリシャに最良の形で残されたと考えられています。インドとギリシャの神話には類似点が多いからです。例えばギリシャ神話の『パンドラの箱』にそっくりな話がインドにもあります」

ギリシャ神話と違うのは、まず世界観だ。『マハーバーラタ』の世界観は、ヒンドゥー教の思想に基づいている。ヒンドゥー教では、一つの宇宙の最高原理が三人の神としてあらわれる。その三神とは、宇宙を創造するブラフマー、維持管理するヴィシュヌ、破壊するシヴァ。シヴァに破壊された宇宙がブラフマーによって再び創造されるという円環構造になっている。

「神と人間の関係性も大きく異なっています。ギリシャでは神と人間がはっきり区別されていて、人が神に近づくことは傲慢と見なされる。インドでは神と人間の境界が曖昧です。パーンダヴァ兄弟の三男で『マハーバーラタ』随一の英雄であるアルジュナは、父親は神なのに人の子として描写されます。アルジュナはヴィシュヌ神の化身とされるクリシュナ

と親友になる。『マハーバーラタ』は神と人の友情の物語として読み解くことができるのです。同族同士が争うことに悩むアルジュナにクリシュナが説いた教えは、やがてインド精神を代表するとも言われる聖典『バガヴァッド・ギーター』になります」

パーンダヴァ兄弟とカウラヴァ兄弟の大戦争は、パーンダヴァ側の勝利に終わる。しかし、何億もの人間が命を落とし、英雄たちも悲しい最期を遂げていく。『マハーバーラタ』には、隠されたテーマがあると沖田さんは考察する。

「実は『マハーバーラタ』の戦争の根本原因は、大地の女神の重荷にありました。地上に人間をはじめとした生類が増えすぎて重みに耐えかねた大地の女神が、創造神ブラフマーに負担を軽減するよう訴えたことが発端なのです。戦争や災害が起こったとき、これはもしかしたら増えすぎた人類を減らそうという見えない力が働いているのではと恐ろしくなることがあります。現代を生きる私たちも直面している恐怖が物語の通奏低音になっているんです」

ちなみに『マハーバーラタ』とならんでインドの二大叙事詩と言われる『ラーマーヤナ』は、マハーバーラタの一部にもなっている。世界観は同じで時代設定の違う話。ヴィシュヌ神の神徳を授かって生まれた徳の高い王子ラーマが、悪魔にさらわれた妻シーターを取り戻すまでを描く。映画『バーフバリ』が好きな人にはあわせておすすめしたい。

おきた・みずほ／1977年生まれ。インド神話学者。著書に『世界の神話』『マハーバーラタ、聖性と戦闘と豊穣』、訳書に『インド神話物語　マハーバーラタ』などがある。

『ガラン版 千一夜物語』

ツボ

賢人 西尾哲夫さん

中東と西洋――簡単には理解できない他者が自分たちを見つめなおす〝鏡〟になる

「アラビアンナイト」という題名でも知られる『千一夜物語』は、中東に生まれ世界中で親しまれている物語集。妻に裏切られて女性不信になった王が一夜限りの花嫁を迎えては毎朝殺していたが、シェヘラザードという美女は面白い話を語ることによって夜を生き延びていく。この「枠物語」にたくさんの物語が入っているという構成だ。

ガラン版の翻訳を手がけた西尾哲夫さんによれば「アラビアンナイトを読み通そうとする人は途中で死んでしまう」ということわざがあるそうだ。

「とにかく長い上にこれと決まった定本がなく、版によって内容が少しずつ違う。『千一

岩波書店（全6巻）

夜』といえば皆さんが思い出すだろう『シンドバード航海記』や『アラジンと魔法のランプ』『アリババと四十人の盗賊』は実は最初期の写本には入っていなかったんです」

どうしてそんなことになったのか。『千一夜物語』の原型が誕生したのは9世紀ごろのアッバース朝（現在のイラクを中心に繁栄したイスラム帝国）。首都バグダードは当時、唐の長安と並ぶ世界有数の先進都市であり、同時代のヨーロッパよりも文化は成熟していた。１００か所以上の製本所があったと言われ、図書館や貸本屋も多かった。

「『千一夜』はもともと庶民のあいだに口伝えで広がった物語で、イスラム世界では、まともな文学としては扱われていなかったようです。それが18世紀初頭に『文学』としてヨーロッパに紹介された遠因には、カトリックとプロテスタントの宗教戦争があります。カトリック側についていたフランスのルイ14世は、新しい情報を求めて東洋学者アントワーヌ・ガランを中東に派遣します。その後、ガランは15世紀に筆写されたとおぼしき『千一夜』の写本を入手し、ヨーロッパに紹介した。これがヨーロッパと『千一夜』の初めての出会いとなりましたが、ガランは別に入手していた『シンドバード航海記』の写本も『千一夜』の一部として翻訳してしまったのです」

この「間違い」は今に至っても直されていないが、１７０４年に刊行が始まったガラン訳の『千一夜物語』は大ヒット。イギリスでも「アラビアンナイト」というタイトルで翻訳され、ベストセラーになった。底本にした写本は２８２夜で終わっていたが、どこかに残りの話があると信じていたガランは『千一夜』の一部になっていてもおかしくない話を

付け加えていき、その中に「アラジン」や「アリババ」があった。

「19世紀、ブームはさらに拡大しました。産業革命を経た英仏などヨーロッパの列強が本格的に海外進出を始め、中東を植民地化するためにイスラム文化を知ろうとしたのです。中東にあった写本がかき集められ、アラビア語版の『千一夜物語』が4種類も出版された。『アラジン』などの人気キャラクターも児童文学に取り込まれ、西洋文化の中に定着していきました」

このような歴史もふまえて読むと世界の見方が変わる本だと西尾さんは語る。

「『千一夜物語』は中東と西洋という二つの文明の往還によって生成された文学です。『枠物語』からして残酷な側面があり、欧米人から見た〝中東の人たちは野蛮〟というイメージのもとになっていることも確かです。しかし、簡単には理解できない他者だからこそ、自分たちの文化を見つめなおす〝鏡〟になるのです」

東西の文明の関係を理解する上で重要な作品であることはわかったが、では読み物としてのツボはどこにあるのだろう。

西尾さんは「登場人物は命がけで自分のライフストーリーを語り、教訓を押しつけません。物語とは何か、何のためにあるのかという〝物語の効用〟や〝存在意義〟を体現しているところが大きな魅力です」と言う。

中でも西尾さんが名作と薦めるのは「こぶ男の物語」。ある仕立て屋が、楽しい歌を歌う背中にこぶがある男に惹かれて家に招く。ところが魚料理を食べているときに大きな骨

を飲み込んだこぶ男が死んでしまう。慌てた仕立て屋はこぶ男の死体をユダヤ教徒の医者の家の前に置き去りにする。ユダヤ教徒の医者はイスラム教徒の商人に、イスラム教徒の商人はキリスト教徒の商人に罪をきせる。やがて事件の真相を知った王は四人に対し、こぶ男の話より不思議な話を披露したら命は助けてやると申し渡す。

「物語が入れ子構造になっていて、それが何重にもなっているところがおもしろい。最後の仕立て屋の話でようやく王は満足して全員処刑を免れますが、その話に出てくる床屋が喉に詰まった骨を取り除くとこぶ男が息を吹き返すという秀逸なオチもついています。日本の落語のように笑える話です」

確かにユーモアがあって全く説教臭くない。「こぶ男の物語」をはじめ、『千一夜物語』には商人がたびたび登場する。七つの海を渡るシンドバードも、船に積荷をのせる商人だ。商人同士が駆け引きをする場面も多い。なぜだろう。

「イスラームの基底には砂漠の遊牧民が育んだ商業文化があるからでしょう。この宗教の始祖ムハンマドも商人でした。イスラームの商人は情報を戦略的に使います。ヒヤルと呼ばれるもので、日本語に訳すと奸智・奸計ですが、中東ではネガティブな意味はありません。厳しい環境では究極の選択を迫られることが頻繁にあります。生きながら墓に埋葬されたシンドバードが人を殺す話も、生き延びるためのヒヤルとみなすこともできます」

純情可憐なお姫様から賢い女奴隷まで多様な女性が登場し、女性のキャラクターが立つような展開にしているところもガラン版の特色だという。

「ガランが想定していた読者はフランス宮廷の女性たちでした。今の感覚で読むと差別的に見える部分もありますが、ヒヤルを駆使する女性も献身的な女性も生き生きと描かれています」

『千一夜物語』の結末は、バージョンによって異なる。プルクシュタールという人物が発見した写本では、千一夜目になると物語に飽きた王がシェヘラザードを処刑しようとするが、彼女は王との間にできた三人の王子を見せて命乞いをするという。ガラン版の場合は、シェヘラザードが命乞いするまでもなく、王は彼女の知恵と勇気に感じ入って処刑をとりやめてしまう。女性が読者であることを意識していたからかもしれない。

「物語とは、こうあるべきという理想の人間や理想の社会を語るものではありません。現実ではないどこかの誰かのお話、この世ではない世界で起こったことをただ語るものです。その話が興味深いものであれば、受け取った人におのずと何かを気づかせる。王がシェヘラザードを殺さなかったのは、暴虐を止めるよう反省を促す内容の物語だったからではなく、ただ続きが聞きたかったから。人間の求める〝物語の本質〟がある『千一夜物語』は古びない。エドガー・アラン・ポーから森見登美彦まで、時代や国籍を問わず、作家に影響を与えています」

『千一夜物語』は今や世界共通のフォークロアなのだ。

にしお・てつお／1958年生まれ。言語学者。専攻はアラブ研究。国立民族学博物館グローバル現象研究部教授。訳書に『ガラン版 千一夜物語』。

羅貫中

『三国志演義』

賢人 岡崎由美さん

ツボ 格調の高い文体で、理知的で端正――現代の世界とも重ね合わせて読める

『三国志演義』は2世紀末から3世紀初頭の中国を舞台に魏呉蜀の三国の興亡を描く歴史小説だ。主人公は傾きつつあった漢王朝の血筋を引く劉備。彼が一騎当千の武将・関羽、張飛と義兄弟の契りを結び、天才軍師・孔明の助けを得て、魏の曹操や呉の孫権らとの戦いに挑み、蜀を建国する過程が描かれる。中国の「国盗り物語」と考えればわかりやすい。

漫画やゲームの原作になっていて日本でも人気が高いが、中国大衆文芸研究者で武俠小説の翻訳も数多く手がける岡崎由美さんはこう解説する。

「『三国志演義』は14世紀中頃に羅貫中という人物が古くから伝えられてきた三国志の物

講談社学術文庫（全4巻）

語を集大成し、書き直した作品と言われています。『三国志演義』が名作として残ったのは、既存の庶民文芸になかったものを備えていたからでしょう。それは理知的で端正なことです。羅貫中は格調の高い文体を採り、先行作品から荒唐無稽な部分を削り、『資治通鑑』などの史書を参照して、歴史小説としての真実味を高めました。また、主人公の劉備をはじめ主な武将に知的で仁徳ある文人風描写を加えました」

その特質は『三国志演義』の前の時代にまとめられた講談『三国志平話』と比べると明らかになるという。

「例えば、『三国志』の幕明けとなる184年の黄巾の乱で手柄を立て、安喜県の治安維持を担当する役職に就いた劉備が上官に難癖をつけられる挿話を見てみましょう。『三国志平話』では怒った張飛がその上官の一家を皆殺しにします。張飛は事件の捜査にやってきた査察官も殺して、挙句の果てに劉備、関羽と山賊になってしまいます。『三国志演義』にも張飛が査察官を鞭打つ場面はありますが、それは賄賂を要求されたからで、もちろん殺したりしません。でも、実は中国の庶民文芸のヒーローは、民衆を苛める官僚をやっつける腕っぷしの強いやんちゃ者が多く、『平話』のようなぶっ飛んだ物語が正統的です。『演義』のように端正な歴史小説は異端といえます」

暴力だけに頼らない新しいヒーローを生みだしたからこそ、『三国志演義』は民衆だけではなく知識人にも支持される作品になった。全120回にわたる長大な物語の中で、ここだけでも読んでほしいというエピソードを選ぶとしたら？

「やはり前半のハイライトである〝赤壁の戦い〟でしょうね。劉備が孔明の〝天下三分の計〟を得て、呉の孫権と手を組み、曹操率いる魏の大軍と赤壁という場所で対決する、天下分け目の決戦です。孔明と孫権の軍師・周瑜（しゅうゆ）のライバル関係も楽しいですし、魏の水軍を火攻めで壊滅させるために用いる〝連環の計〟が成功するかも手に汗握ります」

生かしておけば後の災いになるからと孔明を殺そうとする周瑜だが、孔明は周瑜の策略を見抜き先手を打つ。天才軍師同士の心理戦はスリリングだ。呉の武将・黄蓋（こうがい）が曹操を欺くために用いたのが〝苦肉の計〟。わざと周瑜に逆らって大ケガをして偽装降伏しようとするのだが、知略に長けた曹操には見破られてしまう。黄蓋の計略を見破った曹操を、呉の参謀である闞沢（かんたく）が丸め込み、曹操の派遣したスパイを陥れて……という騙し合いの連鎖が面白い。

苦肉の計の他にも現代日本でも使われる慣用句やことわざがいくつも出てくる。

「劉備が孔明を軍師に迎えるときの〝三顧の礼〟や劉備と孔明の親密な関係を言い表した〝水魚の交わり〟もそうですね。登場人物や名場面が多くの人の心をつかんで共有されたから、それらの言葉がいまだに使われているのでしょう。国同士の駆け引きや国家経営のあり方にもリアリティがあって、現代の世界とも重ね合わせて読めるはずです」

おかざき・ゆみ／1958年生まれ。中国文学研究者、早稲田大学文学部中国語中国文学コース教授。武侠小説の大家・金庸や古龍の日本語訳を多数手掛ける。

施耐庵『水滸伝』

ツボ

身近でかっこいい兄貴たちが腐敗した権力をやっつけてくれるところが痛快

賢人 岡崎由美さん

中国大衆文芸研究者の岡崎由美さんによれば、「若者には『水滸伝』を読ませるな、年寄りには『三国志演義』を読ませるな」ということわざがあるそうだ。

「若い人が『水滸伝』を読むと反逆心に目覚めて大人の言うことを聞かなくなり、年齢を重ねた人が『三国志演義』を読むと野心に火が着いてトラブルのもとになるという意味です。明代に書かれた『水滸伝』は、政治が腐敗した世の中を生き抜く庶民のエネルギーを活き活きと描いたからこそ残った作品でしょう」

『水滸伝』は北宋末の混乱期が舞台。百八人の英雄好漢が梁山泊（りょうざんぱく）という砦に集結し、世直

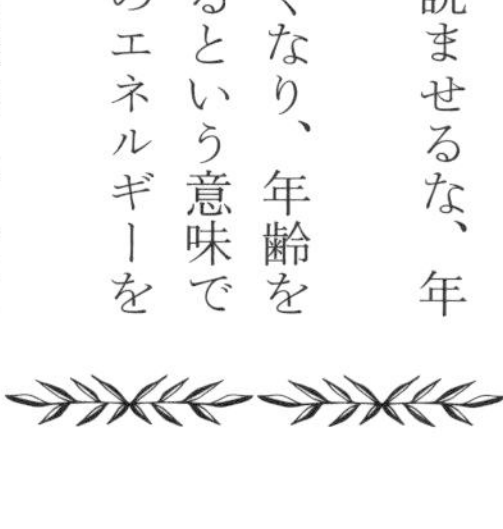

講談社学術文庫（全５巻）

しのための反乱を起こす。実際にあった「宋江の乱」という農民反乱を素材にしているが、内容はほぼフィクション。

庶民に浸透していた「語り物」を施耐庵（したいあん）という人物が小説として集大成したと言われる。日本には江戸時代に伝わり、『三国志演義』よりも人気を博した。

「まず百八人の中でも主要な英雄好漢の活躍を一話完結で描き、それぞれのキャラクターを強烈に印象づけていくのが、『水滸伝』の特徴です。家柄が良くても小役人どまりといった、庶民が思いを託しやすい人物が多く登場します。曲がったことが嫌いな彼らは、さまざまな事情で地元にいられなくなり、逃亡の旅を続けるうちに別のアウトローと知り合う。そして友情を育み、ともに戦い、梁山泊に独立した軍隊国家のようなものを築いていきます」

例えば晁蓋（ちょうがい）という地主は、民が搾取されていることを憂えて、政府の高官に贈られる予定の高価なプレゼントを一滴の血も流さず強奪する。地方の中級官吏だった宋江（そうこう）は、義兄弟の晁蓋を逃したために自らも追われる身になる。大酒飲みの巨漢・魯智深（ろちしん）は、旅芸人の親子を苦しめる肉屋を勢いあまって殴り殺す。

「梁山泊に集う豪傑たちがおたずね者になるのは、私腹を肥やす官僚や強欲な金持ちに原因があります。つまり、悪いのは豪傑たちではなく、腐敗した政治権力。このことが『水滸伝』の世界の前提になっています。梁山泊の頭領になった宋江が反乱を起こすのも、国家を転覆したいからではなく、あくまでも間違ったことをしているお上に目を覚ましてほ

しいから。身近でかっこいい兄貴たちが腐敗した権力をやっつけてくれるところが痛快なのです」

かっこいいだけではなく、アクも強い。岡崎さんのお気に入りは、宋江を兄貴と慕う李逵だ。

「李逵は怒ると抑えがきかずに人間でも虎でも殺してしまうハチャメチャな男です。トラブルメイカーだから友達にはなりたくありませんが、中国の庶民の正義感や親孝行な側面がデフォルメされて造型されているところが面白いですね」

日月の刀を使う凄腕女剣士の扈三娘、『金瓶梅』のヒロインになる悪女潘金蓮など、女性キャラクターも印象的だ。やがて朝廷に帰順した梁山泊軍は官軍に組み込まれ、異民族や反乱軍の討伐へ向かう。繰り返される戦闘の中で、英雄好漢たちも疲弊していく。

「同時代の中国では、主人公が紆余曲折を経て成功するハッピーエンドの物語が好まれていました。英雄好漢たちが国の犠牲になって次々と命を落とし、生き残った者も去っていく『水滸伝』の悲劇的な結末は異色ですね。非常に寂しいけれども、敵に勝って万歳みたいな終わり方ではないところが作品としての価値を高めているのでしょう。織田信長や西郷隆盛など志半ばで死んだ英雄を好む日本人のメンタリティにも合っていると思います」

おかざき・ゆみ／1958年生まれ。中国文学研究者、早稲田大学文学部中国語中国文学コース教授。武侠小説の大家・金庸や古龍の日本語訳を多数手掛ける。

『日本書紀』

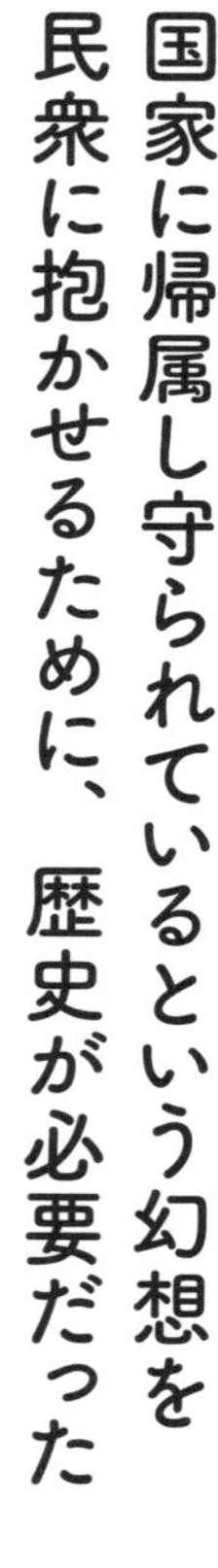

『日本書紀』は720年に奏上された日本初の正史だ。天武天皇の発意により編集が開始されておよそ40年、総裁となった舎人(とねり)親王によって元正天皇に奏上された。

全30巻のうち最初の2巻は神々の物語。伊弉冉尊(いざなみのみこと)と伊弉諾尊(いざなぎのみこと)による国生みから鸕鷀草葺(うがやふき)不合尊(あえずのみこと)の結婚の話まで書かれている。神の子孫とされる天皇家の年代記は、持統天皇が文武天皇に譲位するところで終わっている。

古代文学・伝承文学研究者の三浦佑之さんは「『日本書紀』の特色は天皇中心の歴史になっていることでしょう。初代の神武天皇から40代の持統天皇まで取り上げられています

講談社学術文庫（上下巻）

が、実在したと見なせるのは10代の崇神天皇あたりから後です」と説く。

国家の歴史の編纂が始まったのは7世紀初頭。およそ１００年という長い時間をかけて作られたのはなぜか。

「6世紀後半に隋、その後は唐という強大な帝国が中国大陸に出現したことの影響は大きいでしょう。それまでは部族共同体が発展したものにすぎなかったヤマト王権が、大国の属国にされないよう独立国家としての正統性を主張しようとしたのです。まずは中国から律令制度を借り入れ、成文法や貨幣、都を定めた。ただ、制度があっても根拠がなければ人間は従いません。自分は国家に帰属し守られているのだという幻想を民衆に抱かせるために、国の過去・現在・未来をひとつの時間の流れにつなぐ歴史が必要だったのです」

三浦さんによれば、編纂した人々が手本にした中国の歴史書と『日本書紀』には大きな違いがある。

「中国の歴史書は皇帝のことを記録した〈紀〉、政治や文化や地域のことを記録した〈志〉、偉人たちのことを記録した〈伝〉の三部構成になっています。歴史書を編纂する意味は〈紀〉で時間、〈志〉と〈伝〉で空間や人間の支配を確認することにあるからです。しかし実は『日本書紀』には〈紀〉にあたる部分、天皇の記録しかありません。本来は『日本書　紀』だったのではないかと私は考えています。繰り返し書写しているうちに〈書〉と〈紀〉の文字間隔が詰まってしまったのでしょう。また、実際に王朝交代がなかったかどうかは研究者の間で長年議論になっていますが、天皇家の万世一系を強調しているところ

も中国とは違います」

『日本書紀』にはひとつの家の系図にそった縦軸の歴史しかないのだ。はじめのほうの天皇たちの話はフィクションの可能性が高い。それでも天皇がいかなる存在かを知るための史料としては最重要だと三浦さんは評価する。

「特に6世紀に入った継体天皇以降は、近隣諸国との外交関係の記事が増えて、記述の信憑性も高くなります。ただし、『日本書紀』は基本的に国家にとって都合のいい書き方になっているので注意は必要です。例えば、朝鮮半島の統一をめぐって白村江の戦いが起こり、百済に味方した日本が唐と新羅の連合軍に大敗したときのことなどは、日本と韓国と中国の記録は食い違っています」

天皇サイドから書かれているが『日本書紀』にはさまざまな異説も盛り込まれている。

「『日本書紀』の編纂者は当時のトップクラスの学者ですが、日本人だけではなく中国語のネイティブも含まれていたと言われています。渡来人と協力して多様な伝承・文献をまとめているから記述が一面的にならなかったのかもしれません。日本がどのようにして古代国家を成立させていったか、歴史書がどんな役割を果たしたかという観点で読むと面白い本だと思います」

みうら・すけゆき／1946年生まれ。古代文学・伝承文学研究者、千葉大学名誉教授。『口語訳　古事記』で角川財団学芸賞を受賞。著書に『古事記を旅する』など。

『古事記』

文春文庫（神代篇・人代篇）

ツボ

『日本書紀』が政府の公式発表だとすれば、『古事記』は血の気が通っていて人間臭い『週刊文春』

賢人 三浦佑之さん

7１2年に成立したと言われる『古事記』は、イザナキとイザナミによる国生み、イザナキの黄泉の国訪問、高天原を大混乱に落とし入れたアマテラスの天の岩屋戸ごもり、地上に追いやられたスサノヲのヤマタノヲロチ退治など、日本人にとって馴染み深い神話が収められている。

古代文学・伝承文学研究者の三浦佑之さんは「『古事記』は『日本書紀』と同じく神々の話と天皇家の歴史で構成されています。ただし『古事記』は『日本書紀』より神話の割合が大きく、文学的な要素が非常に強い。また、『日本書紀』には300回近く国家を意

識させる〈日本〉という言葉が出てきますが、『古事記』には一度も出てきません。すべて〈倭（やまと）〉です。天皇に排除された人間、しかも悲劇的な死に方をした人間を中心にした〝滅びの物語〟になっています」と語る。〝滅びの物語〟とは具体的に何を指すのか。

「まず、『日本書紀』にはほとんど書かれていない出雲神話が『古事記』には入っています。有名な『稲羽の素兎』も出雲神話です。出雲は、日本海側の地域で勢力を持ち、ある段階で倭に滅ぼされたと考えられています。また『日本書紀』のヤマトタケルは律令国家が理想とする遠征将軍ですが、『古事記』では父と断絶して関係を修復できないまま死ぬ悲劇の英雄として語られており、同一人物とは思えないほどです」

『古事記』の〝滅びの物語〟の中で、三浦さんが特に注目しているのはマヨワの話だ。舞台は五世紀後半の都。安康天皇はある男を殺して、その妃を奪う。妃にはマヨワという七歳の息子がいた。宮殿で暮らし始めたマヨワは、天皇と母の会話を盗み聞きして、父の死の真相を知ってしまう。そして夜中に天皇の寝室に忍び込み復讐を遂げる。

「『ハムレット』を彷彿とさせる悲劇ですが、本当に感動するのは、天皇を殺して追われる身になったマヨワが葛城氏という豪族の頭領を頼るくだりです。朝廷の軍勢に取り囲まれ、負けることがわかっていながら矢が尽きるまで戦う葛城氏に、マヨワは〈今は、われを殺したまえ〉と言う。葛城氏はマヨワを殺した直後に自分の首を切って死ぬ。同じ出来事を『日本書紀』はあくまでも国家の側でドライに書いていますが、『古事記』は滅んでいく人々の内側に入り込んで語る。『日本書紀』が政府の公式発表だとすれば、『古事記』

は血の気が通っていて人間臭い、いわば『週刊文春』ですね」

序文によれば『古事記』は天武天皇の勅命によって編纂されたことになっている。しかし三浦さんは、序文は後年付け足されたものではないかと考えている。

「『古事記』と『日本書紀』は内容だけではなく、文体もかけ離れているし、序文を引用した史料も9世紀まで出てこない。『古事記』は国家の中枢から外れた、どこか異端な場所で作られたのではないかと私は考えています。『古事記』と『日本書紀』が〈記紀〉と呼ばれセット扱いされるようになったのは20世紀に入り、明治政府がクーデターで打ち立てた国家に正統性を持たせるために、天皇という錦の御旗(みはた)と歴史を必要としたからです。『日本書紀』だけでは味気ないので、わかりやすくて面白い『古事記』をミックスして教科書に載せたのでしょう。戦争のプロパガンダにも利用されましたが、『古事記』に罪はない。なんといっても物語として面白いので、楽しんでほしいと思います」

みうら・すけゆき／1946年生まれ。古代文学・伝承文学研究者、千葉大学名誉教授。『口語訳　古事記』で角川財団学芸賞を受賞。著書に『古事記を旅する』など。

泉鏡花
『高野聖』

ツボ

賢人 東雅夫さん

夢幻能の様式を援用することで、読者を自然と超現実的な世界に誘っている

泉鏡花は日本の幻想文学を代表する作家だ。没後80年経っても人気で、マンガやゲームのキャラクターにもなっている。

幻想文学に詳しいアンソロジストの東雅夫さんによれば、妖怪や幽霊の話を好んだので〝おばけずきの鏡花〟と呼ばれている。生涯に手掛けた300編を超える全作品中、いわゆる怪奇幻想文学が3分の2近くを占めるのだそうだ。

「今では称賛の言葉になっている〝おばけずき〟ですが、鏡花が文壇に出た当時は揶揄的な意味合いで使われていました。明治維新によって急速な近代化を進めた社会において、

新潮文庫

おばけは前時代の遺物として蔑(さげす)まれていたからです。文学の世界でもリアリズムを重んじる自然主義文学が隆盛し、鏡花の小説は荒唐無稽な江戸の戯作の伝統を脱却しきれていない〈反近代〉的な文学とみなされました」

泉鏡花が困窮したときに夏目漱石に助けてもらったのは有名な話だ。大正時代に入ると反自然主義文学の勢力が強くなり、鏡花を支持する作家も増えた。現代に至る鏡花の評価を決定づけたのは、戦後の三島由紀夫の賛辞だと東さんは指摘する。

「三島は鏡花を〈つねに民衆の平均的感性と相結びながら、日本語のもっとも奔放な、もっとも高い可能性を開拓し、講談や人情話などの民衆の話法を採用しながら、海のように豊富な語彙で金石の文を成し、高度な神秘主義と象徴主義の密林へほとんど素手で分け入った〉天才と絶賛しています。鏡花の短編の代表作として三島に選ばれたのが『高野聖(こうやひじり)』です」

1900年発表の『高野聖』は、僧侶が若いころ飛騨の山を越える旅の途中で遭遇した怪異譚。ひょんなことから薬売りの男を追いかける僧は、大蛇がいる道や蛭の降る森を通り抜け、一軒の山家(やまが)にたどり着き、美しい女に出会う。

「どこともしれぬ深山の奥に、神秘的な力を備えた美しい女性が暮らすユートピアがある。そこに鏡花が自身を投影した若い僧が迷い込み、女性に庇護されながら不思議なものを見聞したあと、元の世界に戻ってくる。鏡花の幻想の核にあるものがわかりやすく描かれていて、完成度も高い」

気に入らない男を動物に変えてしまう美女という超自然的な存在を登場させているのに、近代日本の知識人にある程度受け入れられたのは、あるパターンを踏襲していたからだという。

「それは夢幻能です。能ではよく、ある場所を訪れた旅の僧が超自然的な存在に出会い、後半でその存在が主人公となって物語を語ります。鏡花はその入れ子構造や旅の僧と超自然的な存在との遭遇というモチーフを夢幻能から借りていると思われます。鏡花は母方が能楽師の家でしたから、能になじみがありました。また、夏目漱石が謡(うたい)を趣味にしていたことからもわかるように、能の教養は当時の知識人の多くが身につけているものでした。『高野聖』は能の様式を援用することで、読者を自然と超現実的な世界に誘(いざな)ってきたのです」

能が一般教養でなくなった現在でも鏡花の人気は衰えない。その秘密とは?

「自然主義文学は西洋の文学理論を日本語で実践することから出発しました。一方、鏡花は故郷・金沢にいるころから親しんでいた土俗的なおばけの世界や、早逝した母から受け継いだ江戸の文学や芸能の世界を、自身の血肉として独自の文体を創り出し、ビジュアルな言葉の力で、ありえないものをありえるように感じさせることに成功しました。主題にも文体にも借り物ではない独自性があるので息が長いのでしょう」

ひがし・まさお／1958年生まれ。文芸評論家、アンソロジスト。評論誌『幻想文学』の編集長を創刊から20年余務める。著書に『百物語の怪談史』など。

内田百閒『冥途』

ツボ

現代人が読んでもわかりやすい日本語と独特な皮膚感覚を備えた表現が巧み

賢人 東雅夫さん

内田百閒は泉鏡花と並んで日本の幻想文学を代表する作家だ。幻想文学に精通するアンソロジストの東雅夫さんは、「どちらも卓抜な日本語で現実とは異なる世界を創造した作家ですが、二人の作風はまったく異なります」と語る。

どんなところが違うのだろう。

「まず、文体が対照的です。作家の都筑道夫さんは鏡花の文体は短歌型で百閒は俳句型だと言っています。ありえないくらい言葉を重ねていく鏡花に対して、百閒は言葉を極限まで削ぎ落としていきました。また都筑さんは、鏡花の作品はゴシック小説で百閒はモダ

岩波文庫

ン・ホラーだという比較もしています。百閒も鏡花同様に大のおばけずきですが、百閒の小説に出てくるおばけのほうが現代的ですね」

1922年に初版が刊行された『冥途』は百閒の小説の代表作。怪しい女と入江にあがる花火を見る「花火」、長い遍路の旅の果てにたどり着いた宿屋の隣の座敷から鳥の苦しそうな鳴き声が聞こえてくる「烏」、未来を予言するという伝説の怪物になってしまった人間が群衆に囲まれる「件(くだん)」、狐のばけるところを見ようと思ってうちを出て何の気もなく後ろを振り返ったら蛍の行列が流れていく「短夜」、なぜか小鳥屋にいた豹が次々と人を食べながら追いかけてくる「豹」など、18編を収める短編集だ。

「『冥途』は百閒の師である夏目漱石の『夢十夜』を意識した連作だと思います。漱石が『夢十夜』で試みたことを自分なりにやってみようと考えたのでしょう。『夢十夜』の場合、漱石が理知的に作った夢の枠組みの中で怪異が起こります。だから日常と非日常の境界は、はっきりしています。しかし、日記や随筆にも不思議な話が紛れ込んでいる百閒は根っからの幻視者ですから、夢と現実の境界がはっきりしていません。『冥途』では自分の身の上に起こった出来事を独白するように怪異が語られています。現代人が読んでもわかりやすい日本語と、独特な皮膚感覚を備えた表現を使って、読者にありえないものの存在を巧みに信じこませます」

収録作の中でも特に優れた一編として東さんが選ぶのは表題作の「冥途」だ。

「〈高い、大きな、暗い土手が、何処から何処へ行くのか解らない、静かに、冷たく、夜

の中を走っている〉という冒頭から巧みです。小学生でも読める明快な文章ですが、形容詞を畳みかけることによって、頭の中に情景がどんどん入ってきます。土手の下の一膳飯屋に腰掛けている〈私〉が〈時時土手の上を通るもの〉を目にするくだりは、飯屋があの世とこの世の境目であるということを暗示している。とりわけ印象に残るのは、ビードロの筒に入れられた蜂の記憶が緻密に描写される場面です。その蜂が〈私〉の亡くなった父の声を呼び起こします」

発表当初は芥川龍之介や佐藤春夫など一部の作家には好評だったが広く読まれなかった。幻想小説家としての百閒の名を世に知らしめたのは三島由紀夫だ。三島は『作家論』で百閒の『東京日記』を〈異常事、天変地異、怪異を描きながら、その筆致はつねに沈着であり、どこかにきちんと日常性が確保されているから、なお怖い〉と絶賛した。

今では純文学からミステリーまでジャンルを問わず、広く作家に影響を与えている。

「小説でも漫画でもゲームでも、人間の娯楽の原点には、現実とは違う世界をバーチャルに体験したいという欲望があります。すべてのエンターテインメントは幻想であると言ってもいいでしょう。百閒の作品は幻想的であると同時にリアルでもあります。自分が見た世界をありのままに描きながら、言葉の喚起するイメージによって風景の奥にある真実を伝える力を持っている。だから時代を越えて読みつがれているのでしょう」

ひがし・まさお／1958年生まれ。文芸評論家、アンソロジスト。評論誌『幻想文学』の編集長を創刊から20年余務める。著書に『百物語の怪談史』など。

柳田國男『遠野物語』

賢人 中沢新一さん

日本人が伝統的に共有してきた感覚が遠野という小宇宙に凝縮されている

１９１０年に刊行された柳田國男の『遠野物語』は、現在の岩手県遠野市に伝わる伝承を集めた日本民俗学の嚆矢（こうし）。旧家に住む「ザシキワラシ」という神様や、馬を川に引きずりこもうとする「河童」がいる不思議な世界が描かれている。思想家・人類学者の中沢新一さんによれば、当時まだ「民俗学」という学問はなかった。

「『遠野物語』が書かれたのは、世界的にも産業革命によって近代化が進み、農村の人々が都市へ出て行って、郷土の伝承が失われつつあった時代です。農商務省の官僚で江戸時代の随筆や地方新聞の三面記事などに関心のあった柳田國男は、ヨーロッパでフォークロ

角川ソフィア文庫

アという学問が発達していることを知って、日本独自の郷土学を立ち上げようとしていました。そのころ柳田の家に出入りしていた人たちの中に、遠野出身の佐々木喜善（きぜん）がいたんです」

作家志望だった佐々木は、故郷の伝承を語り聞かせた。柳田はすぐに『遠野物語』という題名を思いついてそれを記録した。特に山人の話に惹かれていたという。

「サンカなどが有名ですが、日本各地の山の中には昔から狩猟採集を生業にする人々が暮らしていた。山人が起こしたいろんな事件の記録も残っています。平地に住む普通の日本人とは全然違う、野性に満ちた人たちです。柳田が引き込まれたのは、文献でしか知らなかった山人が実体化されていたからというのもあるでしょう。神隠しにあった女性が山人の妻になっている話など『遠野物語』には艶めかしい山のエピソードがいくつも収められています」

山中にある不思議な家〈マヨヒガ〉の話も引き込まれる。ある日、女が小川に沿って蕗（ふき）を採りながら谷の奥深くに登っていくと、立派な黒い門の家にたどりつく。鶏や牛や馬はいるのに、人の気配はない。女は恐ろしくなって逃げ帰る。後日、女の家は繁栄する。山人が無欲な女に贈り物をしたからだ。

東北の一地方の昔話が広く読まれるようになったのはなぜだろう。中沢さんはまず遠野という土地の特異性を指摘する。

「遠野は四方を山に囲まれています。全体を見渡せる手頃な大きさの盆地に町が点在し、

家の裏から山に直接入ることができる。平地人は山にいるものを畏怖しながら暮らしている。神々も山人も山に生息している動植物も、平地人にはコントロールできない存在だからです。人間は人智の及ばないものに取り囲まれ怪異は身近にあるもの、という日本人が伝統的に共有してきた感覚が遠野という小宇宙に凝縮されています」

遠野という小宇宙には、日本人の豊かな想像力があらわれている。

「例えば遠野の人は誰もいないはずの部屋から紙のがさがさいう音が聞こえるだけでザシキワラシがいると思います。そんな微かな音から姿かたちや行動まで具体的に想像する。狼のうなり声や足音を聞いただけで恐怖がかきたてられる話もあります。目に見えるものからメッセージを受け取るのではなく、自然界で響き合うものに耳を澄ませることによってファンタジーが生まれる。日本人が古くから持っていた繊細な感受性が『遠野物語』には色濃く反映されているんです」

『遠野物語』は泉鏡花など作家に高く評価され、文学にも多大な影響を与えた。

「ザシキワラシみたいな神秘的な子供の伝説はユーラシア大陸の各地に残っていますが、『遠野物語』のものはとくに洗練されています。語り継がれた話をそのまま書き写したのではなく、能吏で優れた文学者でもあった柳田國男のフィルターを通しているから、日本全体に浸透したのでしょう」

なかざわしんいち／1950年生まれ。人類学者、思想家。京都大学こころの未来研究センター特任教授。『チベットのモーツァルト』『アースダイバー』シリーズ、『レンマ学』など著書多数。

折口信夫『死者の書』

角川ソフィア文庫

ツボ

賢人 中沢新一さん

世界を小宇宙として捉え、森羅万象の響き合いを繊細に感じ取る精神性がある

折口信夫は、前述の柳田國男と並ぶ、日本民俗学の祖だ。『遠野物語』に感銘を受け、柳田國男に師事した。日本の神の観念の原型は海の向こうの異郷から訪れた「まれびと」であるという説を提唱した。歌人「釈迢空」としても知られる。

1943年刊行の『死者の書』は、奈良時代に當麻（たいま）曼荼羅（まんだら）を一夜で織ったという中将姫の伝説に着想を得た物語。二上山に埋葬された不遇の皇子・滋賀津彦（大津皇子）と、沈む太陽の光の中に見た阿弥陀如来に惹かれて女人禁制の寺に足を踏み入れてしまった藤原南家郎女（いらつめ）が出会う。郎女が中将姫だ。

思想家の中沢新一さんによれば「折口信夫は古代日本人の精神と芸能の関係を主軸とした独自の民俗学をうちたてました。その研究の集大成を小説の形で表現したのが『死者の書』です。縄文時代から日本人の精神に深く根をはる太陽をめぐる神話的思考と、仏教が教える浄土思想とを、藤原南家郎女という女性の数奇な運命を通してひとつに結び合わせた思想小説であり、歴史小説でもあります」

折口自身は意図していたかどうかわからないが、書き方も当時の世界文学の最先端を行っていると中沢さんは指摘する。

「１９２０年代にT・S・エリオットの『荒地』、ジェイムズ・ジョイスの『ユリシーズ』、ヴァージニア・ウルフの『灯台へ』など、外界で起こっている出来事ではなく、時空を超えて人間の内面に流れていくものに焦点をあわせる文学が生まれました。『死者の書』もそういう意識の流れの手法をとった作品として読むことができます。最も顕著なのは、滋賀津彦が闇の中で目覚める冒頭部分でしょう。体は肉が削げ落ちて骨しかなく、冷たいところに横たわっていて、足も満足に持ち上がらないという状況を死者の霊の内側から描いている。この滋賀津彦が郎女を追いかけていくストーカー小説でもあります」

中沢さんによれば、滋賀津彦のストーキングは、死の瞬間に始まっている。

「死ぬ前に一度だけ目が合った耳面刀自（みみものとじ）という女性に滋賀津彦は恋をしていた。それから１００年も後の時代になって、彼は二上山の麓の寺で罪を贖う郎女に、耳面刀自の面影を見る。一方、郎女は二上山の二つの峰の間にあらわれた美しい人、阿弥陀如来の幻にエロスをかきたてられ、その面影を追いかけてしまう。追う方も追われる方も、相手をチラッと見た瞬間に恋心が燃え上がるストーカーであるところが面白い。折口は『死者の書』で、恋という言葉の語源である〝乞う〟ことを追求しているわけです」

中沢さんが一番魅力を感じる部分はどこだろう。

「民俗学の知見を総動員して描かれた細部です。例えば郎女が家を出て田んぼの道を二上山へ向かって歩く場面を読むと、古代の農村風景がリアルに思い浮かぶ。死霊も観念的ではなく物質性があって生々しい」

折口は『死者の書』によって日本人の根源にある古代性を蘇らせているのだ。

「郎女が歩いているときに鳥の音や山の獣の叫び声が聞こえてくる。『遠野物語』と同様に、自然にあるさまざまなものの響き合いが小宇宙を創っています。その小宇宙の中だからこそ、滋賀津彦と郎女の魂が性や生死の境界を超えて響き合う。世界を小宇宙として捉え、森羅万象の響き合いを繊細に感じ取る精神性が、日本人にはまだ残っている。そこは人工知能化するのは難しい部分だから、グローバル社会において日本人の強みになり得ると思います。折口信夫や柳田國男の民俗学は、未来学でもあるんです」

共同体の中ではぐくまれてきたコスモロジーこそ、社会の諸問題を解決する突破口となるのかもしれない。

なかざわしんいち／1950年生まれ。人類学者、思想家。京都大学こころの未来研究センター特任教授。『チベットのモーツァルト』『アースダイバー』シリーズ、『レンマ学』など著書多数。

海外文学

ガルシア＝マルケス『百年の孤独』

ツボ

賢人 木村榮一さん

マジック・リアリズムの手法を用いて、幻想と現実が地続きの神話を創造した

ラテンアメリカ文学は第二次世界大戦後、ボルヘス、コルタサル、バルガス＝リョサらを輩出し、新しい血を欲していた現代小説に衝撃をもたらした。その代表作が、ガルシア＝マルケスが1967年に発表した『百年の孤独』だ。

ガルシア＝マルケスは、1927年コロンビア生まれ。自分の一族の物語を書こうと構想しながら経済的に困窮する生活を続けていたある日、家族と車で出かけようとしたときに、幼い頃一緒に暮らしていた祖母の語り口で書くことを思い立つ。それから1年と少しかけて、何度か中断もしながら作品を完成させたという。

新潮社

『百年の孤独』ではマコンドという村を建設したホセ・アルカディオ・ブエンディアと、彼の一族の100年の歴史が語られる。この小説でも多用され、ラテンアメリカ文学の代名詞とも言える手法「マジック・リアリズム」とは何だろう。

スペイン語圏の名作を数多く翻訳してきた木村榮一さんによれば「死んだはずの人が再登場したり、突然黄色い花が雨のように降り出したりと、幻想が現実と地続きに描かれ、両者が混淆した独特な世界が創造されました。ヨーロッパの文学者の目には、魔術的、驚異的に映ったのでしょうが、南米にはヨーロッパにはない自然や風土があり、想像を超える破格の独裁者もいました。意識的に追求された手法というよりも、現実そのものが驚異的なので、それをありのまま描いたら魔術的になった、と言うべきでしょう。例えば大河という言葉から、南米の人が思い浮かべるのはアマゾン川です。その自然はヨーロッパと比べると想像できないくらいスケールが大きく、その密林が抱えている闇は深く、濃い」とのことだ。

『百年の孤独』では、マジック・リアリズムでどのようにマコンドは描かれたのか。

「住民はひどい不眠症にかかって記憶喪失になったためにあらゆるものに名を書いた紙を貼り付け、神父はチョコレートを飲んで宙に浮かび、美しい娘はシーツに包(くる)まって文字通り昇天します。ひとつ間違えばとんでもないばか話になるこれらの幻想的なエピソードを、ガルシア＝マルケスはリアルに描き出します。神父は漠然と浮かぶのではなく〈十二センチほど浮きあがった〉と書きました。具体的な数字を挙げて現実味を出す技法は、ジャー

ナリストとして仕事をしていたときに学んだのでしょう」

原始共同体的な社会から賑やかな街になり、長い内戦を経て、アメリカの大資本の投下によって繁栄していくマコンドの歴史は、ラテンアメリカそのものの歴史と重なり合う。

「『百年の孤独』で最も重要なのは、マコンドとその中心にいたブエンディア家の最後の人間が、彼らの歴史を記述した羊皮紙とともに、強風に吹き飛ばされて消滅する結末です。〈百年の孤独を運命づけられた家系は二度と地上に出現する機会を持ちえない〉と記されています。つまり作者はひとつの世界を創造しただけでなく、それが消滅するところまで書いた。そのことによって、マコンドとブエンディア一族の物語を死と再生の神話に変貌させたのです。それは文学空間に新しい地平を切り拓いた創世記なのです」

『百年の孤独』に神は出てきませんが、ここに新しい神話が誕生したのです。つまり、『百年の孤独』は世界中にフォロワーを生みだし、大江健三郎など日本の作家にも多大な影響を与えている。

「中国の莫言(ばくげん)やコンゴ共和国のエマニュエル・ドンガラなど、発展途上国の作家は特に強い影響を受けています。どの土地にもそこにしかない魔術的な現実がある。それを自分もこの手法で書いてみたい、書けるのではないかと思わせる。人を物語へと駆り立てるパワーのある作品です」


きむら・えいいち／1943年生まれ。スペイン文学・ラテンアメリカ文学翻訳者。神戸市外国語大学名誉教授。訳書にリョサ『緑の家』、マルケス『コレラの時代の愛』など。

ボルヘス
『エル・アレフ』

平凡社

賢人 木村榮一さん

卓越した記憶力とすぐれたユーモア感覚で迷宮のような独自の文学空間を創造

ガルシア＝マルケスよりも前に、ラテンアメリカ文学ブームの先鞭をつけた作家がいた。アルゼンチンのホルヘ・ルイス・ボルヘスだ。

その代表的短編集『エル・アレフ』の翻訳者である木村榮一さんは、ラテンアメリカ文学が世界の注目を集める突破口を切り拓いた作家こそボルヘスだと評する。

「ボルヘスは卓越した記憶力とすぐれたユーモア感覚を備え、古今東西の文学、哲学、神学などに関する該博な知識をもとに独自の文学空間を創造しました。第二次世界大戦前にアルゼンチンを訪れたフランスのある作家が〈ボルヘスは旅に値する〉と言ったくらい、

彼の教養はヨーロッパの知識人を驚嘆させた。ミシェル・フーコーの『言葉と物』、ウンベルト・エーコの『薔薇の名前』、スタニスワフ・レムの『完全な真空』などの作品はボルヘスの著作に触発されて生まれました」

『エル・アレフ』は1949年に刊行された。表題作は、ダンテの『神曲』に着想を得た一編。ある日、語り手の〈私〉に亡くなった恋人ベアトリスのいとこのダネリから電話がかかってくる。ダネリの家の地下室にある不思議な球体エル・アレフは、『神曲』に出てくる三位一体の象徴をパロディ化したものだ。

木村さんによれば、この作品には興味深い背景がある。

「『エル・アレフ』の末尾に〈エステラ・カントに捧げる〉という献辞があります。執筆当時、ボルヘスはエステラという女性に結婚を申し込みますが、断られてしまいました。自分をふったエステラに対する当てつけに、この小説を書いたのです。ボルヘスはもともとうぶなところがあり、講演の時以外は人前に出るのを嫌がるほどで、女性とも親密に付き合うのを苦手にしていたそうです。そのようなボルヘスが失恋し、その経験をもとに『神曲』のパロディを書いたら、どうなるかという読み方をしても面白いでしょう」

難解なイメージのあるボルヘスだが、失恋の傷心が込められていると思うと親しみがわく。収録作の中で木村さんが推す一編は『オデュッセイア』の作者ホメロスが登場する「不死の人」。主人公は不死の人たちが住む秘密の都市を探して砂漠を放浪する。

「不死をもたらす川の水を飲み、波瀾万丈の旅を続けた主人公は、最後に不死性を消去す

る川の水を飲みます。そして木のトゲに手を引っかかれてついた傷からにじみ出る血の滴を見つめながら〈自分はふたたび死すべき人間になった、ふたたびすべての人間と同じになったのだとくり返した〉。避けがたい死がもたらす悲しみと、永遠の生という呪縛から逃れられる幸福を同時に感じているのです。この結びが素晴らしい」

「不死の人」の主人公がさまよう迷宮も、ボルヘスがいろいろな作品で繰り返し描いているものだという。

「ボルヘスは我々の有限の世界に無限をどうやって現出させるかということをずっと考えていた人です。『不死の人』は人間にとって無限の生は地獄という話。無限の時間と空間を有限の空間に閉じ込めたものが迷宮だったのでしょう。ボルヘスの作品も、迷宮と同じように次の行に何が出てくるかわからない。難解この上ない単語や引用が頻出して眩惑されますが、少しずつ調べながら読むと無限に楽しめる知的構築物なのです」

『エル・アレフ』にはダンテ、ホメロスだけではなく、デカルト、プラトン、シェイクスピア、ニーチェなどの名前も出てくる。おびただしい数の名著から生まれた名著なのだ。手強いのは当たり前。すぐに意味を理解しなければいけないと焦らず、迷宮をうろうろすることを楽しみながら読みたい。

きむら・えいいち／1943年生まれ。スペイン文学・ラテンアメリカ文学翻訳者。神戸市外国語大学名誉教授。訳書にリョサ『緑の家』、マルケス『コレラの時代の愛』など。

Ⅳ
社会を考える

サルトル『嘔吐』

人文書院

ツボ

世界がファシズムに蹂躙された時代、存在に対する否定的な感覚が生まれた

賢人 中条省平さん

1938年に刊行された『嘔吐』は、20世紀フランスを代表する哲学者ジャン＝ポール・サルトルの出発点といえる長編小説だ。主人公のロカンタンは30歳の独身青年。海辺で拾った小石を見て吐き気をもよおしたことをきっかけに、日々の出来事を記録しながら、存在の偶然性について考察していく。

学習院大学文学部フランス語圏文化学科教授の中条省平さんは「普通は哲学で扱う〈実存〉という観念をひとりの人間の物語にした稀有な作品です」と評する。〈実存〉とはどんな観念だろう？

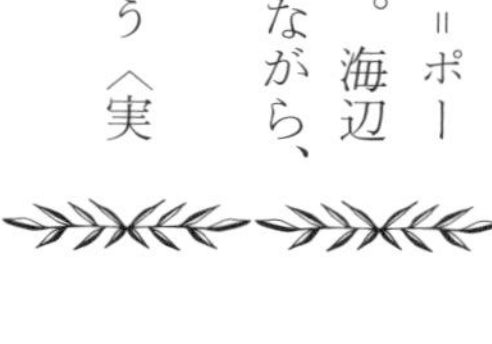

「まず、〈実存〉という言葉はふたつの意味で使われていることを理解しておかなければなりません。サルトルは1945年の『実存主義とはヒューマニズムである』という講演で〈実存は本質に先立つ〉と提唱し、知識人のオピニオンリーダーになりました。この場合の〈実存〉は、個々の人間が魂や理性といった本質よりも先に存在しているという意味ですね。人間は神によって創造されたものというキリスト教的な世界観と、デカルト的な近代哲学の理性中心主義の世界観の両方を否定したことは、哲学史上における途方もない革命でした。一方『嘔吐』が問題にするのは、物の〈実存〉です。あらゆる物は世界に何の根拠もなく存在し、我々を圧迫して苦しめるという認識が、ロカンタンに吐き気をおぼえさせるわけです」

物の存在がもたらす吐き気の描写の中で中条さんが白眉として選ぶのは、ロカンタンが公園でマロニエの木の根を見るくだりだ。

「見ているうちにそれがマロニエの根っこだとわからなくなり〈あとには怪物じみた、ぶよぶよした、混乱した塊が残った〉という。このグロテスクな経験を通して存在の鬱陶しさを描いています。サルトルの哲学の重要かつ面白い特色である粘液質な感覚も出てくる。世界はくっきりと見えず、べとべとねばねばしたものに覆われているのです」

ロカンタンの世界に対する否応ない嫌悪感は、時代と切り離せない。サルトルが『嘔吐』を執筆したころ、ドイツでもイタリアでもスペインでも、独裁者が政権をとった。フランスは社会党と共産党が反ファシズムを掲げて人民戦線という連合政権を樹立するが、

まもなく崩壊してしまう。

「世界はファシズムに蹂躙され戦争へ向かっている状況だったからこそ、存在に対する否定的な感覚が生まれた。哲学論文ではなく小説の形になったのは、血肉を持ったひとりの人間の言葉にして伝えたほうが説得力があるとサルトルは考えたからでしょう」

ロカンタンの知り合いで「独学者」と呼ばれるヒューマニストが滑稽な人物として描かれているのも、ヒューマニズムに希望を見いだせない時代を反映している。ところが戦後になると、サルトルは「実存主義とはヒューマニズムである」と方向転換する。なぜだろう。

「世界は偶然で成り立っていて、存在に理由がないとしたら、人間はゼロから自分をつくりあげるしかないという結論にいたったからでしょう。独学者の〈人生は、それに意味を与えようとすれば意味がある。まず行動し、一つの企てのなかに身を投じなければならない〉という言葉は肯定され、〈投企〉という実存主義の基本概念になります。それからサルトルの思想は人々を〈アンガージュマン〉、政治参加へ導くのです」

生涯のパートナーだったボーヴォワールによれば、サルトルは哲学を文学から引き離すことを自らに禁じていたという。『嘔吐』はそんなサルトルの思想が最も色濃く反映された作品であり、その後の活動にも大きな影響を与えているのである。

ちゅうじょう・しょうへい／1954年生まれ。フランス文学者、学習院大学文学部フランス語圏文化学科教授。著書に『フランス映画史の誘惑』『反＝近代文学史』など。

カミュ
『異邦人』

ツボ

賢人 中条省平さん

災厄がでたらめに人間を襲う不条理な世界に、ひとり反抗する人間を描いた

ノーベル文学賞作家のアルベール・カミュが1942年に刊行した代表作『異邦人』。〈きょう、ママンが死んだ〉という鮮烈な書き出しで知られる。

学習院大学教授の中条省平さんは「カミュとサルトルは〈実存主義〉でひと括りにされてしまいがちですが、感性は正反対だと思います。サルトルの『嘔吐』は曇天の町が舞台で、内向的な主人公の停滞した日常をねばねばべとべとした感性で描いている。『異邦人』はひとりの男が死刑囚になるまでの話でありながら、海と太陽に自分を開いていくような感性の柔軟さと広がりを持っているのです。主人公のムルソーも人殺しなのに颯爽と

新潮文庫

していてかっこいい。生まれ育った地中海沿岸の陽光きらめく風景が、カミュの原点になっているからでしょう」と語る。

フランスの植民地だったアルジェリアの、場末の町に住んでいるムルソーは、ある日曜日、浜辺を散歩中に遭遇したアラビア人をピストルで撃ってしまう。裁判で語った殺人の動機は〈太陽のせいだ〉。

「『異邦人』はムルソーが世界の不条理を発見する小説と言えるでしょう。世界は不条理、つまり筋道が立っておらず、戦争や災害はでたらめに人間を襲う。だったら人間も不条理でかまわないのではないか。母が死んで悲しまないことも、太陽のせいで人を殺すこともありうるのではないか……というわけで、ムルソーは不条理な世界にたったひとりで反抗する人間になりました。三島由紀夫は『異邦人』の批評でムルソーを法律やモラルといった外的存在の判断に身を委ねない人間と評価しています。神も愛も正義も信じず、徹底して自分の意思にもとづいて行動するのです」

カミュもムルソーと同様、神を信じていなかった。そして戦争が大嫌いだった。第二次世界大戦が始まり、フランスの世論がファシズムと一丸となって戦おうと気勢を上げたときも、カミュは嫌悪感を示したという。どんな大義があっても暴力で対抗した時点で相手と同じになるからだ。

「ムルソーはアラビア人が刃物をぬいたあとに銃の引き金を引きますが、自らの行為を決して正当化しません。不条理の連続でそういう事件が起こり得るという書き方になってい

ます。サルトルの評言を借りれば、ムルソーがガラスの仕切りの向こうから語る文体ですね。ムルソーの行動は鮮明に全部見えるのに内心の言葉は遮断されていて、何をしても他人事風のクールさがある。思想家のロラン・バルトが〈白いエクリチュール〉と呼んだこの文体の魅力も長く読みつがれている理由でしょう」

『異邦人』が評判になったあと、カミュは不条理をどう乗り越えて生きるべきかという問題を考えていった。

「ただ、カミュは友人だったサルトルのように政治的な手段を用いたより良い社会の建設は目指さなかった。51年刊行の哲学エッセー『反抗的人間』ではマルクス主義を否定し、サルトルから絶交を宣言されました。当時はサルトルが圧倒的に支持されましたが、マルクス主義はスターリンの恐怖政治に至りました。今となっては反戦・非暴力を貫き、それぞれが自分のできることをするしかないというカミュの答えのほうが真っ当に見えます」

ちゅうじょう・しょうへい／1954年生まれ。フランス文学者、学習院大学文学部フランス語圏文化学科教授。著書に『フランス映画史の誘惑』『反＝近代文学史』など。

カフカ『城』

システムが不透明な官僚機構と「城」を重ねて読むこともできる

賢人 松永美穂さん

フランツ・カフカはプラハ生まれのユダヤ人だ。ボヘミア王国（現在のチェコ共和国）プラハ労働者傷害保険協会の書記官として働きながら、ドイツ語で小説を書いた。結核に侵され41歳で死去。生前は無名だったが、現在その作品は世界中で読まれている。1922年に執筆した長編『城』は、晩年の代表作だ。

当初タイトルはなく「城の小説」と呼ばれていた。カフカは自分の死後、遺稿はすべて焼却してほしいと親友のマックス・ブロートに頼んでいた。ブロートが遺志に反して出版しなければ『城』が世に出ることはなかった。

新潮文庫

ドイツ文学者で早稲田大学教授の松永美穂さんは「ドイツ語で〈城〉は〈シュロス〉と言います。語源は〈閉じる〉という意味の動詞〈シュリーセン〉です。外界から閉ざされ、決してたどりつけない城は、カフカの不条理性を最もよく表しています」と評する。

ある冬の夜ふけ、測量士のKが村を訪れる場面で『城』は始まる。Kは村の領主である伯爵に雇われたと言うが、城の方向へ歩き続けても近づくことすらできない。Kは村にとどまり、城に行く方法を模索する。カフカはなぜこんな不条理な小説を書いたのだろう。

「ユダヤ人という出自と関係があると思います。カフカは父の方針でドイツ語の教育を受け、敬虔なユダヤ教徒ではありませんでした。しかし19世紀末以降、ヨーロッパ全体で反ユダヤ主義が高まっていたので、自らのユダヤ性を意識せざるを得なかったのでしょう。親友で作家のマックス・ブロートはユダヤ人によるユダヤ人のための国家建設を目指すシオニズム運動に参加していて、カフカもパレスチナへの移住を考えていました。ユダヤ性という視点で『城』を読むと、城は戒律が厳しくなかなか救済が得られないユダヤ教の神の世界と解釈できます。また、Kはどこにも居場所がないよそ者です。当時のユダヤ人が置かれていた不安な状況が投影されているという読み方もできます」

貧しいユダヤ人家庭に生まれ育ちながら身を粉にして働き、事業を成功させた父との確執も、カフカの作品に大きな影響を与えていると松永さんは指摘する。

「父は長男のカフカに事業を継がせたいと考えていた。家長として結婚して一族を守ることも望んでいた。でも本当は文学をやりたいカフカは逃げ腰でした。父に逆らって専業作

家になる夢を実現することはできない。かといって父の要望通りに生きることもできない。カフカはそんな自分を、一向に目的地にたどりつけない測量士Kに重ね合わせていたのかもしれません」

不条理な世界の背景にはカフカの仕事事情もあった。

「カフカは労働災害にあった人に保険が出るかどうか査定をしていました。聞き取り調査のときに嘘を言う労働者がいたということを書き残しています。『城』のKも発言に疑わしい点がいくつもある。信頼できない語り手によって不条理感が増しています。Kの処遇をめぐる城や村の役所の説明も不条理です。カフカの勤め先は半官半民の組織で、職員は官吏と見なされていた。システムが不透明な官僚機構と城を重ねて読むこともできるでしょう」

Kは頼まれて来たらしいのに村長に〈残念ながら、われわれは測量士を必要とはしていないのです〉と言われてしまう。カフカだからこそ描けた世界だが、社会の中で確固とした所属先を持ちづらい現代人にとってもリアルな話だ。

「コロナ禍で閉鎖的になっている今の世界は『城』の村に似ていますね。Kのように役所でたらい回しされるところも。場所と時代を限定しない書き方だから、いつ読んでも新しい。未完であることによって、テキストの読みの可能性が無限大に広がっている作品です」

まつなが・みほ／ドイツ文学者、翻訳家、早稲田大学文学学術院文化構想学部教授。ベルンハルト・シュリンク『朗読者』の翻訳で毎日出版文化賞特別賞を受賞。

海外文学

カフカ『断食芸人』

岩波文庫

賢人 松永美穂さん

残酷で救いのない結末。普遍的な恐怖や不安を描いているから読みつがれている

カフカは１９２４年6月3日、ウィーン近郊キーアリングのサナトリウムで死去。喉を結核に侵され、断食を強いられている状態で校正した短編集『断食芸人』は、同年8月に刊行された。表題作は優れた短編作家であったカフカの作品の中でも鮮烈な一編だ。

ドイツ文学者の松永美穂さんは「究極の孤独を描いていると思います」と高く評価する。かつてたくさんの見物客を集めた断食芸人が、落ちぶれても芸をやめずに死ぬまでの物語だ。

「断食芸人は他に何もせず、ただ食べないというだけのストイックな芸を見せています。

興行主は断食の上限を40日間と定めている。聖書でイエスの断食した期間が40日であることを意識しているのでしょう。40日を達成して華々しいセレモニーが行われても断食芸人は満足しません。期間を決めないでいけるところまで断食を極めたいと思っている。断食芸の単独興行ができなくなり、サーカスに雇われると念願を叶えてしまう。食事は生きるために不可欠だから緩慢な自殺をしているようなものですが、そういう極端な人物の出てくる話がカフカには多い。例えば『最初の悩み』という、サーカスの空中ブランコ芸人が芸を磨きたい一心からブランコの上で生活するようになる短編もあります」

サーカスで断食芸人の檻は外の動物小屋の近くに置かれる。芸を極めても、ほとんどの客は檻の前を通り過ぎるだけで見向きもしない。死の間際、断食芸人はサーカスの親方に、断食をしているのは〈美味いと思う食べ物が見つからなかったからなんだ〉と語る。

「ものすごく意味深なセリフですね。断食芸人は名前も素性もわかりません。家族や友達がいる気配もない。非常に孤独な人です。死ぬとすぐにゴミのように捨てられてしまう。自分の口に合う食べ物が見つからなかったというのは、この世に居場所が見つからなかったということでもあります」

断食芸人がいなくなって空になった檻に、一頭の若い豹が入り〈生きる悦び〉を口から吐きだす。〈観客は、檻のまわりに群がりよって、いっかな去ろうとしなかった〉。このラストシーンにもカフカの特色があらわれていると松永さんは言う。

「檻の中を元気に跳ねまわり、餌を美味しそうに食べる豹のほうが、観客を喜ばせるんで

す。断食芸人のしていたことの意味のなさ、徒労感が際立ちますよね。『変身』の最後と似ているとも思いました。虫に変身したグレゴール・ザムザが死んだあと、家族はかえって生き生きとしてピクニックに出かける。極端な人が登場することに加えて、残酷で救いのない結末もカフカの作品の共通点です」

降りる駅に着いてグレゴールの妹が立ち上がり〈その若い肉体をのびやかに動かしはじめると、夫妻にはそれが、あたかもさまざまな自分たちの新しい夢と誠意とを、たしかに保証してくれるもののように思われた〉というラストシーンは、「断食芸人」の最後とも重なる。有名な「変身」の他に「断食芸人」と併せて読みたい作品として、松永さんは「判決」を薦める。

「主人公は父の会社を引き継いだ若い商人で、もうすぐ結婚する予定もあり、幸福の絶頂にいる。ところが、ある春のうららかな日曜日、父に死刑を宣告される。主人公はなぜか父の言うことに逆らわず、川へ飛び込み死んでしまいます。父と子の関係の複雑さ、言葉の持つ力の大きさを感じる小説です。自分の置かれた状況が突然変わることや、因果関係なく恐ろしい出来事が起こることは、現実にもよくあります。カフカの小説は彼自身の経験を投影しながら、普遍的な恐怖や不安を描いているから今でも読みつがれている。日本でも多和田葉子さんをはじめとして多くの作家に影響を与えています」

まつなが・みほ／ドイツ文学者、翻訳家、早稲田大学文学学術院文化構想学部教授。ベルンハルト・シュリンク『朗読者』の翻訳で毎日出版文化賞特別賞を受賞。

フランクル『夜と霧』

みすず書房

ツボ

賢人 河原理子さん

どんな状況にあろうとも人間には自分の態度を決める自由がある

1946年、ユダヤ人精神科医のヴィクトール・フランクルが強制収容所での体験を口述筆記した本がウィーンで出版された。これが『夜と霧』の原著だ。当初は売れなかったが、今では世界で累計1000万部、日本でも累計100万部を突破するロングセラーになった。それはなぜなのか。

フランクルの足跡をたどったジャーナリストの河原理子さんは「この本が〝希望の書〟だからだと思います」と語る。

「本書は、ユダヤ人を虐殺したナチス・ドイツの罪を告発した本ではなくて、根こそぎ奪

われてなお人間はいかに人間でありうるのかを書いたものなのです」

河原さんは記者として事件・事故の取材をしていく中で、被害者遺族やその支援者がフランクルの言葉をたびたび引用することに気づいたのだという。

「フランクルは、ロゴセラピーという心理療法を考案し、自殺未遂者の治療などにあたっていました。人は意味を見いだせれば生きられる。ロゴセラピーは意味を見つけるのを助ける哲学のようなものです。強制収容所に送られて、彼は我が身でそれを確かめることになったのです。〈人間が生きることには、つねに、どんな状況でも、意味がある〉、苦悩や死にも意味があるのだ、という一節は彼の思想の核心で、まさに強制収容所生活で裏打ちされたものです」

「わたしたちが人生に絶望しても〈生きることがわたしたちからなにを期待しているかが問題なのだ〉、という逆転の発想にもハッとします。わたしたちはただ刻々と、人生からの問いかけに応えればいいのです」

具体的にはどういうことだろう。河原さんは『夜と霧』の中でフランクルが凍てつくような寒い朝に工事現場まで行進させられたときの話を例に挙げる。

「日々の重労働でみんなボロボロになって歩くのがやっとという状況で、仲間が〈女房たちがおれたちのこのありさまを見たらどう思うだろうね……!〉とつぶやきます。その瞬間、朝焼けの空に、フランクルは生き別れになった妻の姿をまざまざと見るのです。愛する妻の面影と語らい、ほんのいっとき至福の境地になれる。その頃、妻の生死は不明でし

たが、それは問題ではありませんでした。愛は生死を超えるのです。また、みんな飢えているのに、自分のなけなしのパンを譲る人がいたという話も印象的です。人間はただ過酷な運命に振り回されるだけの存在ではない。自分のありようを自分で決める精神的自由があるとフランクルは言っているわけです。強制収容所という極限状況だからこそ見えた人生の意味は、国や時代は違っても苦悩する人の心に響く普遍性を持っているのでしょう」

『夜と霧』は「3回読む本」と言われている。

「今なら、新型コロナウイルス感染拡大に重ねて読むこともできます。フランクルは、収容所で発疹チフスになったときどんな思いだったでしょう。クリスマスには収容所から解放されると期待して、裏切られた人たちが一気に衰弱した話も気になります。そして、どんな状況にあろうとも人間には自分の態度を決める自由があり、意味を見つけることもできる、ということも。時間を置いて読み返すたびに、なるほどと思うところが増えていく不思議な本です」

コロナ禍はこれまでは見えなかった、あるいは見てみないふりをしていたいろんな問題を明るみに出した。人々の生活は変わったが、地域や職業によって程度に違いがあり、先行き不透明な日々が続く。

『夜と霧』やフランクルの思想は、ますます必要とされるに違いない。

かわはら・みちこ／1961年生まれ。ジャーナリスト。朝日新聞で社会部記者、『AERA』副編集長、編集委員などを歴任。著書に『フランクル「夜と霧」への旅』など。

レーヴィ『溺れるものと救われるもの』

賢人 河原理子さん

善悪の境界を分けることの難しさ、生き残った人の罪悪感を考察している

プリーモ・レーヴィはイタリア生まれのユダヤ人作家。第二次世界大戦中、アウシュヴィッツに収容されていた。１９８６年に刊行した『溺れるものと救われるもの』は、そのときの体験を振り返った名著だ。

レーヴィはなぜ解放後約40年も経ってこの本を書いたのか。

犯罪被害者の問題に詳しいジャーナリストの河原理子さんは「『溺れるものと救われるもの』は、記憶の風化に抗うように書かれた本です。当時を知らない人たちから『なぜ逃げなかったのですか、なぜ反乱を起こさなかったのですか』などと、執拗に質問されてい

朝日文庫

たのです。『夜と霧』と違って、収容所でも良い行いをした人もいたという話はほとんど出てきません。ただ、極限状況におけるむきだしの人間性を冷静に観察している点は共通です」と語る。

化学者でもあったレーヴィの分析は緻密だ。まず第1章の「虐待の記憶」では、人間がいかに自分の都合のいいように記憶を改変するか、具体例を挙げながら明らかにしていく。アイヒマンやルドルフ・ヘスなどユダヤ人を迫害したナチの幹部の自己弁護だけではなく、苦痛から逃れるために現実を歪曲する犠牲者の話も俎上(そじょう)に載せている。

「レーヴィが危惧していたのは、強制収容所で起きた出来事の〝単純化〟です。人は、関係者を善と悪に分けてとらえがちです。でも、そんな単純な図式にはなっていないとレーヴィは言うわけです。収容所の権力構造と善悪の境界を分けることの難しさについて書いた第2章の『灰色の領域』、生き残った人の罪の意識を考察した第3章の『恥辱』はとりわけ心に刺さります。このふたつの章だけでも読む価値がある本です」と河原さんは言う。

「灰色の領域」によれば、囚人たちの一部が「特別部隊(ゾンダーコマンドス)」に選ばれ、ガス室への誘導や死体処理にあたっていた。与えられた特権はわずかだったという。

「〈だれも彼らを裁く権利はない〉とレーヴィは言い切ります。〈自分の魂が屈したり、砕けてしまうまでに、どれだけ長く抵抗できるか、いかなる試練に耐えられるか、知っているものはだれもいない〉。『灰色の領域』では、自分も、いそいそとであれ嫌々であれ、収容所の現実に妥協したのではないか、という厳しい問いが投げかけられています。そして

『恥辱』には〈「救われたものたち」は、最良のものでも、善に運命づけられたものでも、メッセージの運搬人でもない〉〈むしろ最悪のもの、エゴイスト、乱暴者、厚顔無恥なもの、「灰色の領域」の協力者、スパイが生き延びていた〉〈最良のものたちはみな死んでしまった〉とまで書いてある。レーヴィは〈救われたもの〉の一人である自分にも、追及の刃を向けているのです」

戦争や大災害の生還者に見られる「サバイバーズギルト」――自分が助かったことに対する罪悪感にレーヴィも苛まれていた。

「レーヴィは、あの状況では仕方なかった、と言いません。人としての誠実さが胸に迫ってきます。40年経っても疼く傷のかさぶたをはがして血を流しながら書いているような感じで、読んでいるとしんどいですが、この本に描かれた人間の複雑さは、いまもあるものだと思います」

極限下のゾンダーコマンドスの悪夢を描いたハンガリー映画『サウルの息子』を合わせて観ると、本書の言葉がより突き刺さるだろう。レーヴィは「結論」で、自分たちを〈迫害したものたち〉がいかなる種類の人間だったかという問いに答えている。曰く〈彼らは、素質的には私たちと同じような人間だった。彼らは普通の人間で、頭脳的にも、その意地悪さも普通だった。例外を除けば、彼らは怪物ではなく、私たちと同じ顔を持っていた〉。

かわはら・みちこ／1961年生まれ。ジャーナリスト。朝日新聞で社会部記者、『AERA』副編集長、編集委員などを歴任。著書に『フランクル「夜と霧」への旅』など。

アーレント『人間の条件』

ちくま学芸文庫

ツボ

人間の複数性に対するリアリティの喪失が全体主義の台頭する基盤を作った

賢人 矢野久美子さん

ハンナ・アーレントは20世紀を代表する政治哲学者だ。ユダヤ人としてドイツに生まれ、ハイデガーとヤスパースに哲学を学んだ。ナチの迫害にあい、26歳のとき出国。亡命先のフランスでは収容所抑留も経験した。アメリカに渡ってから、第二次世界大戦下のユダヤ人が置かれていた政治状況に関する評論活動を行った。

「アーレントは強制収容所で行われていたことを知って大きな衝撃を受けました。囚人を選別してガス室に送り死体を焼くまで、殺害のプロセスが徹底的に合理化されていたからです。〈死体の製造〉とも形容される工業的な大量殺戮はなぜ起こったかということが、著作に共通する問いになっています」

と、思想史家でフェリス女学院大学教授の矢野久美子さんは言う。1958年に刊行された『人間の条件』は、『全体主義の起原』と双璧をなすアーレントの主著だ。テーマは「私たちが行っていること」を考えること。

「執筆当時、アメリカとソ連の宇宙開発競争が激化していました。アウシュヴィッツのガス室や原子爆弾のように、科学技術は大量殺戮を可能にするのに、人々は政治家や、科学者のような専門家にその使用法の決定を委ねてしまっている。人間は、自分たちが何を行っているかがわかっていないのではないかとアーレントは考えたのですね」

現代の人間が自分の行っていることを理解するにはどうすればいいのか？　アーレントはまず人間の基本的な活動力を〈労働〉〈仕事〉〈活動〉の三つに分けて、西洋の思想史を見なおした。

「〈労働〉は生命を維持するための活動力、〈仕事〉は相対的に耐久性のあるものを成果として残す活動力です。アーレントは〈労働〉と〈仕事〉の違いを〈台所でつくったオムレツはすぐになくなるが、タイプライターで書いたものは残る〉と説明したそうです。〈活動〉は、人と人のあいだで行われる言論や共同の行為のこと。例えば古代ギリシアのポリスなどでは〈公的領域〉における〈活動〉を通じて、人間は他者と対等に意見を交換し、自分が唯一無二の存在であることを示していた。ところが近代以降、分業化・自動化された〈労働〉が支配的になり、本来は〈活動〉の一つだった政治も〈仕事〉になっていった

ため、人間を人間たらしめる〈活動〉は失われていきました」

活動の場としての〈公的領域〉に代わって、近代には〈社会〉という新しい領域が勃興した。〈社会〉は構成員の平等を前提とするが、構成員に画一的な見方への順応を要求する。

「アーレントは〈社会というものは、いつでも、その成員がたった一つの意見と一つの利害しかもたないような、単一の巨大家族の成員であるかのように振舞うよう要求する〉と書いています。所属する集団の総意を弁(わきま)えるように仕向ける社会では、公的領域は消滅し、自分が誰であるかを表現し、確認する活動は規制される。さまざまな物の見方があるという現実も共有されない。そういう人間の複数性に対するリアリティの喪失が、人々を孤独な大衆にして、全体主義が台頭する基盤を作ったわけです」

家族の仕組みがそれぞれの社会集団に吸収されていった結果、家長による一人支配は人格を持たない無人支配、具体的に言えば官僚制に変貌する。無人支配は〈ある環境のもとでは、最も無慈悲で、最も暴君的な支配の一つとなる場合さえある〉とアーレントは書く。20世紀のドイツで官僚制に基づく全体主義社会は大量殺戮をもたらした。

「今の日本の政治家も、公的領域の重要性や自分の行っていることを理解していないように見えます。アーレントの考えた問題は、解決していないのです」

やの・くみこ／1964年生まれ。思想史家。フェリス女学院大学国際交流学部教授。著書に『ハンナ・アーレント「戦争の世紀」を生きた政治哲学者』など。

アーレント『エルサレムのアイヒマン』

みすず書房

賢人 矢野久美子さん

アイヒマンは怪物ではなく、どこにでもいる卑小な人間だった

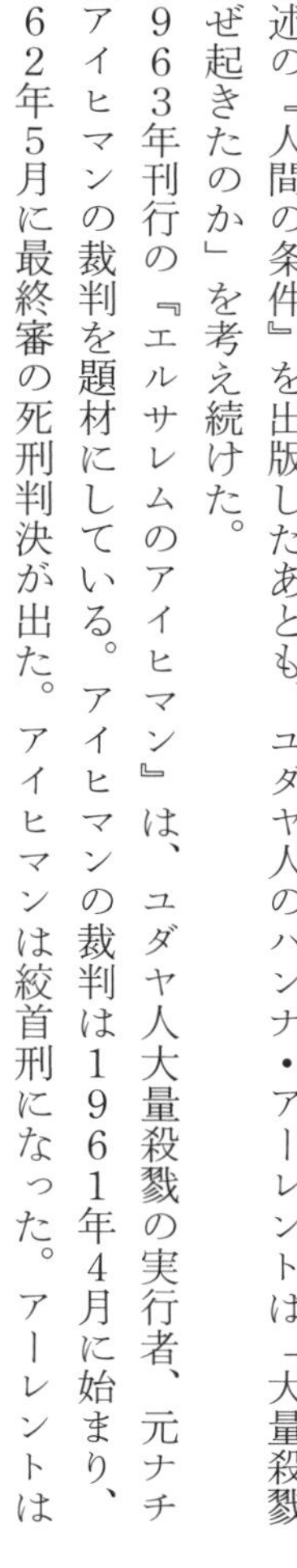

前述の『人間の条件』を出版したあとも、ユダヤ人のハンナ・アーレントは「大量殺戮はなぜ起きたのか」を考え続けた。

１９６３年刊行の『エルサレムのアイヒマン』は、ユダヤ人大量殺戮の実行者、元ナチ官僚アイヒマンの裁判を題材にしている。アイヒマンの裁判は１９６１年４月に始まり、１９６２年５月に最終審の死刑判決が出た。アイヒマンは絞首刑になった。アーレントはイスラエルへ行ってその裁判を傍聴したのだ。

思想史家の矢野久美子さんによれば、本書は激しい非難を浴びたという。

「裁判を行ったイスラエル当局や大半のメディアはアイヒマンを人類史上最大の罪を犯した怪物的な悪の権化として断罪しましたが、アーレントはこの自分のルポルタージュに『悪の陳腐さについての報告』という副題をつけた。裁判に足を運んだ彼女がアイヒマンに見たのは、思考の欠如した凡庸な悪だったのです」

アーレントは、ユダヤ人の一部がナチに協力していたことにも言及したため、人類の敵を擁護し、同胞を裏切ったと思われた。

アイヒマンは、ナチ親衛隊のユダヤ人問題専門家として出世し、ゲシュタポ（秘密国家警察）のユダヤ人部門の責任者になった。そしてユダヤ人を強制収容所へ移送する任務の指揮をとっていた。

アーレントはアイヒマンのどんなところを「凡庸」と評したのだろうか。

「アイヒマンは官僚としての職務に忠実だっただけで、ユダヤ人に対して個人的な憎しみはまったく抱いていなかった。むしろ自分の機関で行われた強制移動や移送の手順は、犠牲者にとって救いになったと思っていた。〈どうせ行われなければならぬことならば整然と行われるほうがましだ〉というわけです。自分たちが何を行っているかを考えない。彼は怪物ではなく、どこにでもいる卑小な人間であることをアーレントは明らかにしました」

アイヒマンは下級幹部で、ヒトラーの意向を最初に知らされるような立場にはなかったため、「権力のある地位にいた連中」が自分の「服従」を悪用したと訴えた。まさに『人間の条件』に書かれた「無人支配」下で自分が何をしているのかわかっていなかった。

だが、アーレントは彼の罪を軽視してはいなかった、と矢野さんは指摘する。

「アイヒマンは裁判中、重要な事柄に言及するたびに同じ決まり文句を繰り返した。紋切り型の言葉に逃げ込んで、現実を見ないようにしていたんです。自己欺瞞に満ちていて、何よりも他の人の立場にたって物事を見る想像力が圧倒的に欠けていた。アイヒマンのように自分で考えることなくイデオロギーに盲従し、事実を蔑ろにする人が全体主義の支配を支えていた。悪は、誰かを虐げたいというサディスティックな欲望や、憎悪から生まれるものとはかぎらない。一人ひとりが思考を放棄して官僚機構のような画一化・自動化したシステムに順応することによって、巨大な悪を意図せず行ってしまうことがあることをアーレントは痛感していたのでしょう」

アーレントはエピローグに〈政治においては服従と支持は同じものなのだ〉と書いた。誰もがアイヒマンになる可能性があるのだ。

「アーレントは一度人類の歴史で行われたことはまた行われる可能性があると思っていました。だからユダヤ人の友人のほとんどを失っても物事を突き詰めて考えることをやめず、さまざまな角度から検討したことを語った。簡単に問題は解決しないけれども、彼女の言葉には今の時代状況を理解するための手がかりがたくさんあるので、これからも読まれ続けるでしょう」

やの・くみこ／1964年生まれ。思想史家。フェリス女学院大学国際交流学部教授。著書に『ハンナ・アーレント「戦争の世紀」を生きた政治哲学者』など。

『論語』

岩波書店

ツボ

師弟が自由かつ活発に語り合う孔子一門のざっくばらんな雰囲気が魅力

賢人 井波律子さん

紀元前551年生まれの孔子は、儒教の祖であり、中国を代表する大思想家だ。周王朝が弱体化して諸侯が覇権を争い、世の中が混乱していた春秋時代に、法律ではなく、道徳による政治で社会に穏やかな秩序をもたらすことを主張した。のちに儒教の基本思想となる「徳治主義」だ。孔子は自らの理想を実現してくれる君主を求めて諸国を遊説した。その言行録をまとめた名著が『論語』。

完訳を手がけた中国文学の泰斗・井波律子さんは「道徳を説いているというと堅苦しく暗い教訓集と思われるかもしれませんが、実際に『論語』をじっくり読んでみたら、孔子

がいかに魅力的な人物だったかわかります。孔子には相手を観察して最適な対応を選ぶ柔軟性と、具体的な実例を挙げながら言いたいことを的確に伝える話術があった。そのコミュニケーション能力の高さは、現代の読者にも響くのではないでしょうか」と語る。

井波さんはこれから『論語』を読む人に、まず師弟のいきいきしたやりとりを楽しむことを薦める。例えば「学而 第一」の冒頭の〈子曰く、学んで時に之れを習う、亦た説(よろこ)ばしからずや。朋有り遠方自(よ)り来たる、亦た楽しからずや。人知らずして慍(いか)らず、亦た君子ならずや〉という言葉。

「孔子の言う〈学〉は単に書斎の学問を指すのではなく、行動の規範や作法を含む実践的なものでした。さまざまな形で学んだことを、身についたらもう一度おさらいして、自分のものにするのは喜ばしいことではないか。勉強仲間が遠くから訪ねて来てくれて、談笑するのは楽しいことではないか。そういう楽しみがある以上、世間から評価されなくとも腹を立てない。それが〈君子〉、理想的人間ではないか、という意味ですね。ここで孔子は弟子たちに対して、自らの体験を踏まえながら、まず楽しく充実して生きるようにと語りかけ、性急に世間的評価を求めてはならないと言っているわけです。〈亦た〜ずや〉は〈〜ではないかね〉という意味の穏やかな問いかけで、師弟が自由かつ活発に語り合った孔子一門のざっくばらんな雰囲気をあらわしています」

低い階層の出身で苦労しながら学問を修めた孔子は、まったく偉ぶることなく、多くの弟子に慕われた。その様子は〈子は温(おだ)やかにして而も厲(はげ)し。威ありて而も猛からず。恭(うやうや)し

くして而も安し〉と記されている。

「77人いたと言われる高弟の中でも、孔子のお気に入りだったのは顔回と子路です。優等生だった顔回のことは、普通の人なら耐えられないような粗末な食事や路地裏の住居に満足して学問に励む姿が賢明だと絶賛しました。褒めて育てたのですね。一方で、勇敢だけれども深く考えず暴走しがちな子路に対しては、まずわかったこととわからないことを区別して、整理して考えることが必要なのだと噛んで含めるように説き聞かせています」

孔子は弟子たちに人との交際の仕方も教えている。例えば〈子曰く、君子は和して同ぜず。小人は同じて和せず〉。「君子は人と調和するが、みだりに同調しない。小人はみだりに同調するが、調和しない」という意味で、自分の意見をしっかり保ちながら他人の考え方や意見を尊重することの大切さを説いた名言だ。こうした孔子の言葉が2500年以上経っても人の心を惹きつけるのは、言い方が巧みだからだけではない。

「孔子は〈巧言令色、鮮し仁〉と述べています。口がうまくてうわべだけ愛想のいい人間は、真の思いやりが少ないと批判しているのです。孔子が自らの思想において最も重要視した〈仁〉は、誠実さや人間愛など、さまざまな要素を包括した大いなる徳義のこと。何について語っていても根底には仁があるから『論語』は長きにわたって読みつがれているのでしょう」

いなみ・りつこ／1944年生まれ、2020年没。中国文学者。『三国志』研究や『三国志演義』の翻訳などで知られる。『トリックスター群像』で桑原武夫学芸賞を受賞。

『孟子』

ツボ

提唱されている〈王道論〉は現代の民主主義を先取りしたもの

賢人 井波律子さん

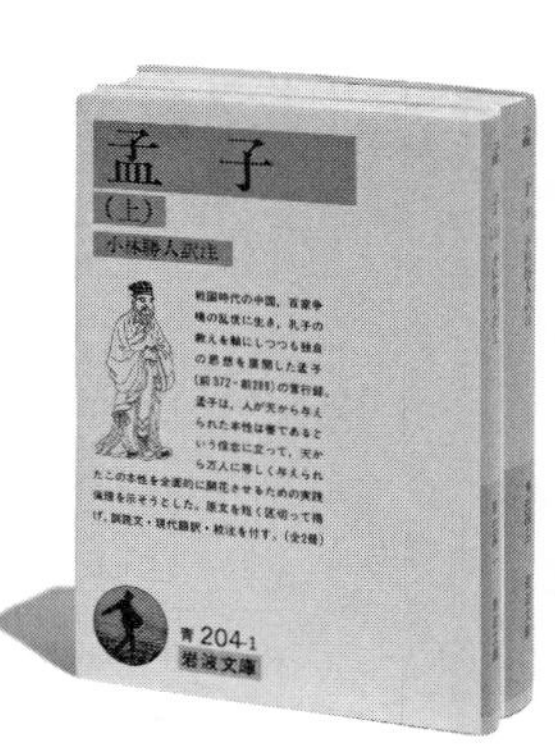

岩波文庫（上下巻）

西周王朝が滅亡した紀元前771年から秦の始皇帝が統一国家を築くまでの約550年間、中国は諸国分立の乱世にあった。君主は生き残るために有能な人材を求め「諸子百家」と呼ばれるさまざまな思想家があらわれた。紀元前4世紀に活躍したといわれる孟子もそのひとり。生没年や経歴については諸説あり、明らかになっていない。『孟子』はその謎めいた孟子の言行録だ。

中国文学者の井波律子さんは「『孟子』は『論語』と双璧をなす儒教の基本書として読みつがれてきました。仁義道徳によって乱世に秩序をもたらすことを目指しているのは

『論語』と同じですが、『孟子』の提唱する〈王道論〉と〈性善説〉のほうが、より具体的かつ急進的だと思います。〈王道論〉といっても支配者のための思想ではなく、現代の民主主義を先取りしたものと言っても過言ではありません」

王道とは、王が思いやりのある政治を行えば、おのずと人民はついてくるという考え方だ。孟子はどのようにして王道を説いたのか。

有名な「五十歩百歩」の話を読むとわかりやすいと井波さんは言う。孟子が梁の恵王に対面した際、自分は隣国の君主よりも住民に配慮しているのに、隣国から移住してくる者が増加しない理由を尋ねられる。孟子は、戦闘開始の合図の太鼓が鳴ったとき、五十歩逃げた者が百歩逃げた者を笑ったらどう思うか問う。

「五十歩でも百歩でも、逃げたという点では同じ。恵王も小手先の慈悲を施しているだけで、根本的な住民重視の政策が実施できていないという点においては隣国の君主と大差ないと言うわけです。そして、民衆の生活を安定させて生死の心配をさせない経済政策が王道の始まりだと説きます」

人間の本性は善なるものであり、誰もがもともとは高貴な道徳性を有しているという〈性善説〉は、王道の基礎となる考え方。しかし、孟子の理想主義は、富国強兵に役立つプランをほしがる戦国時代の君主たちには受け入れられなかった。

「『孟子』の最終章にあたる『尽心章句』に〈民を貴しとなし、社稷（しゃしょく）之に次ぎ、君を軽しとなす〉という一節があります。民が最も貴重で、国家がその次で、君主はいちばん軽い

ものという意味です。しかも君主は天命によって選ばれ、天命は民衆の支持が得られないと維持できません。民衆を苦しめたら天命が革（あらた）められ、君主はただの人に戻ってしまう。つまり、革命を肯定しているのです。『孟子』が日本に伝来したのは9世紀と言われますが、なかなか浸透しませんでした。この国の体制には合わない思想だったからでしょう。日本に『孟子』を積んでくる船は必ず嵐に遭遇して沈んだという伝説までありました」

『孟子』を積んだ船が沈んだという話は、上田秋成『雨月物語』の「白峯」という物語の中に出てくる。『孟子』は民を国家よりも貴重なものと見なし、革命を肯定しているからこそ、自由民権運動の理論的指導者だった中江兆民など、民衆のため世の中を変えようとした人々のバックボーンになった。

中でも井波さんが推す言葉は〈窮すれば則ち独り其の身を善くし、達すれば則ち天下を兼ね善くす〉。

「現実的に志を果たすことができない場合には自分の身だけをよくし、志を果たすことができた場合には自分の身とともに天下をよくする、という意味です。のちに編纂される『大学』では〈修身斉家治国平天下〉と表現されています。中国の知識人士大夫の生き方の指針として受け継がれていく言葉です。今の時代にも通用すると思います」

いなみ・りつこ／1944年生まれ、2020年没。中国文学者。『三国志』研究や『三国志演義』の翻訳などで知られる。『トリックスター群像』で桑原武夫学芸賞を受賞。

『荘子』

ツボ

賢人 中島隆博さん

あらゆるものは変わり得る——乱世のカオス的な状況では心強い味方になる思想

紀元前8世紀から前3世紀にかけて中国では「諸子百家」と呼ばれる新しい学問の学派が次々と生まれた。孔子を祖とする儒家の対抗勢力として位置づけられているのが老子と荘子を代表者とする道家だ。

ところが東京大学東洋文化研究所教授の中島隆博さんは「『老荘思想』とひとくくりにされますが、そもそも老子と荘子の思想は全く別物です。セット扱いされるのは、漢代の武帝期の『淮南子』や歴史家・司馬遷の『史記』あたりからです。しかも実は『老子』よりも『荘子』のほうが古いテキストです」と指摘する。

岩波文庫（全4巻）

荘子は姓が荘、名が周で、儒家の孟子と同時代の人物という説が有力。『荘子』は荘周個人の著作ではなく、荘子学派の人々が長い年月をかけてまとめ上げたテキストだ。成立したのは紀元前4世紀から前3世紀ごろだと言われている。

「内篇」「外篇」「雑篇」に分かれているが、中でも荘周自身の思想の核心を伝えると位置づけられているのが内篇だ。

「荘子が他の諸子百家と大きく異なる点は、人間は根本的に変わり得ると主張したことだと思います」

これはどういうことか。中島さんは有名な「胡蝶の夢」を具体例に挙げる。荘周がかつて夢を見て蝶になった。目覚めたとき、荘周が夢を見て蝶となったのか、蝶が夢を見て荘周となっているのかわからなくなったという不思議な話だ。

「『胡蝶の夢』は荘子の思想の中で最も根源的な概念である〈物化〉にまつわるテキストです。〈物化〉とは、人間が人間以外の他のものに変化したり、別の姿に化けたり、別人になったりする事態を指しています。〈物化〉はどんな変化かというと、二通りの解釈ができます。まず、荘周と蝶は根っこを同一にするものであり、蝶は夢の中における荘周の分身であるという読み方です。もともと同じだから、目覚めた瞬間に荘周と蝶は融合して一体となる。しかし、原文に荘周と蝶には必ず区分があるはずであるという意味の記述があり、荘周と蝶は独立して存在するとしか思えません。荘周は自分とは全くつながりのない蝶に変わっていると解釈したほうが面白いでしょう。この場合、夢も現実の延長線上に

はない別世界になります。荘子の〈物化〉は自分を含む世界そのものが変容することを前提としている。小人が啓蒙によって聖人君子になるという儒家の〈教化〉とは対照的な考え方です」

荘子は人生における究極の変化である「死」についても独特の見方をした。

「荘子の妻が亡くなったとき、友人の恵子が弔いにやってくると、荘子は足を投げ出して座り、盆をたたいて歌をうたっていたというエピソードがあります。荘子は人間も変化する自然の一部としてとらえていて、春夏秋冬と四季が巡るのと同様に死も訪れるのが当たり前だから悲しむ必要はないと考えるのです」

北の果ての海にいる巨大な鯤（こん）という魚が鳳（ほう）という鳥に変わって南の果ての海に飛んでいく冒頭など、動物の出てくる話が多い。人間中心になっていないところも、『荘子』の特色だという。あまりにも独創的で過激な思想だからか、近代中国の文学者・魯迅は〈荘子の毒〉と表現した。

「世の中が安定して平和なとき、あらゆるものは変わり得るという荘子の思想は毒になるかもしれません。でも、乱世のカオス的な状況においては心強い味方になるでしょう。どんなに秩序が揺らいでも、変化が当然と思えばあまり浮足立たずにすむ。自分探しなどせずとも、想像力があれば人間は変われると思えます」

なかじま・たかひろ／1964年生まれ。哲学者。東京大学東洋文化研究所教授。専門は中国哲学、世界哲学。『共生のプラクシス　国家と宗教』で和辻哲郎文化賞を受賞。

『老子』

ツボ

根拠はなくても人生なんとかなる——未来の偶然性に開かれた言葉

賢人 中島隆博さん

中国の道家思想の祖として知られる老子。紀元前6世紀に生まれたという説も、実在の人物ではないという説もある。司馬遷『史記』の「老荘申韓列伝」によれば、孔子が老子を龍のようだと語った話もあるが、後年作られた伝説である可能性が高い。

『老子』は老子の著作ではなく、老子学派の言説を集成したテキストだ。

東京大学東洋文化研究所教授の中島隆博さんは「『老子』と言うと、知や欲をはたらかせず自然のままに生きるという意味の〈無為自然〉を思い浮かべる人も多く、浮世離れした神秘的な思想というイメージが定着しています。でも、もともと『老子』は政治哲学の

岩波文庫

本です。第48章に〈無為にして而も為さざる無し〉という有名な一節があります。『何事も為さないでいるのに、すべてのことを為している』のは誰かといえば、民衆ではなく統治者を指しています」と解説する。

中島さんによれば、『老子』の政治哲学の特色は、統治者に向けた否定的な形容が頻出することだ。第39章の〈貴は賤を以て本と為し、高は下を以て基と為す。是を以て侯王は、自ら孤・寡・不穀と謂う〉がわかりやすい。貴いものは賤しいものを根本とし、高いものはかならず低いものを基本としているから、王侯は自分のことを孤児とか独り者、善くない者と称する、という意味だ。

「中国には昔から、最も弱い立場に置かれ負の力を引き受けた者が共同体を救うという理論があります。老子はその理論を用いて、ネガティブなエネルギーを集める者が正統な統治者であるという政治構造を示しました。ある意味古い王権論ですが、模範的な有徳者を君子と見なす儒家とは逆の発想をしているところが成立当時は新しいと受け止められたのでしょう」

現代人の視点で政治哲学書として読むと、批判される政策もある。例えば第80章の「小国寡民」。

「『小国寡民』は小さい国に少ない民という意味。国の規模を小さくして、人数も抑え、労働効率を上げる道具や便利な乗り物があっても使わない。人々は文字を使う代わりに結縄という原始的な伝達手段を復活させ、自国の生活に満足し、老いて死ぬまで隣国の人と

行き来することはない。欲望を減らして無欲や無為に至れば、悪を避けて善を実現できるという考えの下にユートピアを提示しています。今の視点で見るとテクノロジーを否定して国民の移動の自由を制限するディストピアです。実際は『老子』の時代には交通が発達し、人々は諸国を往来できました。〝いまここ〟と異なる世界があることを想像できるようになった時代だからこそ、道家を含めて諸子百家と称される多様な学派が同時多発的に出現した。ただ、民衆に横のつながりができることは統治者にとって脅威になります。このテキストには、再び封鎖された共同体に戻したいという欲望が反映されています」

『老子』は漢代初めに黄老思想として一時的に影響力を持ったこともあるものの、その後は統治者に採用されることはなかった。政治哲学としては廃れてしまったが、２０００年以上残っているテキストには、その時代に合った読み方があると中島さんは語る。

「今『老子』を読むなら、第１章について深く考えてみると面白いでしょう。〈名無きは天地の始め〉という言葉があります。例えば聖書では天地創造の前に神が存在しますが、『老子』は神の創造の手前にある〈無〉の問題を述べているのです。導き出されるのは、世界が存在することにも自分が生きていることにも大文字の根拠はないということ。根拠はなくても人生なんとかなるという感じでとらえることができたら、未来の偶然性に開かれて肩の力が抜けると思います」

なかじま・たかひろ／１９６４年生まれ。哲学者。東京大学東洋文化研究所教授。専門は中国哲学、世界哲学。『共生のプラクシス　国家と宗教』で和辻哲郎文化賞を受賞。

司馬遷『史記』

ツボ

賢人　渡邉義浩さん

忘れ去られてしまう人々を歴史に書き残し運命を乗り越えようとした

司馬遷の『史記』は前漢の時代、紀元前91年ごろに完成したと言われる。中国最初の通史だが、もともとは『太史公書』というタイトルの思想書だったと古典中国が専門で早稲田大学教授の渡邉義浩さんは語る。

「司馬遷が編纂した当時、歴史は儒教の一分野であり、過去にあった出来事を見ることによってどういう人の生き方が正しいか基準を示すものでした。後漢の時代に歴史学が自立する中で『太史公書』は『史記』と呼ばれ、やがて正史の筆頭に置かれました。『史記』は〝歴史とは何か〟を問いかけてくる書物です」

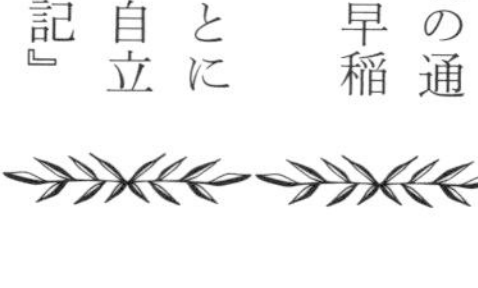

ちくま学芸文庫（全8巻）

司馬遷は国の天文や暦法を司る「太史令」の職を務めながら『史記』を執筆していた。しかし、匈奴に降伏した友人の李陵将軍を弁護して武帝の怒りを買ってしまう。死刑を免れるため去勢される刑罰を受けてまで『史記』を書き上げた。作家の中島敦は李陵を主人公にした代表作『李陵』に、司馬遷が宮刑を受けたときの苦悩を生々しく描いている。

「武田泰淳は〈司馬遷は生き恥さらした男である〉と書いていますね。そこまでしてなぜ書いたかというと、歴史に記録されることによって人間は救われると考えていたからでしょう。例えば『史記』に出てくる人物の中でも有名な伯夷・叔斉は、高い身分に生まれながら義を貫いたことが原因で餓死した兄弟です。編年体の歴史は権力者の事跡が中心だから、どんなに素晴らしい人でも不遇のまま亡くなったら名前が残らない。司馬遷は伯夷・叔斉のような人物を歴史の中に埋没させないため、紀伝体を発明したんです」

紀伝体は、皇帝中心の年代記は「本紀」、地位や俸禄を世襲する諸侯は「世家」、その他際立った人物については「列伝」、儀礼や制度などの分野史は「書」、年表は「表」に分けて、歴史を立体的に記述する。

「司馬遷は『本紀』に皇帝ではない項羽の話、『世家』に諸侯ではない孔子の話を書いている。紀伝体の定義に当てはまらなくても、人格や才能が優れていたのに悲運だった人物は積極的に取り上げました。『列伝』にはヤクザの話まで入れて、最後は自伝で締めくくっています。自分を含めて何もしなければ忘れ去られてしまう人々を歴史に書き残すことによって運命を乗り越えようとしたんですね」

国家に対する批判的な記述が多いことも『史記』の特色だと渡邉さんは語る。

「武帝は自らの政策に対する批判を避け、権力集中を強固にするために、司馬遷を殺そうとしました。この事件のあと『史記』の執筆の方向性が変わったと考えられています。司馬遷の意図がよくあらわれているのが『伯夷列伝』の〈天道是か非か〉という一節です。司馬遷は義人が虐げられるなら天道は非であると見なして、武帝の間違っているところを指摘したと考えられます。最も痛烈な批判があったはずの『孝武本紀』は削除されていますが、他の部分を読むと武帝の経済対策が破綻していたことや民衆が苦労していたこともわかるようになっている。始皇帝を暗殺しようとした荊軻など、国家に反逆した人物を英雄のように扱っているところもあります」

以降の中国の正史では紀伝体がスタンダードになったが、国家にとって不都合なことは書かれなくなった。

「人間の描き方や批判精神は、むしろ文学が受け継いでいると思います。御用学者が書いた御用歴史書ではないところが現代にも通じる『史記』の魅力です」

後述の魯迅『阿Q正伝』や莫言『赤い高粱』を読むと、渡邉さんの言葉の意味がよくわかるだろう。歴史も文学も、それぞれの時代や場所で、人間がどのように生きたのかという軌跡を残すものなのだ。

わたなべ・よしひろ／1962年生まれ。中国史学者、早稲田大学文学学術院文化構想学部教授。著書に『三国志　演義から正史、そして史実へ』など。

魯迅『阿Q正伝』

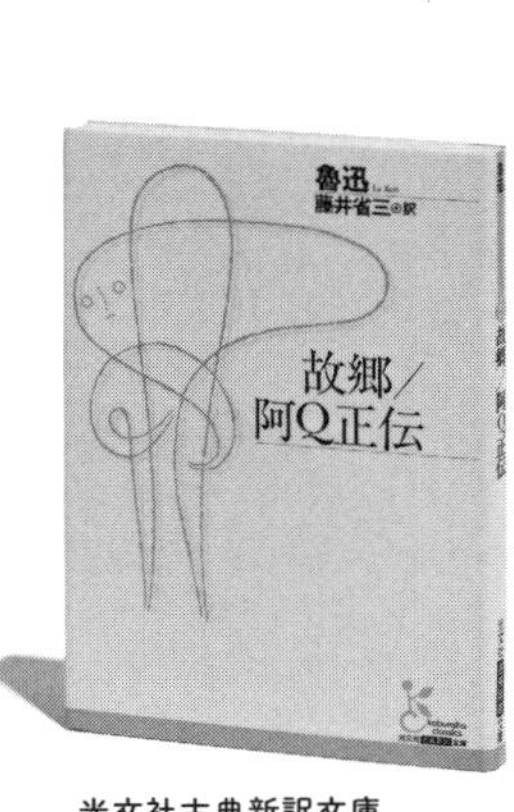

光文社古典新訳文庫

ツボ

賢人 藤井省三さん

革命後の中国も、結局は弱者が犠牲になる〝食人社会〟のままだと告発している

１９１１年の辛亥革命によって中華民国が成立したあと、知識人は口語文による「国語」を創出して民衆に国民国家共同体を想像させようとした。「文学革命」と呼ばれるその運動の中心を担った作家が魯迅（ろじん）だ。

代表作の『阿Q正伝』は、阿Qという自惚ればかり強く村の笑い者になっている男が、辛亥革命に翻弄され悲劇的な最期を遂げるまでを描く。翻訳を手がけた藤井省三さんは「中国の近代文学は魯迅から始まったとされています」と解説する。

「清代までの中国には文語文の漢詩漢文と白話文学しかありませんでした。漢詩漢文は西

洋のラテン語のようなもので、口語としては通用しない。『三国志』など正史の面白い部分を語り聞かせるための脚本から始まった白話文学は、宋代などの口語体だから古すぎる。魯迅は20世紀の北京人が話す言葉を基礎として、既存の文学にはなかった句読点も採用し、新しい文体で小説を書いた。魯迅以前も言文一致体の小説を試作した人はいましたが、魯迅は書き方の基礎を作った上で実作者として活躍しました。日本で言うと坪内逍遥と二葉亭四迷と夏目漱石を合わせたような存在です」

魯迅は日本に留学した経験があり、日本の近代文学に多大な影響を受けた。

「阿Qを突き放しながらも温かい語り口は漱石の『坊っちゃん』を模倣していると思います。名前がなく地域で孤立しているところも〈坊っちゃん〉と似ている。ただ、阿Qは坊っちゃんと違って読み書きができず、定職も家族もない。中国農村社会の最底辺にいる人です」

阿Qは村人にいじめられても自分は負けていないと思いこむ「精神的勝利法」をあみだして満足している。尼僧にセクハラするなどの騒動を起こし、やがて革命に憧れていく。困った人物だがどこか憎めない。しかし阿Qの末路は、坊っちゃんよりずっと悲惨だ。

「魯迅の小説は、手本にした日本の近代文学と比べて暗く救いがありません。中国の近代化がなかなかうまくいかなかったことは、要因の一つとして考えられるでしょう。辛亥革命は成功しなかった明治維新とも言えます。清朝を倒して封建制から共和制へ移行したものの、統一国家を形成するには至らず、各地に軍閥が割拠して15年以上混乱状態が続いたのです」

魯迅が北京の新聞に『阿Q正伝』を連載したのは、１９２１年12月から１９２２年２月。辛亥革命後の激動の時代だった。

「阿Qは無実の罪で銃殺される直前、喝采する群衆を見て、山で狼に食われそうになったときのことを思い出します。魯迅は儒教的倫理観に基づく旧来の中国の共同体を〝人が人を食う世界〟として批判していました。その世界を変えるための革命だったのに、結局は弱者が犠牲になる食人社会のままだと阿Qを通じて告発している。また、自らの敗北と屈辱をさらなる弱者に転嫁して精神的勝利をおさめる阿Qは中国の国民性の悪しき部分を象徴する人物ですが、語り手は、自分の頭の中に阿Qのお化けがいるようだと言っている。阿Qは自分自身でもあるという構造になっているところが、作品に普遍性を与えているんですね。国家と人間を深く省察した魯迅文学は、大江健三郎や村上春樹など、現代日本の作家の原点の一つにもなっています」

ふじい・しょうぞう／１９５２年生まれ。中国文学研究者、名古屋外国語大学中国語学科教授。著書に『魯迅 東アジアを生きる文学』、訳書に魯迅『故郷／阿Q正伝』など。

莫言『赤い高粱』

岩波現代文庫

ツボ

自己批判、現代批判を行うことによって、革命宣伝の物語をひっくり返している

賢人 藤井省三さん

2012年にノーベル文学賞を受賞した中国の作家・莫言（ばくげん）。1987年に刊行された『赤い高粱（こうりゃん）』は、チャン・イーモウ監督の映画「紅いコーリャン」の原作にもなった代表作だ。

現代中国文学研究の第一人者である藤井省三さんによれば「1937年に日中戦争が始まってから40年くらい、中国文学は偏向の時代でした」という。

戦争中は抗日文学一色になり、中華人民共和国成立後はあらゆる文化芸術が共産党の宣伝のためのものとして位置づけられたからだ。1960年代半ばから70年代半ばの文化大

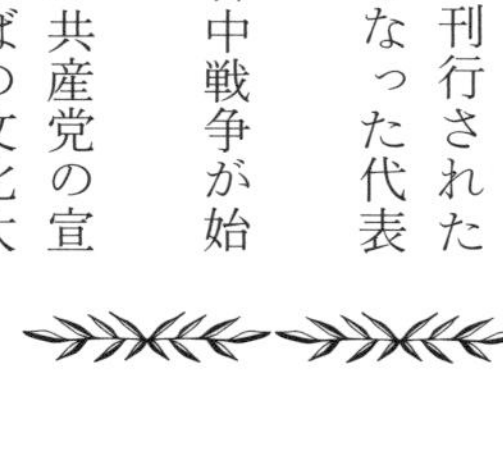

革命では多くの文学者が死去した。

「80年代に入って、文革に対する反省から共産党は改革・開放路線に転じた。自分の頭で考える〝独立思考〟が奨励され、外国文学を自由に読めるようになって、新世代の作家が出てきた。莫言もそのひとりです。『赤い高粱』はゴッホ風の色彩豊かな文章で農民が肌で持っている歴史観を描いています。熟した高粱の実の鮮烈な赤い色は、農民の生命力を象徴しているのです」

舞台は1920年代から1930年代の山東省高密県東北郷。語り手の〈わたし〉の祖母は16歳になったばかりで嫁ぐことになった。相手は高粱酒の造り酒屋を営む金持ちの跡取り息子だが、みんなが忌み嫌う病を患っているという噂があった。

婚礼の日、祖母の乗った嫁入り輿が追いはぎに襲われてしまう。そのとき助けてくれた男と祖母は恋に落ちる。やがて酒造小屋の女主人になる祖母と抗日ゲリラ隊の司令になる祖父の出会いを軸に〈わたし〉の一族の歴史が語られていく。

「莫言が幼いころ村人に聞いた話をもとに想像を膨らませて書いています。実在した人物も登場する。莫言の創作の原点は、革命によって封建的な支配体制から解放されたはずなのに虐げられている農民の心情を伝えたいという思いにあります。農民の思考法に従い、ストレートな大河小説形式ではなく、フラッシュバックの技法を用いて時間と空間を頻繁に転換させています。ほかの作品では、この方法により体制側の無謬性に疑問を呈しております」

莫言はそういう書き方をガルシア＝マルケスなどのマジック・リアリズムやフォークナーのサーガに学んだ。『赤い高粱』のどんなところに最も莫言の特色があらわれているのだろうか。

「日本軍がやってきて酷いことをしたとか、庶民と官僚が化かし合いをしたという話は他にもありますが、実際に体験した人ではなく孫を語り手にしているところに独自性があらわれています。〈わたし〉は莫言とほぼ同世代です。等身大の語り手に、祖父母の生き方を賛美させている。祖父と祖母は自由恋愛のために殺人を犯すほど肝がすわっていて、過酷な現実にしぶとく抵抗した。それに比べて弱くてやられっぱなしの自分たちはダメだということを繰り返し言う。自己批判、現代批判を行うことによって、革命が民衆を救済し、農民を昔よりも幸せにした、という革命宣伝の物語をひっくり返している。1950年代から1970年代までの人民文学からの決別を読み取ることもできるでしょう」

「一人っ子政策」の問題に切り込んだ『蛙鳴』、実際に起こった農民暴動に着想を得た『天堂狂想歌』など、国家に弾圧されないギリギリのラインを見極めながら、莫言は中国近現代史の闇を描き続けている。

「それでも莫言の作品は何度も発禁にされたり批判されています。正史では語られないことを語っているところが魅力です」

ふじい・しょうぞう／1952年生まれ。中国文学研究者、名古屋外国語大学中国語学科教授。著書に『魯迅 東アジアを生きる文学』、訳書に魯迅『故郷／阿Q正伝』など。

ホッブズ
『リヴァイアサン』

岩波文庫（全4巻）

賢人 國分功一郎さん

〈希望の平等〉という感覚が戦争状態を生み出す

16世紀初頭、ルターのカトリック教会批判をきっかけに宗教改革が始まり、ヨーロッパ各地で宗派の対立による内戦が勃発した。内戦の果てに1649年国王チャールズ1世が処刑され、イングランドは議会派が実権を握る共和制国家になった。

イングランドの哲学者ホッブズが1651年に刊行した『リヴァイアサン』は、その動乱の時代を経て生まれた。タイトルの由来は、『旧約聖書』「ヨブ記」の第41章に出てくる〈おののきを知らぬものとして造られている〉〈誇り高い獣すべての上に君臨している〉レビヤタン。執筆当時、ホッブズは議会派に攻撃され、フランスに亡命していた。

哲学者の國分功一郎さんは『リヴァイアサン』について「近代国家の基礎となる理論を打ち立てた書物です」と解説する。

「近代以前のヨーロッパは封建国家と呼ばれる体制にありました。これは封主と封臣の契約関係を基礎にした社会です。契約ですから、どこの誰と契約するのも領主の勝手。何人もの主君に仕えてもよい。契約が守られていなければそれを破棄もできた。ある意味で自由な社会ですが、それ故の不安定さもあった。それを押しとどめていたのが信仰だったわけですが、この要石が宗教戦争で崩れた。ヨーロッパは戦争で荒廃しました。ホッブズが活躍した17世紀はこの荒廃したヨーロッパが再建された時代です。近代の出発点であり、近代科学が生まれた時代でもあります」

『リヴァイアサン』の出発点は〈自然状態〉の理論だ。

「ホッブズは、何の権力も制度もない自然状態において、どうしたら秩序を生成できるかをシミュレートしました。鍵になったのが〈希望の平等〉という考えです。自然状態では人間の能力に大した差はなくドングリの背比べ。するとそこに自分も他人と同じ物を希望してよいはずだという感覚が生じます。逆に、持てる者は自分の財産を狙われるかもしれないと疑心暗鬼に陥る。そうすると徒党を組んで危険な敵を排除するしかない。やられるまえにやれ、です。こうして自然状態では人々は戦争状態に陥らざるを得ないというのがホッブズの主張したところでした」

ホッブズは戦争状態からの脱却には〈自然権〉すなわち人が自分の力を自由に用いる権

利の放棄が必要だと説く。

「人が自然状態において戦争を起こすのは自然権を持っているからです。けれども、誰もが自分の安全のために自然権を行使していたら、結局戦争が続いて安全は得られない。ならば、その権利を皆が放棄し、一つの権力に預けてしまえばいい。それが有名な〈社会契約〉で、主権者に対する自然権の譲渡契約を意味します。国家はこのような契約を背景としているのであり、だからこそ人々はもはや自然権は行使できないし、国家には従わなければならない。そうすれば平和と安全が得られるというわけです。いわば、自然状態の恐怖で人々を脅して権利を放棄させ、平和を得るわけです」

戦争状態としての自然状態と自然権の譲渡としての社会契約はホッブズの政治哲学の骨子だ。だが前者と後者にはリアリティにおいて相当の差があるという。

「社会契約というのは実際には不可能です。皆が権利を一斉に放棄するなど、理論的にも実際にもあり得ない。それに対し、自然状態の理論は実にリアルなものです。例えば国際秩序はいつでもホッブズの言う自然状態にあります。国々を統括する中央権力が存在していないからです。希望の平等という感覚が争いを生み出すというのもリアリティがあります。自然状態の理論がある限り、ホッブズの哲学はこれからも国家を考える上での重要な参照項であり続けるでしょう」

こくぶん・こういちろう／1974年生まれ。哲学者、東京大学大学院総合文化研究科准教授。著書に『暇と退屈の倫理学』『近代政治哲学』『中動態の世界』など。

ルソー『社会契約論』

賢人 國分功一郎さん

ツボ

政治のリアリティを理解した上で民主主義の基礎となる理論を作った

1712年、ジュネーヴで生まれた哲学者ルソー。16歳のとき祖国を離れ、生涯の大半はフランスで暮らした。『告白』や『新エロイーズ』など小説家としても知られる。ルソーが1762年に発表した『社会契約論』は、なぜ「民主主義の聖典」と言われるのだろう。

哲学者の國分功一郎さんは「ホッブズの生きた17世紀がインフラの時代だとしたら、ルソーが活躍した18世紀はその上に建築物を作った時代であり、ルソーは近代政治哲学に、一定の完成をもたらした」と評する。

白水Uブックス

ルソーもホッブズと同様に自然状態論を自らの政治哲学の出発点にしている。

「ホッブズとは異なり、ルソーはいかなる権力も存在しない自然状態を比較的平和だと考えました。人がいかなるしがらみもなくバラバラに生きているとしたら、そこには誰かが誰かを支配するということがあり得ない。例えば乱暴者がいたら逃げてしまえばいいだけです。もちろんそういう状態はフィクションですが、ルソーはこのフィクションを使って、社会の不幸は人が人を支配できることに理由があることを示した。そのバラバラの人間が集まって国家を作るのが社会契約です」

ホッブズの社会契約論では人民の契約相手は主に君主だった。しかしルソーは『社会契約論』に〈各個人は、いわば自分自身と契約している〉と書いた。

「人民各自が人民の集合体である主権者と契約しているという意味です。ルソーは既存の統治の根拠を、結集した民衆の力に見出し、民主主義を基礎づけたと言えるでしょう」

ルソーの社会契約論では、各人は自分のすべてを全体に与える。すると自分も全体の一員だから、各人の権利を侵害しない範囲で、譲渡するのと同等の権利を受け取れる。だが、そこには謎めいた概念が登場すると國分さんは指摘する。

「各自の権利を全体のものにするときに、人々はその権利を〈一般意志〉の最高の指揮の下に置くとルソーは言う。この一般意志こそ、ルソーの理論の最大の謎です。一人ひとりの持っている意志は〈個別意志〉で、個別意志の集合体が〈全体意志〉。一般意志はそのいずれとも異なり、常に公の利益を目指すと言われています」

ルソーによれば、一般意志は議会が集約した民意とイコールではない。これは民主主義と対立する考えのようにも見えるが、國分さんはこう解釈している。

「一般意志は個別的な対象に対しては判断を下せないと繰り返し述べられている点が重要です。つまり一般意志は個別の政策は決定できないのです。一般意志とはまさしく一般的なルール、すなわち法律を作ることによって表現されます。ここで忘れてならないのは、法律が個別事例に適用される際には、必ず解釈されねばならないということです。ルソーは法それ自体では法の解釈を完全には規定できないことを理解していました。だから、その解釈を担う政府に対して監視の目が必要だと考えた。ルソーはしばしば直接民主制を支持していたと言われますが、彼が主張したのは、現行の政府を認めるかどうかを決める民会の定期的開催です。これはいわゆる直接民主制とは違います。ルソーは法解釈の恣意性という現実の政治のリアリティを十分に理解した上で、民主主義の基礎となる理論を作った人なのです」

　昨今の不安定な社会状況ではいろんなことを諦めてしまいがちだが、『社会契約論』冒頭の〈自由な国家の市民として、また主権者の一員として生まれたがゆえに、公共の問題にかかわる私の発言がどんなに微力であろうと、いやしくも投票権を持つということだけで、私はその問題を研究する義務を負わされている〉という言葉を肝に銘じたい。

こくぶん・こういちろう／1974年生まれ。哲学者、東京大学大学院総合文化研究科准教授。著書に『暇と退屈の倫理学』『近代政治哲学』『中動態の世界』など。

ダーウィン『種の起源』

ツボ

自然淘汰説を打ち立てて進化のメカニズムを解き明かした

賢人 渡辺政隆さん

イギリスの自然史学者ダーウィンが1859年に出版した『種の起源』は、世界を変えたといっても過言ではない名著。すべての生物は神によって創造され、昔から変わっていないという創造説が主流だった時代に、生物は共通の祖先から進化したと提唱した。進化論に詳しい同志社大学特別客員教授の渡辺政隆さんによれば、ダーウィンの偉業は二つに集約される。

「まずは進化論を科学にしたことです。それぞれの生物の進化は地球の長い歴史の中で一回しか起こらなかった出来事で、実験で再現することはできません。ダーウィンは仮説と

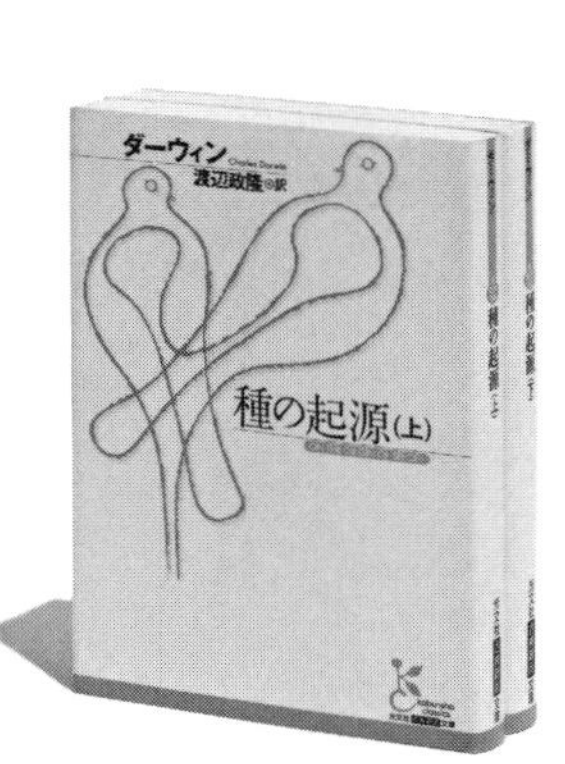

光文社古典新訳文庫（上下巻）

それを裏づける傍証を積み上げていく歴史科学の方法を確立することによって進化を論じました。もう一つの偉業は、自然淘汰説を打ち立てて進化のメカニズムを解き明かしたことです。生物には同じ種であっても個体差を生み出す遺伝的な変異が常に生じます。そして、生存競争に勝つ上で有利な変異をもつ個体がより多くの子孫を残し、不利な変異をもつ個体は減る。ダーウィンはこのメカニズムを自然淘汰と呼び、それこそが生物を進化させると考えたんです」

フランスの自然史学者ラマルクなど、ダーウィン以前にも進化論者はいた。

「ラマルクの進化論では、地球上にはどうしてこれほど多様な生物がいるのかということを説明できません。例えば、キリンの中に現れた首の長い個体が環境に適応していたことで、次の世代に長い首が受け継がれるというところまではラマルクも到達していました。しかしそれでは、一つの種が変わっていった先で行き止まりになってしまう。それだけだとキリンの仲間にオカピという首の短い動物がいる理由が説明できない。ダーウィンの理論では、キリンとオカピは同じ祖先から分かれ、自然淘汰を繰り返すうちに、キリンとオカピに進化したと考えます。先行の研究と比較してダーウィンの理論が画期的だった点は、進化とは種が枝分かれによって多様性を増すことだと発見したところにあるのです」

ある生物の種から枝分かれして新しい種が生まれたことは、渡辺さんがはじめに述べたように実験では証明できない。ダーウィンはどうやって説明したのか。

「最初に具体例として挙げたのは飼いバトですね。羽の色も形も行動も多様な飼いバトの

品種は、みんな同じ野生種のハトが起源です。人間が特定の変異をもつ個体を選んで繁殖させ、新しい品種のハトを生みだしたように、自然もまた淘汰（選択）によって、生物をさまざまな形に進化させ、多様な種を生み出したと考えたのです」

現在の生物に起こっていることを根拠に進化を検証したダーウィンの『種の起源』は説得力があり、専門知識のない一般読者に大きな反響を巻き起こした。

「『種の起源』は人類の起源について触れていませんが、猿から進化したと読み取ることが可能でした。そのことは聖職者や上流階級の反発を招いたものの、一部では熱烈に受け入れられました。祖先が猿と同じという意味ですべての人間は平等だと感じられたのか、労働者階級の読者が熱烈に歓迎したのです。そのほか、現在の科学研究の方向性に関する予見も多数盛り込まれていて、今読んでもいろんな発見がある本です」

ダーウィンの自然淘汰はしばしば「弱肉強食」の論理と誤解され、歴史的にはナチス・ドイツの優生思想と結びついて歪曲され、政治利用されてきた。ダーウィンの進化論は、なにも強者が生き残るという意味でもなれば、自民党広報がツイッターで憲法改正と結びつけて誤用した「生き残ることができるのは変化できる者だ」でもない。ランダムな変異の中でたまたま環境に適した個体が生き残り、その形質を持った子孫が集団の中で増えていくというのが進化論であって、〝個体の変化〟ではないことを正しく理解したい。

わたなべ・まさたか／1955年生まれ。同志社大学特別客員教授、サイエンスコミュニケーター。著書に『ダーウィンの遺産』、訳書に『種の起源』など。

ドーキンス『利己的な遺伝子』

紀伊國屋書店

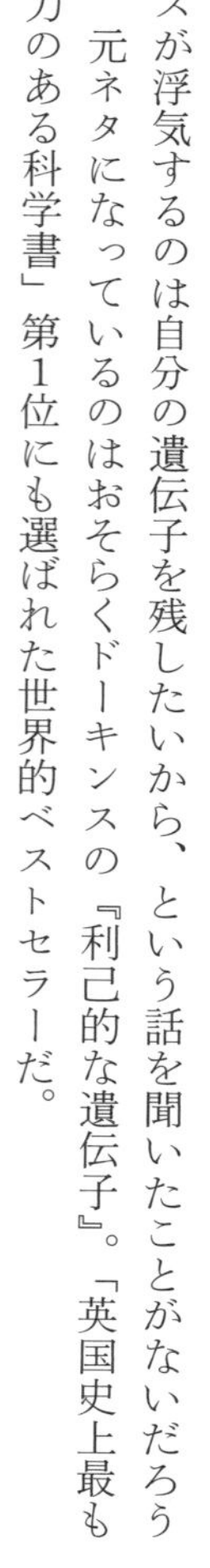

ツボ

賢人　渡辺政隆さん

ダーウィンの理論を遺伝子レベルに還元したある種のサイエンス・フィクション

オスが浮気するのは自分の遺伝子を残したいから、という話を聞いたことがないだろうか？　元ネタになっているのはおそらくドーキンスの『利己的な遺伝子』。「英国史上最も影響力のある科学書」第1位にも選ばれた世界的ベストセラーだ。

イギリスで初版が刊行されたのは１９７６年、最初の邦訳が出たのは１９８０年。タイトルは『生物＝生存機械論』で主な読者は研究者だった。１９９１年に原題そのままの『利己的な遺伝子』に改題すると爆発的に売れたという。

同志社大学特別客員教授の渡辺政隆さんは「ダーウィンは自然淘汰がはたらくレベルを

個体としましたが、ドーキンスはそれを遺伝子レベルまで落とし込みました。ダーウィンの時代にはまだ発見されていなかった遺伝子についての研究成果を進化論に盛り込み、その説明原理を人口に膾炙（かいしゃ）させたことが、彼の最大の功績でしょう」と評する。

ダーウィンの進化論の要の一つは自然淘汰説。生存競争に勝つのに有利な変異をもつ個体はより多くの子孫を残せる。そのメカニズムによって生物は進化してきた、という考え方だ。なぜドーキンスは進化論を遺伝子レベルで説明しようとしたのか。

「個々の生物がもつ特有の機能の進化を考えるとき、個体を進化の単位と考えるのは、ある意味でまどろっこしいからです。オスとメスによる生殖（有性生殖）では、自分の忠実なコピーを次世代に残すことはできません。遺伝子が混ぜ合わされるからです。働きバチや働きアリなど自分は子孫を残せないのに、利他的な行動をする個体が存在する理由も、遺伝子を単位にしないと説明できません。そうした新しい発見を基に、ドーキンスは遺伝子を主人公にした説明を展開したのです。〝利己的〟な自己保存の競争をするのは個々の遺伝子であって、個体はその乗り物にすぎず、遺伝子に操作されているというのです。この説明原理が切れ味鋭い一元論だったことで、一般の読者にも広く受け入れられたのでしょう」

『利己的な遺伝子』がふだん生物学の本を読まない人々に浸透したのは、説明原理のわかりやすさに加えて、たとえ話を巧みに用いていることが大きい。

「ドーキンスはどんな遺伝子の組み合わせが進化で有利になるかということをボート競技

に例えています。ゲノム（遺伝子情報の全体）がボートで、個々の遺伝子がボートの漕ぎ手です。試合に勝ち残るのは、適材適所のクルーの絶妙な配置だというのです。うまい説明ですが、ちょっと待てよという部分もある。同じ遺伝子が異なる局面で複数の機能を持つこともわかってきたので、ボート選手の比喩も再検討が必要になるでしょう」

専門用語や数式の代わりに比喩を使って単純化しているから注意が必要だが、読み物としては非常に面白い。なんといっても遺伝子と動物の行動を結びつけたところは特に。

「ドーキンスはダーウィンの伝統をくむ英国のオックスフォード大学で、動物の行動がいかに生存に適応的かということを調べてきた学派に属しています。その流れで動物の行動を操る〝利己的遺伝子〟の発想が出てきた。オスの行動を浮気型と誠実型に分けて遺伝子の生存戦略を考える第9章も、ダーウィンの〝性淘汰〟を遺伝子レベルに還元したものです。こうした極端な還元論については議論が続いているので、ある種のサイエンス・フィクションとして楽しむといいでしょう」

ドーキンス自身も〈ほぼサイエンス・フィクションのように読んでもらいたい〉と述べているロングセラー本だ。だが、大胆な見立ては新しい発想を促す装置として、しばしば自然科学の分野でブレイクスルーを生んできた。

今後も、遺伝子研究においてどんな仮説が立てられるか楽しみでならない。

わたなべ・まさたか／1955年生まれ。同志社大学特別客員教授、サイエンスコミュニケーター。著書に『ダーウィンの遺産』、訳書に『種の起源』など。

デュルケーム
『自殺論』

ツボ

賢人 大澤真幸さん

連帯していた個人が社会システムの近代化によって切り離され、自殺率が高くなった

社会学は19世紀末から20世紀初頭にかけて学問的な絶頂を迎えた。その時期に生まれた名著の双璧がデュルケームの『自殺論』とヴェーバーの『プロテスタンティズムの倫理と資本主義の精神』だ。デュルケームはフランス、ヴェーバーはドイツ。国こそ違うが同時代に活躍し、ともに社会学の礎を築いた。

社会学者の大澤真幸さんは「デュルケームとヴェーバーは、個人の意識や行動に還元できない〈社会〉を発見したという大きな共通点があります」と説く。

「デュルケームの革新性は〈社会は物である〉というテーゼにあります。〈物である〉と

中公文庫

は、二つのことを意味しています。第一に社会は自分の外にある客観的な対象のような存在であること。第二に、社会は個人の意志から独立して存在し、個人の行動を規制するということです。デュルケーム以前は個人の意識や行動を単純に足し合わせれば、社会の意識や行動がわかると考えられていました。しかし、デュルケームは、社会はその総和とはズレた存在で、独自に作動していることを突きとめたのです」

デュルケームは『自殺論』を書くために自殺した人の国籍、民族、宗教など、さまざまな統計資料を集め、卓越した洞察力で自殺の要因を探った。

自殺をテーマにしたのはなぜだろうか。

「『自殺論』が書かれたのは、産業革命によって経済が急成長し、フランスが物質的に豊かになった時代です。デュルケームは自殺の頻度を尺度にして、豊かになれば人間は幸せになるという功利主義的な幸福仮説が正しいのかどうか検証しようとしたのでしょう」

大澤さんによれば、最も重要なのは第2編だ。デュルケームはここで人が自殺する社会的な要因を、自己本位的自殺、集団本位的自殺、アノミー的自殺の3タイプに分けている。

「自己本位的自殺は、未婚で一人暮らしであるとか、所属する組織がないとか、個人と共同体の絆が弱まって孤立しているときに起こりやすい自殺です。集団本位的自殺は、殉死のように集団の大義のために自殺すること。アノミー的自殺は、人間の行動を抑制する道徳や規範が失われた混乱状況における自殺です。つまりデュルケームは、社会のまとまり方によって自殺のタイプが変わってくると言っているわけです」

自己本位的自殺とアノミー的自殺は非常によく似ていて区別がつきづらい。しかし、この二つの自殺こそがデュルケームの発見した〈社会〉の存在を表していると大澤さんは指摘する。

「自己本位的自殺もアノミー的自殺も、個人的な事情に準拠した自殺です。愛する人に先立たれたとか、株が暴落して全財産を失ったとか、自殺の動機は人によって異なります。ただ、同じ状況に置かれていても苦悩を受け止めて慰めてくれる仲間がいたり、自分を必要としてくれる場所があれば、人はそう簡単に死にません。『自殺論』を読むと伝統社会では連帯していた個人が社会システムの近代化によって切り離され、孤独な者たちの集合体としての市民社会が形成されるにつれて自殺率が高くなったことがわかります。自殺という個人の営みの究極形に見える現象さえ、個人の意識や行動の外に独自に存在する〈社会〉のあり方が規定していることをデュルケームは示して見せたのです」

２０２０年の日本の自殺者数は、対前年比は４・５パーセント増の２万１０８１人（警察庁発表）。平成10年以降の日本の自殺者に特徴的なのは、7割程度を男性が占め、中でも45〜64歳の中高年層が多い。その原因・動機は「経済・生活問題」が多くを占める。

自殺は単に個人の悩みが原因なのではなく、労働や経済をめぐる社会システムと密接な関わりがあるのだ。

おおさわ・まさち／１９５８年生まれ。社会学者。専門は理論社会学。『ナショナリズムの由来』で毎日出版文化賞を受賞。『自由という牢獄』など著書多数。

ヴェーバー『プロテスタンティズムの倫理と資本主義の精神』

岩波文庫

極端に禁欲的な個人倫理が極端に貪欲な資本主義の精神を生み出した

賢人 大澤真幸さん

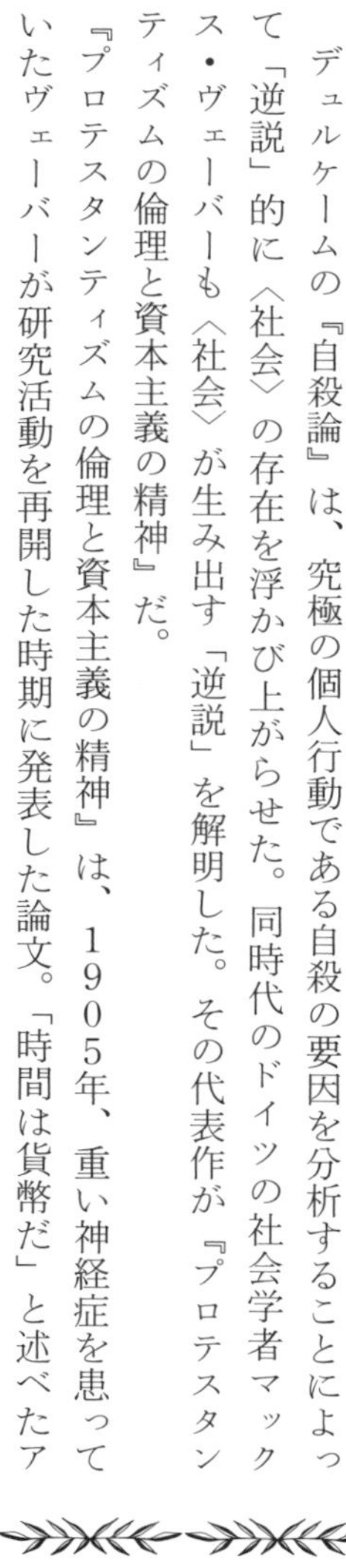

デュルケームの『自殺論』は、究極の個人行動である自殺の要因を分析することによって「逆説」的に〈社会〉の存在を浮かび上がらせた。同時代のドイツの社会学者マックス・ヴェーバーも〈社会〉が生み出す「逆説」を解明した。その代表作が『プロテスタンティズムの倫理と資本主義の精神』だ。

『プロテスタンティズムの倫理と資本主義の精神』は、１９０５年、重い神経症を患っていたヴェーバーが研究活動を再開した時期に発表した論文。「時間は貨幣だ」と述べたアメリカ合衆国建国の父ベンジャミン・フランクリンをはじめ、さまざまな例を挙げて資本主義の精神と宗教倫理の関係を考察していく。

ヴェーバーが解明したのはどんな逆説なのか？

社会学者の大澤真幸さんは「まず重要なのは、ヴェーバーが近代化の本質は合理化だと見ていたことです。ヴェーバーはなぜ西洋においてのみ合理化が進捗したのかを徹底的に追究しました。そのために眼を着けたのが宗教です。伝統的なキリスト教は利子を禁止し、商人をネガティブにしか評価してきませんでした。しかし、16世紀のキリスト教宗教改革から生まれたプロテスタンティズムが資本主義の繁栄の原動力になった。その逆説をヴェーバーは本書で解き明かしました」と語る。

大澤さんはキリスト教を呪術的な世界から解放して合理化したものがプロテスタンティズムだと言う。中でも合理化の果てに登場した教義が〈予定説〉だ。

「キリスト教では、世界終末の日に最後の審判があって、善良な人は救われて、神の国で永遠の生を享受し、罪のある人は呪われ、地獄に落ちると考えられています。みんな地獄には行きたくないから、カトリックでは、教会で神父に罪を告解したり、ローマ教皇が発行する贖宥状（しょくゆうじょう）を買ったりすれば、神の国へ行けることになっています。ただ、そうすると人間が救済や利益を得るために何らかの呪術的な手段を用いて神を動かせることになってしまう。神は全知全能であるはずなのに、人間の行為によって審判の結果を変えられるとしたら、論理的な整合性がとれない。そこでプロテスタント、中でもカルヴァン派は神の圧倒的な超越性を前提にした〈予定説〉を唱えました。それは、神が誰を救うかということ

とはあらかじめ決定していて、これを人間の行為によって変更することはできない、という考え方です。しかも、自分が救われる側に予定されているかどうかは最後の審判までわからない」

この〈予定説〉が「プロテスタンティズムの倫理」を生み出し、「資本主義の精神」を育んだというのが、本書のストーリーだが、なぜそうなるのか。

「〈予定説〉と資本主義の関係を考えるときに大切なのは、神は最後の審判の結果だけではなく、人間がそこに至るまでのプロセスも全部知っている、ということです。だから予定説を信じ、自分は救われると思いたい人は次のように考えます。自分が救済されるに値する人間なら、神から与えられた〈天職〉に就いて真面目に働き、贅沢もしない倫理的な生活を送ることになっているはずだ。それならその通りに生きよう、と。この思考から勤勉で禁欲的な生活が導き出されます。勤勉と禁欲を推し進めていくとお金がどんどん貯まります。蓄えた金は無駄遣いせず、次の仕事に投資する。こうして極端に禁欲的な個人の倫理が極端に貪欲な資本主義の精神を生み出したとヴェーバーは物語ります。このような逆説を解き明かすことを通じて、ヴェーバーもデュルケームと同様、個人の意識や行動には還元できない〈社会〉の存在を発見したのです」

勤勉と禁欲の精神がヨーロッパの近代化を強力に押し進めたのである。

おおさわ・まさち／1958年生まれ。社会学者。専門は理論社会学。『ナショナリズムの由来』で毎日出版文化賞を受賞。『自由という牢獄』など著書多数。

シュミット

『現代議会主義の精神史的状況』

岩波文庫

賢人 大竹弘二さん

議会主義と民主主義とはまったくの別物。ヴァイマル民主主義の問題は過去の話ではない

カール・シュミットは20世紀ドイツを代表する憲法学者・政治学者。「ナチスの桂冠法学者」という悪名を残す人物でもある。１９２３年に発表された『現代議会主義の精神史的状況』は、その代表的著作だ。

政治思想史研究者の南山大学准教授・大竹弘二さんは「この本においてシュミットが主張しているのは、議会制民主主義は本質的に欠陥を抱えた政治制度であるということです」と解説する。

なぜシュミットは議会制民主主義に限界を感じていたのか。第一次世界大戦に敗戦した

後のドイツの状況を反映しているという。

「1919年、ドイツではヴァイマル共和国憲法が採択されました。この憲法は国民による大統領の直接選挙を導入するなど、当時の世界で最も民主的かつ先進的な憲法と見なされていた。しかし、あまりにも民主的な制度が民主主義を不安定にしてしまった。完全比例代表制の選挙は小政党の乱立をもたらしたので、一党では政権がとれない。多数の政党が寄り集まった連立政権は短命で頻繁に政権交代が起こった。さらにハイパーインフレーションや左右両翼の過激派による共和国打倒運動も勃発した。危機的な状況なのに、議会では支持母体の単なる利益代弁者となった政党政治家が話し合いをだらだらと長引かせ、利害の調整をするだけでした。シュミットは何も決められない政治の現状を憂えて、そうなってしまう原因を解き明かしたのです」

第1章でシュミットは民主主義と議会主義が結びつけられた歴史を振り返って〈近代議会主義とよばれているものなしにも民主主義は存在しうるし、民主主義なしにも議会主義は存在しうる〉と述べている。ここにシュミットの立場が一番よくあらわれている。

「議会主義と民主主義とはまったくの別物だと指摘したところが、シュミットの理論の要点です。その根底には、議会主義はそもそも自由主義に基づいて作られた制度という認識があります。自由主義の原則は、個人が国家に干渉されず自由に活動できることです。だから議会主義も公開の場で個人が自由に討論することを重視する。ただ多様な意見を認めるだけで、ひとつにまとめて責任ある政治判断を下すところまでは考えていない。一方、民主主義は集団の意思決定に関わる原理であり、自由主義とは両立できないと言うんですね」

公開性と権力分立を中核にする近代議会主義の精神は真理と正義を実現するはずだったが、いつしか空虚で実質のない形式になってしまった。シュミットは議会制民主主義の欠陥を克服するため、ヴァイマル憲法の第48条に基づく独裁を肯定するようになっていく。

「第48条では大統領に対し、戦争や内乱などの非常事態のさい、通常の法律や民主的な手続きを飛び越えて緊急措置を下す権限が認められていました。実際、世界恐慌が起きると、ドイツでは大統領緊急命令が濫用され、議会は空洞化し、ナチス独裁への道が開かれました。シュミットの思想は、ナチス独裁を準備した、と今では批判されていますが、当時は議会で話し合うより国民が行政府の長に意思決定を一任した方が政治はうまくいく、という考えが国民的に支持されていました。世界がコロナ禍のような危機に見舞われると、必ず話し合いよりも独裁を求める声が出てきます。ヴァイマル民主主義を悩ませていた問題は決して過去の話ではないのです」

みんなが意見を出し合って一つの物事を決めるのは、合意形成に時間がかかるし面倒なことだ。だがそこで、意思決定のスピードやシンプルさを求めたときに何が起きたか。民主主義の中から合法的にナチス・ドイツは生まれてきたことを忘れてはならないだろう。

おおたけ・こうじ／1974年生まれ。南山大学国際教養学部国際教養学科准教授。著書に『正戦と内戦　カール・シュミットの国際秩序思想』など。

ケルゼン『民主主義の本質と価値』

賢人 大竹弘二さん

ツボ

議会の存在を認めつつ、どうやって直接民主制に近い形にしていくかを提案

ハンス・ケルゼンは、オーストリアの共和国憲法起草に関わった法学者。その著作『民主主義の本質と価値』の初版は、1920年に刊行された。

「第一次世界大戦に敗北した後、帝国から共和国になったオーストリアにとって、民主主義はどうあるべきか考えた本です。シュミットの『現代議会主義の精神史的状況』とは対照的で、議会制民主主義を擁護しています」と政治思想史研究者・大竹弘二さんは解説する。『民主主義の本質と価値』は、民主主義の特質をなすのは平等と自由、という話から始まる。

岩波文庫

「ケルゼンは民主主義において平等よりも自由のほうが重要だと主張しました。自由とは、個人が自分のことを自分で決定できる自由を指しています。政治について意思決定を下すときに、可能なかぎり多くの人の自由を犠牲にしない方法をケルゼンは模索しました」

そこで、多様な意見を公開の場で闘わせる議会がクローズアップされる。

「ケルゼンに言わせると、議会なしに民主主義はありえない。ただし、代表として選ばれた議員が一般国民よりも優位にあるとは考えていない。議会の存在を認めつつ、どうやって直接民主制に近い形にしていくかということを提案している。特に強く推しているのが比例代表制度です。ドイツでは比例代表制が小党乱立をもたらし政治を不安定にしましたが、ケルゼンはいろんな立場を代表する政党があることによって、少数派の意見が反映されると考えていました。民主主義に政党は絶対に必要だ、というくらい政党を重んじすぎているところは、現代から見ると違和感もあります」

ケルゼンは比例代表制を採用した上で、意思決定を下すときには多数決を用いるのがよい、と説いている。

「多数決といっても、多数派に少数派が何がなんでも従わなければならないという意味ではありません。少数派の意見を取り入れるために多数決が必要だと考えている。最終的には多数決で決まるとしても、議会という公開の場で討論する以上、多数派は少数派の意見も聞いて、ある程度交渉や妥協をするだろうとケルゼンは言うわけです」

多数決で自分たちの意見を通すことができるのに、多数派が妥協するとケルゼンが考え

たのはなぜか。

「多数派が妥協するメカニズムについて、ケルゼンは具体的なことはあまり書いていません。多数派の暴走から少数派を守る仕組みとして、ケルゼンは憲法裁判所を挙げていますが、現実には少数派の意見が無視されることもあるでしょう」

ケルゼンは、議会制民主主義によってどんな意思決定が下されるかということには価値を置いていなかった、と大竹さんは指摘する。

「ケルゼンは民主主義の価値を手続きの問題として理解していました。国民が政治的意思決定に関わるための手続きが何より重要で、結果はあまり重視しない。そうすると、民主的な手続きで民主主義を破壊するような結果が出た場合も受け入れざるを得ない。逆にシュミットのように手続きより結果の正しさに価値を置くと、場合によっては独裁的な意思決定を認めることにもなりかねない。民主主義において手続きと結果のどちらを優先するかという問題は、現代にいたるまで解決していないのです」

民主的な手続きと結果のどちらを優先するか、というパラドキシカルな課題はパンデミックのさなかで多くの国家が直面した問題でもあった。こうした場合、一見強権的体制のほうが圧倒的に有利に見えるが、意外に民主主義的な施策のほうがウイルス封じ込めの結果において、僅差で上回っているという調査もあって興味深い。

おおたけ・こうじ／1974年生まれ。南山大学国際教養学部国際教養学科准教授。著書に『正戦と内戦　カール・シュミットの国際秩序思想』など。

セルバンテス『ドン・キホーテ』

岩波文庫（全6巻）

賢人 星野智幸さん

ツボ

MeToo、民族差別問題……17世紀に書かれたとは思えないほど今日的

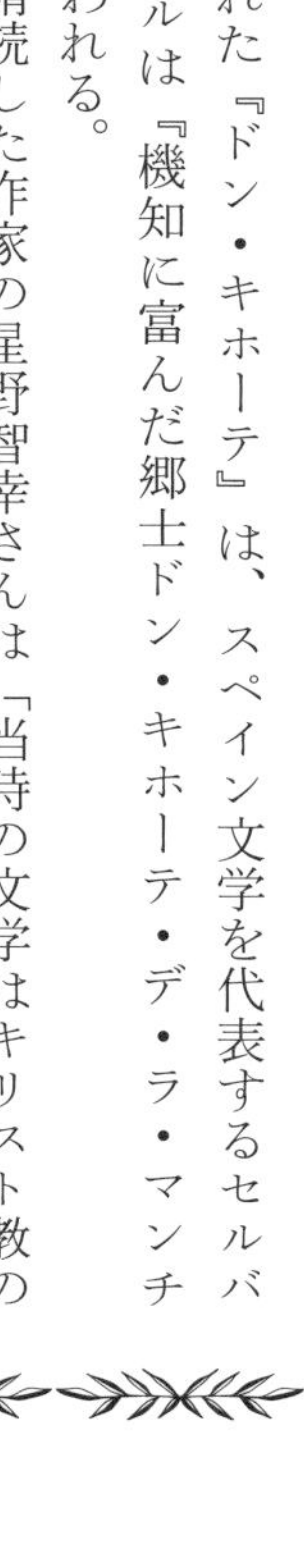

1605年に前篇が出版された『ドン・キホーテ』は、スペイン文学を代表するセルバンテスの名著。正式なタイトルは『機知に富んだ郷士ドン・キホーテ・デ・ラ・マンチャ』。「近代小説の父」とも言われる。

『ドン・キホーテ』の原書を精読した作家の星野智幸さんは「当時の文学はキリスト教の道徳倫理など絶対的な価値観に基づいて書かれていました。『ドン・キホーテ』が〈近代文学の父〉と呼ばれるのは、あらゆる価値観を相対化したからです。みんなが信じているものについて実はおかしなところもあるのではないかと疑う姿勢こそ、まさに近代とそれ

以前の文学を分かつものです」と語る。

『ドン・キホーテ』の序文には〈この書物のねらいは、騎士道物語が世間と大衆のあいだで享受している権勢と名声を打倒すること〉と書かれている。小さな村に領地を持つ男が、本を読みすぎて虚実の区別がつかなくなり、自ら物語に登場する遍歴の騎士となって冒険に出る話だ。

本人は立派な騎士のつもりだが、厚紙で修理した古い鉄兜をかぶり、乗っているのは駄馬で、従者は農夫のサンチョ・パンサ。風車を「巨人」と呼んで戦いを挑むなど、行く先々で騒動を起こす。

「ドン・キホーテは今で言うコスプレをして二次創作をするオタクです。憧れの騎士道物語を体現しようとしますが、現実の世界で騎士の真似事をするとおかしな人にしか見えない。そのずれを描くことによって、騎士道物語の欺瞞性を暴き、相対化している。ただ不思議なことに、読めば読むほど騎士道物語の魅力が伝わってくるんです。例えば前篇50章、騎士道物語は嘘っぱちで軽薄だと批判する聖堂参事会員にドン・キホーテが反論するくだり。ドン・キホーテは自分が好きな場面の描写を口頭で臨場感たっぷりに再現して、騎士の世界にある恐ろしい湖や美しい森を想像させます。読者が語り手になり、新しい物語が誕生する瞬間が描かれています」

ドン・キホーテの物語は好評を博し、１６１５年に後篇が出版された。そこではさらに相対化が進んでいると星野さんは指摘する。

「まず本が出版された事実を作中に取り込んで前篇全体を相対化しています。また、主人公のドン・キホーテも相対化される。前篇では誰にも理解されなくても自分の信じる世界を生きていたのに、後篇では〈いじられキャラ〉として消費されてしまうんです。前篇を読んだ人々に笑い者にされることによって、ドン・キホーテの孤独が変質するところが切ない。一方でサンチョの存在感は増していきます。後篇は二人の会話がメインです。本を読まない非識字者のサンチョの言葉がドン・キホーテと話すうちに豊かになっていくところがいいですね」

　物語も作者も主人公も絶対的な根拠を持たない。現代の読者も新鮮味を感じるのは、貴族から貧乏人までさまざまな階層の価値観を相対化し続けて迷宮のような構造になっているからだ。

「前篇14章にマルセーラという女性が登場します。失恋した男を死に追いやったと見なされている彼女が、世間の批難をはね返し、自分自身を弁護する場面は、ＭｅＴｏｏの話として読めるでしょう。前篇37章のモーロ人の話は民族差別問題を扱っています。後篇執筆中に正体不明の人物が出版した『ドン・キホーテ』の続編に言及して、作者本人が贋作であることを証明するところは、17世紀に書かれた小説とは思えないほど今日的です。先入観に囚われず読んでほしいです」

ほしの・ともゆき／1965年生まれ。小説家。『夜は終わらない』で読売文学賞、『焔』で谷崎潤一郎賞を受賞。他の著書に『植物忌』など。

オルテガ『大衆の反逆』

岩波文庫

ツボ

賢人 星野智幸さん

大衆は自分の限界がわからず、他人との境界も曖昧。『バカの壁』に近いことが書かれている

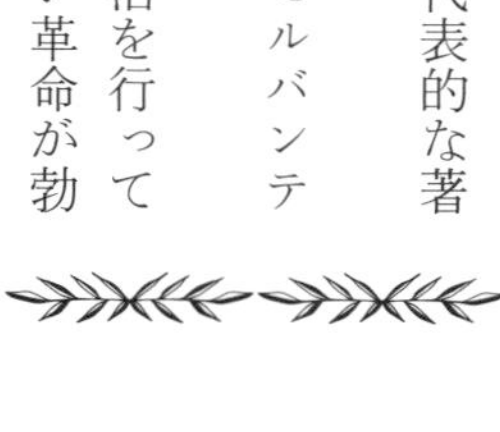

オルテガ・イ・ガセットは現代スペインの生んだ最大の思想家と言われる。代表的な著作が『大衆の反逆』だ。

「あらゆる物事を相対的に考え抜くオルテガの姿勢は、『ドン・キホーテ』のセルバンテスに通じるところがあると思います」と作家の星野智幸さんは言う。

『大衆の反逆』が刊行されたのは、1930年。スペインで軍部中心の独裁政治を行っていたプリモ・デ・リベラが失脚し、王党派と共和派の対立が激化して、スペイン革命が勃発する直前の時代だ。当時オルテガは47歳。その後、知識人による「共和国奉仕団」を結

成して政界に身を投じた。

「王党派と共和派の戦いは、やがてファシズムと共産主義の戦いに変貌していきます。オルテガはどの派閥にも与していなかった。各民族が自らの政治体制を決める権利を持つとする民族自決主義にも批判的でした。共有する血や言語の下にまとまるのではなく、自分と他人の差異を理解した上で共存する社会を作るべきだとオルテガは考えていました。ところが、世の中はファシズムや共産主義に傾きつつあった。社会が多様性を失い、一つの価値観を絶対化することへの危機感から『大衆の反逆』は生まれたのでしょう」

オルテガは1章の冒頭で〈大衆が完全に社会的権力の前面に躍り出た〉と述べている。〈大衆〉とはどんな人を指すのだろう。

「大衆のことをオルテガは〈平均人〉とも呼んでいます。みんなと同じであることに満足して、自らを個別性によって評価せず、生き方が既存の価値観の繰り返しになっている人のことです。そんな大衆が少数派を押しのけて、自分たちの望みや好みをごり押しするようになった状態を〈反逆〉と言っている。日本でベストセラーになった『バカの壁』に近いことが書かれていると思います。大衆は自分の限界がわからず、他人との境界も曖昧で、何でも論評し要求する権利があると思っている。階級は関係ない。知識人や上流階級にも大衆はいると言います」

〈反逆〉という言葉からイメージする性格と真逆のタイプだ。今の日本にも大衆はいると星野さんは指摘する。

「11章に、大衆化した人間の具体例として〈相続人間〉という言葉が出てきます。彼らは上の世代が作り上げた既得権や制度をあたりまえのものとして〈相続〉し、その歴史を忘れて自分では何ひとつ変革も創造もしない。他人の意見に耳をふさぎ、自分の意見を厳しく検討せず、自分とその仲間だけがこの世に存在しているかのようにふるまう〈甘やかされた子供〉です。世襲政治家を思い浮かべる人も多いでしょう。政治家だけではなく、医者や弁護士、教師も、二世三世が増えている。利権の相続はなくても、親と同じ世界に疑念を抱かず入ることによって価値観が狭くなってしまう。外の世界を想像すらできない相続人間が起こしている問題はたくさんあると思います。ツイッターなどのSNSでも、自分が何を知っていて何を知らないのかわからないまま、いろんなことに口を出している人を頻繁に見かけます。オルテガが考えていた以上の規模とスピードで社会の大衆化は進んでいます」

オルテガが警鐘を鳴らしたのは、90年前だ。人間はまったく進歩していないということなのだろうか。

「人間は同じ過ちを繰り返しますが、『大衆の反逆』を読めば少なくとも繰り返していることは自覚できる。反復を意識することから何かが変わるはずです」

ほしの・ともゆき／1965年生まれ。小説家。『夜は終わらない』で読売文学賞、『焔』で谷崎潤一郎賞を受賞。他の著書に『だまされ屋さん』など。

マルクス／エンゲルス

『共産党宣言』

岩波文庫

賢人 仲正昌樹さん

社会の歴史は階級闘争の歴史であると言い切り、キリスト教に代わる世界観を示した

ドイツの思想家マルクスとエンゲルスが1848年に発表した『共産党宣言』は、「共産主義者同盟」の綱領であり、あらゆる労働運動の指針になった歴史的名著だ。

金沢大学教授で政治思想史研究者の仲正昌樹さんは「共産主義とは、土地や工場設備などの生産手段を完全に共有する社会にして、労働者は能力に応じて働き、必要に応じて報酬を受け取るべきという考え方です」と解説する。

産業革命によって土地を奪われた農民の多くが都市へ移動しプロレタリア（賃金労働者）になった。しかし自分の労働力しか売るものがないプロレタリアは、どんなに過酷な

待遇でもブルジョア（資本家）の要求をのむしかない。そこでブルジョアに対抗する人たちが現れた。中でもマルクスとエンゲルスの理論が大きな影響を与えたのはなぜなのか。

「『共産党宣言』第1章の冒頭で〈今日までのあらゆる社会の歴史は、階級闘争の歴史である〉と言い切ったからでしょう。いつの時代も王や貴族などの支配者階級と被支配者階級の代表が闘い、支配されていた階級が勝利することによって、歴史は次の段階に移ってきた。ブルジョアもかつては支配される階級だったのであり、王侯貴族や地主が支配していた封建制を崩壊させて新しい支配者階級になったんですね。マルクスとエンゲルスは、ブルジョアが歴史においてきわめて革命的な役割を果たしたと評価した上で、ゆくゆくはプロレタリアがブルジョアを倒すことは必然であると説いている。ですから、マルクスらの唱えるプロレタリアの闘争は、例えば賃金を上げるとか、何かを改善すれば終わるものではありません。妥協の余地はなく決着がつくまで闘うしかないんだと断言しているところが、非常に先鋭的だったのです。『共産党宣言』が出た直後にフランスで労働者を中心にした二月革命が起き、王政が廃止されたこともその理論の浸透を後押しすることになりました」

『共産党宣言』は〈共産主義者は、これまでのいっさいの社会秩序を強力的に転覆することによってのみ自己の目的が達成されることを公然と宣言〉し〈万国のプロレタリア団結せよ！〉という言葉で締めくくられる。この本で提示された思想は後に「マルクス主義」と呼ばれるようになった。マルクス主義の原動力は、プロレタリアの置かれた苦境だけではない。キリスト教に対するアンチテーゼもあったという。

「例えば『共産党宣言』では共産主義者を幽霊になぞらえています。これはキリスト教の聖霊をもじっているんですね。マルクスは他の著作でも繰り返し宗教的なものを批判しています。人間を救済するはずのキリスト教こそが王権と結びついて世界を支配し、貧富の格差を創り出した元凶と見なしていたのでしょう」

キリスト教への対抗意識がなければ階級闘争の歴史観も生まれなかったという。

「キリスト教の教えによれば、人間は堕落したせいで楽園を追われ、働かざるを得なくなった。それからは善と悪が最終戦争を繰り広げているというわけです。プロレタリアとブルジョアの闘争も、ある意味ハルマゲドンなんですね。マルクス主義ではプロレタリアがブルジョアに勝利して私有財産という原罪を克服し、労働が喜びになることによって、人間に本当の救済が訪れる。キリスト教の代わりになる明確な世界観を示したので、強い求心力を持ったのだと思います」

なかまさ・まさき／1963年生まれ。哲学者、金沢大学法学類教授。専門は、法哲学、政治思想史。著書に『「不自由」論』『今こそアーレントを読み直す』など。

マルクス『資本論』

ツボ 労働力という商品の特質と搾取のメカニズムを解明した

賢人 仲正昌樹さん

『共産党宣言』を執筆した後も、マルクスはどうしたら労働者を解放できるか考えた。その思想の集大成が『資本論』だ。

第1巻は1867年、第2巻は1885年、第3巻は1894年に公刊された。岩波文庫では9冊にもなる大著だが、政治思想史研究者の仲正昌樹さんは、まずは第1巻を読めばいいと言う。「マルクスは1883年に亡くなったので、自分で最後まで完成させたのは第1巻だけです。特に重要な論点は最初の9章に集中しています」

仲正さんによれば、マルクスが『資本論』を書いた背景には、アダム・スミスをはじめ

岩波文庫（全9巻）

とする古典派経済学に対する疑問があった。

「古典派経済学では、商品の価値はそれを作る労働時間によって決まるという説が主流でした。ところが、どんなに長時間働いても商品を作っている労働者は貧しいままで、資本家だけが金持ちになっていく。労働時間と賃金が等価交換されていないんですね。どうしてそうなるのか。マルクスは資本家が労働者を余分に働かせて自分の利益を生み出す仕組みを明らかにしようとしたのです」

資本家が生み出した取り分をマルクスは「剰余価値」と名づける。「剰余価値」が発生するのは、「労働力」そのものには他の商品のようには使用価値（その商品がもたらす効用）がないからだ。

「商品とは素材に労働力が使用価値を与えて作られるものです。例えば布を縫製して作った服は、〈着る〉という使用価値が明確だから、使用価値に見合った値段をつけられて交換されます。ところが労働力は商品が完成した後でないと使用価値を証明できません。素材と生産手段を所有している職人ならば一人で商品を作ることができますが、賃金労働者が持っているのは自分の身体だけ。大半は農村で食べられなくなって都市に出てきた人たちで、頼れる共同体もありません。商品を作る前に資本家に労働力を買ってもらうしかないわけです。このため圧倒的に優位な立場にある資本家は、労働力の価値（値段）をその使用価値とは無関係に勝手に決められる。だから、労働者の賃金をギリギリまで低くして長く働かせる。もしくは時間あたりの生産量を最大に増やす。普通の商品は使ったらすり

減る一方ですが、人間の労働力は一日使っても翌日にはある程度回復するので目減りしづらい。労働者を搾取すればするほど、資本家は儲かります」

資本家は労働者に支払い賃金以上の働きをさせているのだ。その構造はブラック企業に露骨に現れているように現代にいたるまでずっと変わらない。

「マルクスは労働力という商品の特質と搾取のメカニズムを解明した上で、資本家の取り分はなくてもいいんだということをはっきり言ったんですね。それが当時は新しかった。労働者が搾取されないためには、資本による生産を廃止し、全員が対等の協同組合的生産に移行すべきと主張している。資本家の取り分を0にして、労働力商品の価値と使用価値を見合ったものにすることは今でも難しく、マルクスが提起した問題はいまだに解決されていません。労働者の置かれた劣悪な環境で疫病が流行する事例が出てくる第23章などはコロナ禍の今読むとアクチュアルです」

1960年代まではほとんどの知識人が読んでいたが、ここ30年ほどは存在感を失っていた『資本論』。資本主義社会が限界に達している近年、再発見の機運が高まっている。例えば第1章第4節の「商品の物神的性格とその秘密」は、人間と商品の関係を解き明かしていて秀逸だ。それ自体はただの紙や金属でしかない貨幣がなぜ価値を持つようになったのか、なぜ人間はカネに翻弄されるのか？　労働の本質を考える手がかりになる。

なかまさ・まさき／1963年生まれ。哲学者、金沢大学法学類教授。専門は、法哲学、政治思想史。著書に『「不自由」論』『今こそアーレントを読み直す』など。

ボーヴォワール『第二の性』

ツボ

異性愛主義がどういうものか内部から解明した本

賢人 菊地夏野さん

フランスの哲学者ボーヴォワールが1949年に刊行した『第二の性』は、その後のフェミニズム運動の理論的支柱にもなった名著だ。社会学者で名古屋市立大学准教授の菊地夏野さんは「〈人は女に生まれるのではない、女になるのだ〉という有名なスローガンは、本来男女は平等なのに文明によって女性は第二の性としてつくられたことを主張しています」と言う。

本書は膨大な量の資料を駆使して、まず、生物学や精神分析学、史的唯物論に内在する女性差別を指摘する。そして、古代から近代まで男性がいかに女性を従属させてきたかを

新潮文庫（全３巻）

明らかにしていき「男にとって女は〈一者〉ではなく〈他者〉である」ことを証明した。

「〈女〉を主語にして、目を背けたい事実がこれでもかというくらい突きつけられるので、読んでいると苦しくなってくる。でも自分が女性として生きてきて覚えた違和感が何だったのか納得してしまうんです」

ボーヴォワールはどうしたら男女平等が実現すると考えていたのだろうか。

「結論部分の直前に〈女は、自分と男たちを同列に置くことで、解放される〉と書かれています。もともとは同じ人間なのだから、男性の抑圧がなければ女性の可能性はふさがれず、偉大な思想家や芸術家や科学者が生まれるというわけです」

男性をモデルにして、才能を発揮できることに価値を置いたのは理由がある。ボーヴォワールの名を世間に知らしめたのは、その実力はもちろんだが、やはり生涯のパートナーで実存主義の代表的な思想家であるサルトルが背景にいたのは否定できない。

「男性中心の学問の世界では、ボーヴォワール自身が他者でした。そこで発言するためには、男性の方法を真似するしかなかった。男性の論理を内面化していて、やや能力主義的な部分があることは否めません」

それでも今読んでも面白いと菊地さんは評価する。

「フェミニズムの最も重要なテーマは、異性愛主義(ヘテロセクシズム)をいかに批判して乗り越えるかということです。ボーヴォワール自身が当事者として、その問題と闘っていた。サルトルはボーヴォワールに婚姻という形にとらわれず、子供もつくらず、お互い自由に恋愛することを

認める関係を提案し、私生活をすすんで公開した。バイセクシュアルだったとも言われるふたりのパートナーシップは、新しい男女のあり方ともてはやされましたが、実態は簡単なものではなかった。ボーヴォワールはサルトルの恋人への嫉妬や、同性愛者の女性への偏見も捨てきれなかったようです。そんな自分に対する葛藤が『第二の性』には垣間見えます。異性愛主義がどういうものか内部から解明した本でもあるんです」

現代のフェミニズムがなかなか切り込めていない問題も論じているという。

「第2巻の『女が生きる状況』で、性差別の原因の中心に結婚を置いているんです。結婚制度に対する批判はいまだに抵抗が大きい。私たちの社会の根幹をなす仕組みだからです。最近は特に国が婚活を推奨するなど結婚にまつわる圧力が強まっている。つらい思いをしている人に手にとってほしいです。フェミニズムは対等を重んじる思想なので、名著だからと見上げる必要はない。ボーヴォワールが問いかけたことに自分はどう向き合うか考えながら読めばいいと思います」

厚生労働省の「賃金構造基本統計調査」によれば、女性の平均収入は男性の7割強。そのギャップは一部の女性が男並みに成功するだけでは解消しない。社会構造全体を見直す必要がある。私たちの中に無意識に刷り込まれたジェンダーバイアスに気づかせてくれる『第二の性』は、誰もが尊重される社会へと力強く背中を押してくれる。

きくち・なつの／1973年生まれ。社会学者、名古屋市立大学人文社会学部現代社会学科准教授。著書に『日本のポストフェミニズム』など。

ロールズ
『正義論』

現代社会における正義を考える必読書
“許容できる不平等の条件”とは？

賢人 井上彰さん

1971年に刊行された『正義論』は、アメリカの政治哲学者ジョン・ロールズの主著だ。1960年代、アフリカ系アメリカ人による公民権運動やベトナム反戦運動が広まった。そんな正義を求める時代の声を受け止め、ロールズの本はベストセラーになった。現代社会における正義を考える上で必読の名著であり、マイケル・サンデルもロールズの『正義論』を批判的に検討することによって自らの正義論を確立した。

政治哲学者で東京大学大学院教授の井上彰さんは「単一の正義の基準を打ち立てればそれに人々が従うと言っている本ではありません。人間の価値観は多様であるという前提で、

紀伊國屋書店

どうしたらみんなが納得できる正義のあり方が可能かということをロールズは追究しています」と解説する。井上さんによれば、ロールズの理論の要は「分配的正義」にある。

「〈分配的正義〉というと所得の再分配をイメージするでしょうが、ロールズの理論で分配される財には自由や権利、自尊も含まれます。そして財だけではなく、負担も分配する。我々は単独で生きるよりみんなで協力したほうが多くの財を得られるからです。分配的正義とは、価値観の異なる人々が衝突せず〈社会的協働〉ができるように、公正な手続きに基づいて分配し、安定的な体制を築き上げていこうという正義です」

つまり、権利と義務を割り当て社会的協働の利益と負担を適切に分配することを目指す。手続きの偏りをなくすために、まずロールズは「無知のヴェール」を想定することを促す。要するに、個人の能力や社会的地位を知らない状態、自分が最も恵まれない者かもしれないという状態を想定するのだ。

「ロールズは〈無知のヴェール〉によって公正な手続きを表現し、〈正義の二原理〉を導き出します。第一の正義原理は〈自由の平等原理〉とも要約される。言論の自由、信教の自由など、基本的な権利をみんなに等しく保障する正義の原理です。第二の正義原理は職業・階層や所得などを分配する、社会的・経済的な正義の原理です」

第一の正義原理は誰もが納得でき、実際に憲法で保障されている。しかし、第二の正義原理は実現が難しい。自分で稼いだお金を税金として見ず知らずの他人に差し出すことに抵抗をおぼえる人が多いからだ。

「ロールズは社会的・経済的に完全な平等が実現できるとは思っていなかった。最優先するべきは第一の正義原理であり、社会経済の繁栄のために不平等な状態になることはやむを得ないけれども、許容できる不平等の条件があるはずだと考えたわけです」

ロールズは不平等を正当化する要件として、二つの原理を挙げる。一つは「公正な機会均等原理」。例えば人種や社会階層などの差別なく職業を選べるチャンスを与えられているなら収入格差があってもいい。ただ、それだけではメリトクラシー（能力主義）社会を礼賛することにつながりかねないので、もう一つの「格差原理」を構想した。

「〈格差原理〉は、最も恵まれない者に最大の利益を与えるべきだとする原理で、ロールズの『正義論』の代名詞になっています。公正な機会均等をクリアした上で、みんなに最低限度の生活が保障されているなら、分配の不平等は許容できる」

格差原理は分配的正義の最終課題なのだ。人間の多様性と自由を犠牲にすることなく正義を実現したいなら、一つひとつの手続きを蔑ろにしてはいけないと井上さんは語る。

「例えば会社で議論を尽くして決まったことを、突然覆そうとする人がいませんか？　手続きを軽視して自分勝手な〝正しさ〟を押し付けるみたいなことが、社会全体で起こっていると感じます。『正義論』は我々が今直面している課題に立ち向かっている本なのです」

いのうえ・あきら／1975年生まれ。政治哲学者、東京大学大学院総合文化研究科国際社会科学専攻教授。著書に『正義・平等・責任』などがある。

あとがき

「週刊文春」で「名著のツボ」の企画が始まったのは、２０１９年1月。当初は50回まで続けることが目標でした。最終的に蓋を開けてみれば、全１１２回。新型コロナウイルスの感染拡大によってリモート取材になることもありましたが、世界の名著を読むことで旅行をしているような気持ちになれました。読者に「楽しみに読んでいます」というお便りもいただき、幸せな連載でした。

自分がこれまでしてきた中でも、胸を張って「これは読書界にとって価値がある」と言える仕事になったと思います。

ひとえに、本書に登場してくださった識者の皆様のおかげです。勉強不足のわたしの質問に皆さん丁寧に答えてくださった上、セレクトした１００冊の再録についてもご快諾いただき、深く感謝申し上げます。

残念ながら、本が出る前に鬼籍に入ってしまわれたかたもいらっしゃいます。

まず池内紀さん。２０１９年1月に取材しました。穏やかに優しく、ユーモアをまじえながら『ファウスト』と『魔の山』について語ってくださいました。特に翻訳も手がけら

れた『ファウスト』（集英社文庫ヘリテージ）の「紙幣というフィクションのお金が社会を動かすことを予見していた」という解釈には衝撃を受けました。池内さんの教えてくださったツボをおさえて『ファウスト』を読むと、見える世界が一変するでしょう。

もう一人は、池内さんのご友人でもあった井波律子さん。２０１９年10月に『論語』『孟子』のお話を伺いました。井波さんは『三国志演義』『水滸伝』（講談社学術文庫）の翻訳者でもいらっしゃいます。取材後「今度は仕事と関係なく遊びにいらっしゃい」と言ってくださいました。とてもお元気だったので、訃報を知ったときは信じられませんでした。

井波さんが京都大学一回生の夏休みに、ほぼ不眠不休で全巻通読した名著が、ボーヴォワールの『第二の性』。井波さんの『書物の愉しみ』（岩波書店）によれば〈何か新しい知識を得たというよりも、それまで漠然と感じていたことに、明確な輪郭を与えられたような、とても爽やかな知的快感をおぼえた〉そうです。中国文学の泰斗がフェミニズムの古典を契機に本を濫読するようになったというのが意外でしたし、連載が終わると決まったときに、『第二の性』だけは絶対に取り上げたいと編集部にお願いしました。菊地夏野さんの解釈は知的快感に満ちていて、井波さんに読んでいただきたかったと思います。

お二人との再会はもう叶いませんが、その著作はこれからも長く読み継がれるでしょう。

約2年半に渡って名著を読み続けて、わたしの中で変わったことがあります。それは、哲学に対する関心が深まったことです。それまで何度か哲学書に挑戦したものの上辺をな

ぞっただけで終っていましたが、納富信留さんに『ソクラテスの弁明』について教えていただいたときに、初めて「哲学って面白い、もっと読みたい！」と感じたのです。

エミリ・ディキンスンの「The Brain—is wider than the Sky」という言葉から始まる詩を想起しました。まさに人間の脳は空より広い。「こんなことを考えた人がいたのか」とたびたび驚かされました。古代ギリシャから現代アメリカまで、幅広い哲学書に触れられたことは、わたしにとって大きな財産になりました。

取材の前後に「週刊文春」編集部の波多野文平さんや桒名ひとみさんとさまざまな話をしたことも、忘れがたい思い出です。もし本書の「ツボ」がわかりやすいと感じられたとしたら、それはお二人の的確な意見があったからです。ハードな週刊連載を並走していただきました。この場を借りて御礼を申し上げたいと思います。

出版不況と言われて久しい昨今、雑誌連載は必ずしも単行本化されるとはかぎりません。担当編集者として名乗りを上げてくださった山本浩貴さん、親しみやすいのにエッジの効いた本にしてくださったイラストレーターの間芝勇輔さん、キュートかつ的を射た絵を描いてくださったアートディレクターの佐藤亜沙美さんにも感謝申し上げます。

そしてここまで読んでくださった読者の皆様、本当にありがとうございました。2020年以降、世界は変わってしまいましたが、名著は変わらず誰かに読まれるのを待っています。本書を通じて1冊でも未知の名著に出会っていただけますように。

石井千湖

著者略歴

石井千湖（いしい・ちこ）

1973年佐賀県生まれ。書評家、ライター。早稲田大学卒業後、書店員を経て、現在は書評とインタビューを中心に活動し、多くの雑誌や新聞に執筆。著書に『文豪たちの友情』、共著に『世界の8大文学賞』『きっとあなたは、あの本が好き。』がある。

初出：「週刊文春」2019年1月24日号～2021年6月24日号

イラスト　間芝勇輔
デザイン　佐藤亜沙美
写真　今井知佑
著者近影　志水隆

名著のツボ
賢人たちが推す！最強ブックガイド

二〇二一年八月三十日　第一刷発行

著者　石井千湖
発行者　鳥山靖
発行所　株式会社文藝春秋
東京都千代田区紀尾井町三－二三
郵便番号　一〇二－八〇〇八
電話　（〇三）三二六五－一二一一（代表）
DTP　エヴリ・シンク
印刷所　大日本印刷
製本所　大日本印刷

ISBN978-4-16-391421-3　Printed in Japan